"十四五"职业教育国家规划教材

建筑企业会计
（第2版）

主　编　黄雅平　张秀杰
副主编　赵兴军　黄敬雯　杨成国

北京理工大学出版社
BEIJING INSTITUTE OF TECHNOLOGY PRESS

内容提要

本书为"十四五"职业教育国家规划教材。全书按照"项目—任务"体例组织内容，以建筑企业经营活动的全过程为写作背景编写而成。本书划分为15个项目，包括：筹集资金的核算、货币资金的核算、存货的核算、投资的核算、固定资产的核算、无形资产的核算、其他非流动资产的核算、往来结算的核算、职工薪酬的核算、应交税费的核算、工程成本的核算、期间费用的核算、营业收入的核算、利润及利润分配的核算、会计报表的编制。

本书可作为高等职业院校工程造价专业教学用教材，也可作为建筑企业管理人员的培训或继续教育用书。

本书附二维码教学资源，各项目后设置项目测验题供教学参考。

版权专有　侵权必究

图书在版编目（CIP）数据

建筑企业会计 / 黄雅平，张秀杰主编.—2版.—北京：北京理工大学出版社，2021.4（2024.7重印）

ISBN 978-7-5682-7972-7

Ⅰ.①建… Ⅱ.①黄… ②张… Ⅲ.①建筑企业—工业会计—高等学校—教材 Ⅳ.①F407.967.2

中国版本图书馆CIP数据核字（2019）第253468号

责任编辑 / 李玉昌	文案编辑 / 李玉昌
责任校对 / 周瑞红	责任印制 / 边心超

出版发行 / 北京理工大学出版社有限责任公司

社　　址 / 北京市丰台区四合庄路6号

邮　　编 / 100070

电　　话 /（010）68914026（教材售后服务热线）

　　　　　　（010）68944437（课件资源服务热线）

网　　址 / http://www.bitpress.com.cn

版 印 次 / 2024年7月第2版第4次印刷

印　　刷 / 河北鑫彩博图印刷有限公司

开　　本 / 787 mm×1092 mm　1/16

印　　张 / 18

字　　数 / 449千字

定　　价 / 49.80元

图书出现印装质量问题，请拨打售后服务热线，负责调换

第2版前言

会计工作是建筑企业经营管理的重要组成部分，建筑企业会计岗位是建筑业众多岗位群中重要工作岗位之一。在建筑经济信息化管理、工程造价等专业课程设置中，建筑企业会计课程是一门职业核心课程。

党的二十大报告中指出：办好人民满意的教育，"全面贯彻党的教育方针，落实立德树人根本任务，培养德智体美劳全面发展的社会主义建设者和接班人"；广泛践行社会主义核心价值观，"用社会主义核心价值观铸魂育人，完善思想政治工作体系，推进大中小学思想政治教育一体化建设"。为此，本次教材修订，结合增值税的最新政策，以新《企业会计准则》为依据进行内容更新，按照《高等学校课程思政建设指导纲要》（教高〔2020〕3号）的要求，深度挖掘和提炼专业知识中所蕴含思想价值和精神内涵；同时，将会计职业道德、职业规范、职业精神等内容融入到教材之中。

本书采用"项目-任务"体例编写，全书将会计工作内容划分为15个不同的工作项目，在每个工作项目下划分不同的教学任务，介绍从事建筑企业会计工作必备的知识和能力。书中教学案例均取自建筑企业，模仿实际工作中的结算凭证和各种账、表，制作了大量的仿真原始凭证，并配有配套的教学课件。教材结构清晰、内容新颖，具有针对性、实用性，理论联系实际，在第1版基础上部分内容配有二维动画制作，线上线下互动。学生扫描书中的二维码即可在每个教学任务学习前了解知识目标和能力目标，每个项目结束后完成配套的单项选择题、多项选择题、判断题，并配有参考答案。

本书由辽宁建筑职业学院黄雅平、张秀杰担任主编，辽宁建筑职业学院赵兴军、辽阳国有资产经营集团公司黄敬雯、辽宁省建筑机械化施工公司高级会计师杨成国担任副主编。具体编写分工为：黄雅平编写项目1～项目7，张秀杰编写项目13～项目15，赵兴军编写项目8～项目10，黄敬雯编写项目12，杨成国编写项目11。

由于编写时间紧张和编写水平有限，书中错误和不足之处在所难免，恳请广大读者提出宝贵意见。

编 者

第1版前言

建筑企业会计岗位是建筑业众多岗位群中非常重要的工作岗位。会计工作是建筑企业经营管理的重要组成部分,在建筑经济管理、工程造价等专业课程设置中,建筑企业会计课程是一门职业核心课程。

本书结合建筑业"营改增"的政策,以《企业会计准则》为依据,以培养学生的职业能力为核心,结合职业教育的特点,以建筑企业资金运动所涉及的内容贯穿综合训练项目,通过资金筹集、投放、耗费、收入、分配所涉及的各个岗位经济业务的核算,培养学生对经营过程发生业务的核算与监督的能力。

本书将会计工作内容划分为15个不同的工作项目,在每个工作项目下划分不同的教学任务,介绍从事建筑企业会计工作必备的知识和能力。本书教学案例完全取自建筑企业,模仿实际工作中的结算凭证和各种账、表,制作了大量的仿真原始凭证,并配有配套的教学课件。本书结构清晰、内容新颖,具有针对性、实用性,理论联系实际。

本书由具有企业会计工作经历并有丰富的实践经验的专职教师和企业专业人员编写而成。编写内容来源于企业实际工作,与建筑企业会计实际岗位工作内容相结合,注重对学生职业能力的培养,便于在课堂上为学生建立一个模拟工作环境。

本教材由辽宁建筑职业学院黄雅平、张秀杰担任主编,辽阳国有资产经营公司黄静雯担任副主编。具体编写分工为:项目1~项目7由黄雅平编写,项目8~项目11、项目13~项目15由张秀杰编写,项目12由黄静雯编写。

由于编写时间紧张和编写水平有限,书中错误和不足之处在所难免,敬请广大读者提出宝贵意见。

编 者

目 录

项目1　筹集资金的核算　1

任务1.1　投入资本的核算　1
1.1.1　企业(非股份有限公司)实收资本的核算　1
1.1.2　股份有限公司投入股本的核算　2
1.1.3　企业增资与减资的核算　3

任务1.2　银行借款的核算　6
1.2.1　短期借款的核算　7
1.2.2　长期借款的核算　7

任务1.3　发行债券的核算　11
1.3.1　应付债券概述　11
1.3.2　应付债券的核算　12

项目2　货币资金的核算　16

任务2.1　库存现金的管理与核算　16
2.1.1　库存现金的管理办法　17
2.1.2　库存现金的核算　18

任务2.2　银行结算方式　22
2.2.1　支票　23
2.2.2　银行本票　24
2.2.3　银行汇票　26
2.2.4　商业汇票　28
2.2.5　汇兑结算　29
2.2.6　委托收款结算　29
2.2.7　托收承付结算　31
2.2.8　信用卡结算　32
2.2.9　信用证结算　33

任务2.3　银行存款的管理与核算　36
2.3.1　银行存款的管理　36
2.3.2　银行存款的核算　37
2.3.3　银行存款的清查　37

任务2.4　其他货币资金的核算　40
2.4.1　外埠存款　41
2.4.2　银行汇票存款　41
2.4.3　银行本票存款　41
2.4.4　信用卡存款　41
2.4.5　信用证保证金存款　42
2.4.6　存出投资款　42
2.4.7　在途货币资金　42

项目3　存货的核算　44

任务3.1　实际成本法下外购原材料的核算　44
3.1.1　存货的概念与确认　46
3.1.2　存货的分类　46
3.1.3　存货的初始计量　47
3.1.4　外购原材料入库时填制的原始凭证　48
3.1.5　账户的设置　48
3.1.6　外购材料的核算　49

任务3.2　实际成本法下发出原材料的核算　52
3.2.1　发出存货的计量　53
3.2.2　发出原材料填制的原始凭证　54
3.2.3　发出原材料的核算　55

任务3.3　计划成本法下原材料的
　　　　核算 …………………… 59
　　3.3.1　账户的设置 ………………… 60
　　3.3.2　外购原材料的核算 ………… 61
　　3.3.3　发出原材料的核算 ………… 61
　　3.3.4　原材料的明细核算 ………… 62
任务3.4　委托加工物资的核算 …… 66
　　3.4.1　委托加工物资的概念 ……… 66
　　3.4.2　委托加工物资的核算方法 … 67
任务3.5　自制材料的核算 ………… 68
　　3.5.1　自制材料的基本知识 ……… 68
　　3.5.2　自制材料的核算方法 ……… 69
任务3.6　周转材料的核算 ………… 70
　　3.6.1　周转材料的基本知识 ……… 70
　　3.6.2　周转材料的核算方法 ……… 71
　　3.6.3　周转材料的明细核算 ……… 72
任务3.7　存货清查与期末计量的
　　　　核算 …………………… 75
　　3.7.1　存货清查的基本知识 ……… 75
　　3.7.2　存货清查的账务处理 ……… 76
　　3.7.3　存货的期末计量 …………… 76

项目4　投资的核算 ………………… 79

任务4.1　交易性金融资产的核算 … 79
　　4.1.1　交易性金融资产的基本知识 … 79
　　4.1.2　交易性金融资产的核算方法 … 80
任务4.2　长期股权投资的核算 …… 83
　　4.2.1　长期股权投资的核算范围 … 83
　　4.2.2　长期股权投资核算账户的设置 … 84
　　4.2.3　长期股权投资的核算方法 … 85
　　4.2.4　长期股权投资成本法的核算 … 85
　　4.2.5　长期股权投资权益法的核算 … 86
　　4.2.6　长期股权投资减值的核算 … 87

项目5　固定资产的核算 …………… 92

任务5.1　购建固定资产的核算 …… 92
　　5.1.1　固定资产的概念、特征 …… 92
　　5.1.2　固定资产的分类 …………… 93
　　5.1.3　固定资产的初始计量 ……… 94
　　5.1.4　固定资产核算设置的账户 … 95
　　5.1.5　固定资产增加的核算 ……… 96
任务5.2　固定资产折旧的核算 …… 103
　　5.2.1　固定资产折旧的概念 ……… 103
　　5.2.2　固定资产折旧的影响因素 … 103
　　5.2.3　固定资产折旧的计算方法 … 104
　　5.2.4　固定资产折旧计提的范围 … 106
　　5.2.5　固定资产折旧的核算方法 … 106
任务5.3　固定资产后续支出的
　　　　核算 …………………… 109
　　5.3.1　固定资产后续支出的概念及处理
　　　　　原则 …………………… 109
　　5.3.2　费用化的后续支出的处理 … 109
　　5.3.3　资本化的后续支出的处理 … 109
任务5.4　固定资产处置的核算 …… 111
　　5.4.1　固定资产处置的概念及终止确认的
　　　　　条件 …………………… 111
　　5.4.2　固定资产处置的核算方法 … 112
任务5.5　固定资产清查与期末计价的
　　　　核算 …………………… 114
　　5.5.1　固定资产的清查 …………… 115
　　5.5.2　固定资产期末计价 ………… 116

项目6　无形资产的核算 …………… 118

任务6.1　无形资产取得的核算 …… 118
　　6.1.1　无形资产的基本知识 ……… 118
　　6.1.2　无形资产的初始计量与账户的
　　　　　设置 …………………… 120
　　6.1.3　无形资产取得的核算方法 … 120
任务6.2　无形资产摊销与处置的
　　　　核算 …………………… 123
　　6.2.1　无形资产摊销的核算 ……… 124
　　6.2.2　无形资产处置的核算 ……… 125
　　6.2.3　无形资产的减值 …………… 126

项目7 其他非流动资产的核算 … 129

任务7.1 临时设施的核算 …………… 129
7.1.1 临时设施的概念 ……………… 129
7.1.2 临时设施购建的核算 ………… 130
7.1.3 临时设施摊销的核算 ………… 130
7.1.4 临时设施清理的核算 ………… 130

任务7.2 其他长期资产的核算 …… 132
7.2.1 长期待摊费用 ………………… 133
7.2.2 其他长期资产 ………………… 133

项目8 往来结算的核算 ………… 136

任务8.1 应收账款的核算 …………… 136
8.1.1 应收账款的基本知识 ………… 137
8.1.2 应收账款的核算方法 ………… 138

任务8.2 应收票据的核算 …………… 139
8.2.1 应收票据的基本知识 ………… 140
8.2.2 应收票据的核算方法 ………… 140

任务8.3 预付账款的核算 …………… 144
8.3.1 预付账款的基本知识 ………… 144
8.3.2 预付账款的核算方法 ………… 145

任务8.4 其他应收款的核算 ………… 147
8.4.1 其他应收款的基本知识 ……… 147
8.4.2 其他应收款的核算方法 ……… 148
8.4.3 备用金 ………………………… 148

任务8.5 坏账损失的核算 …………… 150
8.5.1 坏账的基本知识 ……………… 150
8.5.2 坏账的核算方法 ……………… 152

任务8.6 应付账款的核算 …………… 155
8.6.1 应付账款的基本知识 ………… 155
8.6.2 应付账款的核算方法 ………… 156

任务8.7 应付票据的核算 …………… 158
8.7.1 应付票据的基本知识 ………… 159
8.7.2 应付票据的核算方法 ………… 159

任务8.8 预收账款的核算 …………… 162
8.8.1 预收账款的基本知识 ………… 162
8.8.2 预收账款的核算方法 ………… 162

任务8.9 其他应付款的核算 ………… 165
8.9.1 其他应付款的基本知识 ……… 165
8.9.2 其他应付款的核算方法 ……… 165

项目9 职工薪酬的核算 ………… 167

任务9.1 应付工资的核算 …………… 167
9.1.1 职工薪酬的基本知识 ………… 167
9.1.2 工资费用的核算 ……………… 169

任务9.2 工资附加费及社会保险费的核算 …………………………… 172
9.2.1 福利费的核算 ………………… 173
9.2.2 工会经费和职工教育经费的核算 … 174
9.2.3 "五险一金"的核算 ………… 174

项目10 应交税费的核算 ………… 179

任务10.1 增值税、城市维护建设税、教育费附加的核算 ……… 179
10.1.1 增值税的核算 ……………… 180
10.1.2 城市维护建设税的核算 …… 181
10.1.3 教育费附加的核算 ………… 181

任务10.2 其他税费的核算 ………… 184
10.2.1 房产税、土地使用税和车船使用税的核算 ……………… 185
10.2.2 印花税的核算 ……………… 185
10.2.3 企业所得税的核算 ………… 185

项目11 工程成本的核算 ………… 188

任务11.1 人工费的核算 …………… 188
11.1.1 费用与成本概述 …………… 188
11.1.2 工程成本核算的原则 ……… 190
11.1.3 人工费的核算方法 ………… 192

任务11.2 材料费的核算 …………… 195
11.2.1 材料费的概念 ……………… 196
11.2.2 材料费的归集和分配 ……… 197

任务11.3 机械使用费的核算 …… 200
 11.3.1 机械租赁费的核算 …… 201
 11.3.2 自有机械使用费的核算 …… 201
 11.3.3 机械设备安装、拆卸及进出场费 …… 202

任务11.4 其他直接费的核算 …… 205
 11.4.1 其他直接费的概念 …… 206
 11.4.2 其他直接费的核算方法 …… 206

任务11.5 间接费用的核算 …… 208
 11.5.1 间接费用的概念和内容 …… 209
 11.5.2 间接费用的核算方法 …… 209

任务11.6 工程成本结算 …… 214
 11.6.1 已完工程实际成本的计算与结转 …… 215
 11.6.2 竣工工程成本决算 …… 217

项目12 期间费用的核算 …… 220

任务12.1 管理费用的核算 …… 220
 12.1.1 管理费用的基本知识 …… 220
 12.1.2 管理费用的核算方法 …… 221

任务12.2 财务费用与销售费用的核算 …… 223
 12.2.1 财务费用的核算 …… 224
 12.2.2 销售费用的核算 …… 224

项目13 营业收入的核算 …… 227

任务13.1 建造合同收入的核算 …… 227
 13.1.1 建造合同的基本知识 …… 228
 13.1.2 建造合同收入和合同费用的确认 …… 229
 13.1.3 建造合同收入的核算方法 …… 230

任务13.2 其他业务收入的核算 …… 234
 13.2.1 其他业务收入的内容 …… 234
 13.2.2 其他业务收入的核算方法 …… 236

项目14 利润及利润分配的核算 …… 239

任务14.1 营业外收入的核算 …… 239
 14.1.1 营业外收入的概念 …… 239
 14.1.2 营业外收入的核算 …… 239
 14.1.3 营业外支出的核算 …… 240

任务14.2 政府补助的核算 …… 241
 14.2.1 政府补助的基本知识 …… 242
 14.2.2 政府补助的核算方法 …… 243

任务14.3 利润的核算 …… 245
 14.3.1 利润的基本知识 …… 246
 14.3.2 利润形成的核算 …… 246

任务14.4 利润分配的核算 …… 250
 14.4.1 利润分配的顺序 …… 250
 14.4.2 利润分配的核算方法 …… 251

项目15 会计报表的编制 …… 254

任务15.1 资产负债表的编制 …… 254
 15.1.1 财务报表的概念 …… 255
 15.1.2 财务报表的分类 …… 255
 15.1.3 资产负债表的基本知识 …… 256
 15.1.4 资产负债表的编制方法 …… 257

任务15.2 利润表的编制 …… 262
 15.2.1 利润表的基本知识 …… 263
 15.2.2 利润表的编制与填列方法 …… 263

任务15.3 现金流量表的编制 …… 266
 15.3.1 现金流量表的基本知识 …… 267
 15.3.2 现金流量表的编制方法 …… 270

参考文献 …… 278

项目1　筹集资金的核算

以筹资的名义骗取人民币案件

任务1.1　投入资本的核算

教学目标

任务描述

光华建筑工程有限公司(以下简称"光华建筑公司")几年来的建筑业总产值不断提高,业绩稳步增长。2019年年初,公司高层开会决定增加注册资金,扩大经营规模,吸收新的出资者。目前,公司的注册资金为1 200万元,增资后注册资金将达到2 000万元。经过几轮协商,光华建筑公司与成嘉有限公司和中鑫投资有限公司分别签订了投资协议,成嘉有限公司出资人民币800万元,占增资后注册资金的20%,中鑫投资公司投资设备,账面原值为650万元,已提折旧50万元,经评估,设备的价值为600万元,假设评估值即协议约定的价值,占增资后注册资本的20%。

要求:学生以光华建筑公司会计人员的身份对企业接受的投资业务进行会计处理。

任务分析

一般情况下,企业吸收资金的业务是由会计人员亲自参与的,为了准确核算光华建筑公司的受资业务,会计人员应参与以下工作,并取得相应的原始资料及凭证:

1)聘请中介机构对成嘉有限公司投入的设备进行资产评估,并取得资产评估报告。

2)参加与成嘉有限公司和中鑫投资有限公司签订的投资协议工作,确定各自的投资额占注册资本的比例,取得投资协议。

3)取得中鑫投资有限公司投入800万元的银行进账单的收账通知,并给对方开具收款收据,对收到成嘉有限公司投入的设备组织验收,填写验收单。

实收资本的核算

4)到工商局办理完成增资手续。

5)根据投资协议、银行进账单的收账通知、资产评估报告等原始凭证进行会计处理。

相关知识

1.1.1　企业(非股份有限公司)实收资本的核算

(1)实收资本的概念与分类

实收资本是指投资者按照企业章程或合同、协议的约定,实际投入企业的资本。按照我国的有关法律，设立企业必须有投入的资本。《企业法人登记管理条例》中明确规定，企业申请开业，必须具备符合国家规定并与其生产经营和服务规模相适应的法定资金数额，即注册资本。不同类型的企业，注册资本的最低限额不同，具有房屋建筑工程总承包三级资质的建筑企业，其注册资本为 600 万元；具有二级资质的建筑企业，其注册资本为 2 000 万元；具有一级资质的建筑企业，其注册资本为 5 000 万元。投资者投入的资本是企业注册资本的重要来源，在企业经营期间，投资者除依法转让外，不得以任何方式抽走投资。

实收资本按出资人的不同可分为国家资本、法人资本、个人资本、外商资本。

(2)实收资本的筹集

投资者对企业的投资，可以是货币资金、实物资产、无形资产等形式。以货币资金形式出资的，企业以实际收到的货币资金作为实收资本数额；以实物或无形资产形式出资的，企业以资产评估机构确定的评估价值或合同、协议约定的价值作为实收资本数额。投资人以无形资产出资时(不包括土地使用权)，其价值不能超过注入企业注册资本的 20%；特殊情况下需要超过 20%的，应经有关部门审查，但最高不得超过注册资本的 35%。

企业吸收投资人投入资本时，不得吸收投资人已设立有担保物权及租赁的资产。因此，当投资人以实物、无形资产出资时，企业必须要求其出具拥有资产所有权和处置权的证明。

(3)实收资本的核算

企业应设置"实收资本"账户核算实际收到投资人投入的资本。该账户为所有者权益类账户，其贷方登记投资人以现金、实物、无形资产等投资时确认的价值，以及资本公积金、盈余公积金转增资本的价值，借方平时一般不作登记，在企业按法定程序减少注册资本或按法定程序解散清算时登记减少或冲销的注册资本，期末贷方余额反映企业实际收到投资人投入的资本累计额。本账户按出资人设置明细账户进行明细核算。

1)初建时，投资者按照合同、协议或公司章程的规定投入到企业的资本，应全部记入"实收资本"账户。

2)增资扩股时，新投资者缴纳的出资额等同于其在注册资本中所占的份额部分记入"实收资本"账户；超出的份额部分记入"资本公积——资本溢价"账户。

1.1.2 股份有限公司投入股本的核算

股份有限公司应设置"股本"账户，核算股东按照公司章程和投资协议的规定缴入公司的股本。该账户贷方登记收到的股本数额，借方登记采用收购本企业股票方式减资的股本数额，期末贷方余额表示企业实有的股本数额，本账户按股东设置明细账进行明细核算。

股票发行方式有溢价发行和面值发行，发行时往往产生一些发行费用，包括股票印刷费、鉴证费以及支付证券商的承销或包销费等。面值发行股票，发行费用作为企业长期待摊费用，在不超过 2 年的期限内平均摊销；溢价发行股票，发行费用若低于股票的溢价收入，直接从溢价收入扣除，发行费用若高于股票的溢价收入，其差额作为长期待摊费用；若发行费用较低，可直接列为企业当期费用。

发行股票时，按实际收到的金额，借记"库存现金""银行存款"等账户，按股票面值和核定的股份总额的乘积计算的金额，贷记"股本"账户，按溢价收入扣除发行费用的差额，贷记"资本公积——股本溢价"账户。若溢价收入低于发行费用，其差额借记"长期待摊费用——股票发行费用"账户。

1.1.3 企业增资与减资的核算

(1)企业增资的核算

企业可以按法定程序增加资本,其途径有用资本公积转增资本、用盈余公积转增资本、接受投资者的投资(发行新股)、以发放股票股利方式增资等。

1)企业用资本公积和盈余公积转增资本时,应按照转增资本的金额,借记"盈余公积""资本公积"账户,贷记"实收资本"或"股本"账户。

2)企业接受投资者进行额外的投资实行增资时,按实际收到的款项或资产,借记"银行存款"或相关账户,按增加的资本或股本数,贷记"实收资本"或"股本"账户,若有差额,将之作为资本溢价或股本溢价,借记或贷记"资本公积"账户。

3)股份有限公司采用发放股票股利的方式实现增资,股东大会批准的利润分配方案中分配的股票股利,在办完增资手续后,根据实际发放的股票股利数,借记"利润分配——转作股本的普通股股利"账户,贷记"股本"账户。

(2)企业减资的核算

由于经营方针或业务发生变化,如经营规模缩小、发生重大亏损、资本过剩等原因,股份有限公司按法定程序报政府授权部门批准或由股东大会决议,可以采用回购本公司股票的方式减少股本。若购回股票支付的价款超过面值总额部分,依次减少资本公积和留存收益,借记"实收资本"或"股本""资本公积""盈余公积"账户,贷记"库存现金"或"银行存款"账户;若购回股票支付的价款低于面值总额的,应按照股票面值借记"实收资本"或"股本"账户,按支付的价款,贷记"库存现金"或"银行存款"账户,按其差额,贷记"资本公积"账户。

任务实施

根据任务描述,会计人员应编制以下会计分录:

1)接受成嘉有限公司出资的货币资金时,根据投资协议和收账通知及收款收据:

借:银行存款　　　　　　　　　　　　　　　　　　　　8 000 000
　　贷:实收资本——成嘉有限公司　　　　　　　　　　　4 000 000
　　贷:资本公积——资本溢价　　　　　　　　　　　　　4 000 000

2)接受中鑫投资有限公司投入的设备时,根据投资协议和资产评估报告及验收单等:

借:固定资产——生产设备　　　　　　　　　　　　　　6 000 000
　　贷:实收资本——成嘉有限公司　　　　　　　　　　　4 000 000
　　贷:资本公积——资本溢价　　　　　　　　　　　　　4 000 000

典型任务示例

【例1-1】 假设任务中成嘉有限公司出资的货币资金为800万元,占增资后注册资本40%的份额。

要求:学生以光华建筑公司会计人员的身份对企业接受的投资进行会计处理。

编制会计分录如下:

借:银行存款　　　　　　　　　　　　　　　　　　　　8 000 000

    贷：实收资本——成嘉有限公司   8 000 000

  【例1-2】 假设任务中中鑫投资有限公司投入的是一项专利技术，账面原值为650万元，评估值为600万元（假设评估值即协议约定的价值），占增资后注册资本30%的份额。

  要求：学生以光华建筑公司会计人员的身份对企业接受的投资进行会计处理。

  借：无形资产——专利技术   6 000 000

    贷：实收资本——中鑫投资有限公司   6 000 000

  【例1-3】 假设光华建筑公司为股份公司，委托证券公司代理发行普通股股票1 000万股，每股面值为1元，按面值发行。根据双方的约定，企业按发行收入的3%向证券公司支付代理手续费，从发行收入中抵扣，发行股票冻结期间的利息收入为20万元，股票已成功发行，股款已划入企业的银行存款。

  要求：学生以光华建筑公司会计人员的身份对企业接受的投资进行会计处理。

  股票发行费用=1×1 000×3%=30（万元）

  实际收到股款=1×1 000-（30-20）=990（万元）

  应记入"长期待摊费用"账户的金额=30-20=10（万元），作会计分录如下：

  借：银行存款   9 900 000

    长期待摊费用——股票发行费用   100 000

    贷：股本——普通股   10 000 000

  【例1-4】 若光华建筑公司委托证券公司代理发行普通股股票1 000万股，每股面值为1元，按每股3元发行，支付证券公司发行费用为800 000元。

  要求：学生以光华建筑公司会计人员的身份对企业接受的投资进行会计处理。

  作会计分录如下：

  借：银行存款   29 200 000

    贷：股本——普通股   10 000 000

      资本公积——股本溢价   19 200 000

  【例1-5】 建辉公司以一批设备折股向光华建筑公司投资，经评估确认价值为3 000 000元，换取的股份为20万股，每股面值为10元。

  要求：学生以光华建筑公司会计人员的身份对上述业务进行会计处理。

  作会计分录如下：

  借：固定资产   3 000 000

    贷：股本   2 000 000

      资本公积——股本溢价   1 000 000

  【例1-6】 光华建筑公司研究决定，将资本公积和盈余公积各1 000 000元用于转增资本。

  要求：学生以光华建筑公司会计人员的身份对上述业务进行会计处理。

  作会计分录如下：

  借：资本公积   1 000 000

  借：盈余公积   1 000 000

    贷：实收资本   2 000 000

归纳总结

所有者权益是指企业资产扣除负债后由所有者享有的剩余权益，包括实收资本、资本公积、盈余公积和未分配利润。

投资人对企业的投资，可以是货币资金，也可以是实物或无形资产等。企业收到投资人投入的资金，除股份有限公司通过"股本"账户核算外，应设置"实收资本"账户核算。投资者缴纳的出资额高于其在注册资本中所占的份额部分作为资本公积。投资人投入企业的资金一般情况下是不可以撤资的。

拓展提高

（1）资本公积的概念及内容

资本公积是投资者或者他人投入到企业、所有权归属于投资者并且投资金额超出法定资本部分的资金。资本公积包括以下几个方面：

1）资本溢价和股本溢价。

①资本溢价是指投资者缴付的出资额大于其在企业注册资本中所拥有份额的数额。在企业创立时，投资者认缴的出资额一般与注册资本一致，不会产生资本溢价。但在企业重组或有新的投资者加入时，为了维护原投资者的权益，新投资者的出资额并不一定全部作为实收资本。其原因之一是在企业正常经营过程中投入的资金即使与企业创立时投入的资金在数量上一致，其获利能力却可能不一致。在企业进行正常生产经营后，其资本利润率通常要高于企业初创阶段。其原因之二是企业经营过程中可能有内部积累，如提取的盈余公积、未分配利润等，新投资者加入企业后，要分享这些积累。因此，新投资者往往要付出高于原投资者的出资额，才能取得与原投资者相同的出资比例，多缴的部分就形成了资本溢价。

②股本溢价是指股份有限公司溢价发行股票时实际收到的款项超过股票面值总额的数额，是股东缴付公司的出资额超出其在公司股本中所占份额的数额。

2）其他资本公积。其他资本公积是指资本溢价（或股本溢价）以外的直接计入所有者权益的利得和损失。其包含公允价值变动差额、长期股权投资的变动等内容。

（2）资本公积的核算

企业应设置"资本公积"账户，核算资本公积的形成、转增资本以及节余等情况。该账户贷方登记企业取得的各种资本公积金，借方登记企业按照法律程序转增资本的资本公积，期末贷方余额，表示资本公积的实际结余额。该账户按资本公积形成类别进行明细核算。

股份有限公司在成立时可能会溢价发行股票产生股本溢价，为了保证原有的股东在企业中对资本公积、留存收益等享有的权益不受侵犯，股份有限公司在增资扩股时，一般也会采取溢价发行。溢价发行股票时，取得的收入等于股票面值部分记入"股本"账户，超出股票面值的溢价收入记入"资本公积"账户。

其他资本公积是指直接计入所有者权益的利得和损失。例如，长期股权投资采用权益法核算的，在持股比例不变的情况下，被投资单位除净损益以外所有者权益的其他变动，如果是利得，企业按持股比例计算应享有的份额，借记"长期股权投资——所有者权益其他变动"账户，贷记"资本公积——其他资本公积"账户，如果是损失，则作相反的账务处理。

实训

光华建筑公司于2015年10月发生如下经济业务：

1) 10月5日，接到银行通知，国家向该公司投入人民币5 000 000元。
2) 10月10日，公司收到A公司投入的设备一台，经评估该设备的价值为7 000 000元。
3) 10月15日，国家以土地使用权向公司投资，土地使用权的协议价为400 000元。
4) 10月20日，该公司收到B公司投入的设备一台，原价为1 300 000元，经评估确认价值为128万元。
5) 10月22日，公司收到C公司投入的原材料一批，价值为200 000元，增值税发票列明的增值税为34 000元。
6) 10月26日，公司收到D公司投资转来的商标权一项，经评估确认价值为100 000元。
7) ABC公司收到某外商捐赠的新设备一台，该设备国内市场价格为70 000元，公司以银行存款支付该设备运杂费2 000元，该设备已交付使用，使用年限5年。
8) 公司按照规定办理增资手续后，将资本公积90 000元转增资本。公司原有注册资本为4 500 000元，其中，甲、乙、丙三家公司法人资本各占1/3。

要求：根据上述经济业务，编制会计分录。

任务1.2　银行借款的核算

教学目标

任务描述

要求：根据上述经济业务，编制会计分录。光华建筑公司因流动资金周转及扩大经营规模的需要，2019年年初，公司高层研究决定向开户行建设银行江滨支行申请两笔借款。

1) 因上年年末中标一个大型工程项目，预测本年4月施工时，建筑材料有可能涨价，需要购入大量的钢材，因流动资金不足，2月1日向银行借入临时借款800 000元，为期3个月，年利率为5%，定于4月30日一次还本付息，借款已存入银行。
2) 2019年12月1日向建设银行借入2 000 000元，借款期为2年，年利率为6.6%，款项已转存入开户银行，公司用这笔借款购入不需要安装的运输设备，设备价款为1 800 000元，并已验收投入使用。

要求：学生以光华建筑公司会计人员的身份对企业的借款业务进行会计处理。

任务分析

企业的银行借款业务是由会计人员参与办理的，会计人员主要参与以下工作，并取得相应的原始资料及凭证：

1) 填写银行借款申请书，并提交所需相关资料由银行审核。
2) 审核合格后与银行签订借款合同。
3) 根据借款合同及银行贷款收账通知进行相应的会计处理。

短期借款的核算

相关知识

1.2.1 短期借款的核算

(1)短期借款的概念及用途

短期借款是指企业为了满足正常生产经营的需要向银行或其他金融机构借入的期限在1年以下(含1年)的各种款项。其主要有季节性储备借款、小型技措借款等。

短期借款是为了维护正常的生产经营所需资金或者为抵偿某种债务而借入的款项。

(2)短期借款的核算内容

短期借款的核算主要包括借款本金借入的核算、借款利息的核算、本金及利息偿还的核算等。

短期借款是为了生产经营需要而借入的款项,其利息支出应作为财务费用,计入当期损益。如果是按月支付利息或到期还本付息且数额不大,可以在实际支付或收到银行计息通知时,直接计入财务费用;如果是按期(季、半年)支付的,或到期还本付息且数额较大,采取预提的办法,按月预提计入财务费用,预提的利息通过"应付利息"账户核算。

借款利息在合同条款中均有约定,通常采用单利法。

$$借款利息 = 借款本金 \times 借款期限 \times 借款利率$$

(3)账户的设置

1)"短期借款"账户。该账户是为了反映和监督短期借款本金的借入和偿还情况而设置的,属于负债类账户。其贷方登记向银行或其他非金融机构借入的本金,借方反映归还的本金,期末贷方余额反映尚未归还的本金。本账户应按债权人设置明细账,并按借款种类进行明细核算。

2)"应付利息"账户。该账户是为了核算和监督借款利息的计提与支付情况而设置的,属于负债类账户。其贷方登记按合同利率计算的应付而未付的利息,借方登记实际支付的利息,期末贷方余额反映企业应付而未付的利息。本账户应按债权人设置明细账,并进行明细核算。

1.2.2 长期借款的核算

(1)长期借款的概念及用途

长期借款是企业向银行或其他金融机构借入的,期限在1年以上(不含1年)的各种借款。长期借款主要是为了保持长期经营能力,用于固定资产的购建、改建、扩建、大修理工程等。

与短期借款对比,长期借款除借款期限较长外,在借款利息费用的处理上,一般计入所购建固定资产的成本或直接计入财务费用。另外,"长期借款"账户不仅核算借款的本金,还包括利息等费用,而"短期借款"只核算借款的本金,不包括利息费用。

(2)账户的设置

为了核算和监督企业长期借款的取得、归还及结存情况,应设置"长期借款"账户。其贷方登记借入的长期借款本金和利息调整增加数,借方登记按期归还的借款本金及利息调整的减少数,期末贷方余额表示企业尚未偿还的长期借款。该账户按贷款单位和贷款种类设置明细账,分别设置"本金""利息调整"等账户进行明细核算。

长期借款的核算主要包括借款本金借入的核算、借款利息的核算、本金及利息偿还的核算等。

1)企业借入长期借款,应按实际收到的金额,借记"银行存款"账户,贷记"长期借款——本金"。如存在差额,还应借记"长期借款——利息调整"。

2)资产负债表日,应按摊余成本和实际利率计算长期借款的利息费用,借记"在建工程""财务费用"等账户,按合同利率计算确定的应付未付利息,贷记"应付利息"账户,按其差额,贷记"长期借款——利息调整"。实际利率与合同利率差异较小时,也可以采用合同利率计算确定利息费用。

3)归还的长期借款本金,借记"长期借款——本金",贷记"银行存款"账户。同时,存在利息调整余额的,借记或贷记"在建工程""财务费用"等账户,贷记或借记"长期借款——利息调整"。

(3)长期借款利息费用的处理

对借款利息采取两种方法:一是在发生时直接确认为当期费用;二是予以资本化。在我国的会计实务中,对长期借款费用采用不同的处理方法,具体如下:

1)企业生产经营正常周转期间发生的长期借款费用,直接计入当期的财务费用。

2)筹建期间发生的长期借款费用(购建固定资产所借款项除外),计入管理费用。

3)在清算期间所发生的长期借款费用,计入清算损益。

4)为购建固定资产而发生的长期借款费用,在该项固定资产达到预定可使用状态前,予以资本化,计入所购建的固定资产价值;在固定资产达到预定可使用状态后发生的长期借款费用,直接计入当期的财务费用。

任务实施

根据任务描述1),会计人员应编制以下会计分录:

2月1日借入款项时,根据借款合同及收账通知:

借:银行存款　　　　　　　　　　　　　　　　　　　　　　800 000
　　贷:短期借款——临时借款　　　　　　　　　　　　　　　800 000

4月30日,归还借款本息为810 000元(800 000+800 000×5%/12×3=810 000),根据借款本金及利息支款回单:

借:短期借款——临时借款　　　　　　　　　　　　　　　800 000
　　财务费用　　　　　　　　　　　　　　　　　　　　　　10 000
　　贷:银行存款　　　　　　　　　　　　　　　　　　　　810 000

根据任务描述2),会计人员应编制以下会计分录:

取得借款时,根据借款合同及收账通知:

借:银行存款　　　　　　　　　　　　　　　　　　　　　2 000 000
　　贷:长期借款——本金(建行)　　　　　　　　　　　　2 000 000

支付设备价款时,根据发货票及银行付款凭证等:

借:固定资产——生产用设备　　　　　　　　　　　　　　1 800 000
　　贷:银行存款　　　　　　　　　　　　　　　　　　　　1 800 000

年末计提 12 月份的借款利息时,假定不存在利息调整,则年末应计借款利息＝2 000 000×6.6％×1/12＝11 000(元)。

借:财务费用　　　　　　　　　　　　　　　　　　　　11 000
　　贷:应付利息　　　　　　　　　　　　　　　　　　　11 000

下年度从 1 月起的 23 个月内,按月计提利息,分录同上。

借款到期日偿还本金及利息,根据付款凭证:

借:应付利息　　　　　　　　　　　　　　　　　　　　264 000
　　长期借款——本金(建行)　　　　　　　　　　　　2 000 000
　　贷:银行存款　　　　　　　　　　　　　　　　　　2 264 000

典型任务示例

【例 1-7】 2019 年 7 月 1 日,光华建筑公司向银行借入临时借款 500 000 元,为期 4 个月,年利率为 6％,借款已存入银行,该企业采用预提的办法核算短期借款利息。

要求:学生以光华建筑公司会计人员的身份对企业的借款业务进行会计处理。

7 月 1 借入款项时,根据借款合同及收账通知作会计分录如下:

借:银行存款　　　　　　　　　　　　　　　　　　　　500 000
　　贷:短期借款——临时借款　　　　　　　　　　　　500 000

7 月 31 日计提当月借款利息为 2 500 元(500 000×6％/12×1＝2 500),作会计分录如下:

借:财务费用　　　　　　　　　　　　　　　　　　　　2 500
　　贷:应付利息　　　　　　　　　　　　　　　　　　2 500

第二至第四个月计提利息的处理同上。

期满接到银行还本付息通知,归还临时借款本息为 510 000 元,根据支款回单作会计分录如下:

借:短期借款——临时借款　　　　　　　　　　　　　　500 000
　　应付利息　　　　　　　　　　　　　　　　　　　　10 000
　　贷:银行存款　　　　　　　　　　　　　　　　　　510 000

【例 1-8】 光华建筑公司于 2019 年 1 月 1 日向建设银行借入资金 300 万元,用于自建办公楼,借款利率为 8％,借款期限为 3 年,每年年末付息一次,3 年期满后还清本息,当年以银行存款支付工程款 150 万元,2020 年度以银行存款支付工程款 120 万元,2020 年年底工程完工,交付使用并办理了竣工决算手续。

要求:学生以光华建筑公司会计人员的身份对企业的借款业务进行会计处理。

2019 年 1 月 1 日取得 300 万元借款时:

借:银行存款　　　　　　　　　　　　　　　　　　　　3 000 000
　　贷:长期借款——本金(建行)　　　　　　　　　　3 000 000

支付当年工程价款时:

借:在建工程——办公楼　　　　　　　　　　　　　　　1 500 000
　　贷:银行存款　　　　　　　　　　　　　　　　　　1 500 000

年底计提利息:利息＝3 000 000×8％×1＝240 000(元)

借：在建工程——办公楼　　　　　　　　　　　　　　　　240 000
　　贷：应付利息　　　　　　　　　　　　　　　　　　　　240 000
偿还借款利息时：
借：应付利息　　　　　　　　　　　　　　　　　　　　　240 000
　　贷：银行存款　　　　　　　　　　　　　　　　　　　　240 000
支付 2020 年工程价款 120 万元时：
借：在建工程——办公楼　　　　　　　　　　　　　　　1 200 000
　　贷：银行存款　　　　　　　　　　　　　　　　　　　1 200 000
年末计息、付息的会计处理同上。
年底办公楼完工交付使用，结转实际成本：
实际成本＝1 500 000＋1 200 000＋240 000×2＝3 180 000（元）
借：固定资产——办公楼　　　　　　　　　　　　　　　3 180 000
　　贷：在建工程——办公楼　　　　　　　　　　　　　　3 180 000
资产办理竣工决算后，2017 年每月计提借款利息为 3 000 000×8％／12＝20 000（元）
借：财务费用　　　　　　　　　　　　　　　　　　　　　20 000
　　贷：应付利息　　　　　　　　　　　　　　　　　　　　20 000
到期偿还本金及支付第三年利息共 3 240 000 元时：
借：长期借款——本金（建设银行）　　　　　　　　　　3 000 000
　　应付利息　　　　　　　　　　　　　　　　　　　　　240 000
　　贷：银行存款　　　　　　　　　　　　　　　　　　　3 240 000

归纳总结

　　借款按借款期限划分为短期借款和长期借款。短期借款是指企业向银行或其他金融机构借入的期限在 1 年以内的款项；长期借款是企业向银行或其他金融机构借入的期限在 1 年以上（不含 1 年）的各种借款。二者除借款期限不同外，在借款用途及借款利息的处理等方面也有区别。短期借款是为了维护正常的生产经营所需资金或者为抵偿某种债务而借入的款项，其借款利息预提计入"应付利息"科目；长期借款主要用于固定资产的购建、改建、扩建、大修理工程、对外投资，保持长期经营能力等。借款利息采取两种方法：一是在发生时直接确认为当期费用计入财务费用；二是予以资本化，计入所购建固定资产的成本。

实训

　　光华建筑公司于 2019 年 10 月份发生如下经济业务：
　　1）10 月 1 日，向银行借入临时借款 1 000 000 元，为期 6 个月，年利率为 6％，借款已存入银行。该企业采用预提的办法核算短期借款的利息。
　　2）10 月 1 日，向中国工商银行江滨支行借入资金 1 000 万元，用于本公司新建综合楼工程项目，借款利率为 6％，借款期限为 3 年，每年年末付息一次，3 年期满后还清本息。2019 年度以银行存款支付工程款 400 万元，2020 年度以银行存款支付工程款 600 万元，2020

年年底工程完工，交付使用并办理了竣工决算手续，2021年到期还本付息。

要求：根据上述经济业务，编制会计分录。

任务1.3 发行债券的核算

教学目标

任务描述

光华建筑公司因扩大经营规模的需要，于2016年年初，经公司高层研究决定，向社会发行债券来筹集长期资金。经批准其于2016年1月1日发行5年期债券用于补充生产经营资金的不足，面值总额为1 000 000元，票面利率为10%，到期一次归还本息，款项全部存入银行。若发行时的市场利率为10%，计算债券的发行价格，并对债券发行进行相应的账务处理。相应的系数如下：

$(P/F, 8\%, 5)=0.680\ 6\ (P/F, 10\%, 5)=0.620\ 9\ (P/F, 12\%, 5)=0.567\ 4$
$(P/A, 10\%, 5)=3.992\ 7\ (P/A, 10\%, 5)=3.790\ 8\ (P/A, 12\%, 5)=3.604\ 8$

要求：学生以光华建筑公司会计人员的身份计算债券的发行价格并对企业发行债券业务进行会计处理。

任务分析

企业会计人员应参与下列债券的申请与发行工作，并取得相应的原始资料及凭证：
1)填写债券发行申请书，并提交发行方案及所需相关资料由债券管理部门审核。
2)审核合格后与券商签订代理发行债券合同。
3)收到发行收入，根据合同及收账通知进行相应的会计处理。

相关知识

1.3.1 应付债券概述

(1)应付债券的概念

债券也称为公司债券，是企业为筹集长期资金而发行的一种有价证券，是持券人拥有企业债权的债权证书。它通过凭证上所记载的面值、利率、期限(到期日和付息日)等，向凭证持有人表明发行债券企业允诺将在未来某一特定日期还本付息，是企业筹集长期资金的一种重要方式。

(2)公司债券的分类

1)按发行的债券是否有担保，可分为有担保债券和无担保债券。有担保债券，是指以特定的资产作为抵押发行的债券；无担保债券，是指依靠企业良好的信用和强大的经济实力发行的债券。

2)按债券是否记名，可分为记名债券和无记名债券。记名债券，是指发行人登记债券持有人的姓名和地址，并且根据登记的债券持有人支付本金和利息的一种债券；无记名债券，是指发行人未对债券持有人的姓名和地址进行登记的债券。

3)按还本方式的不同，可分为一次还本债券和分次还本债券。一次还本债券，是指发行企业规定到期一次还本的债券；分次还本债券，是指发行企业规定分次还本的债券。

(3) 债券发行的方式

企业发行债券时的价格受同期银行存款利率的影响较大。一般情况下，债券的发行有以下三种形式：

1)平价发行债券。当企业发行债券时的票面利率与实际利率一致时，公司发行债券所支付的利息与从资金市场取得相同资金所支付的利息相等。因此，可将债券的票面价值作为债券的发行价格，即按面值发行，也叫作平价发行。

2)溢价发行债券。当企业发行债券时的票面利率高于实际利率时，可将超过债券的票面价值作为债券发行价格，即溢价发行。发生的溢价表明企业将来多付利息而事先得到的补偿。

3)折价发行债券。当企业发行债券时的票面利率低于实际利率时，可将低于债券的票面价值作为债券的发行价格，即折价发行。发生的折价表明企业将来少付利息而事先付出的代价。

债券溢价或折价是发行债券企业在债券存续期内对利息费用的一种调整。

(4) 债券发行的价格

债券发行时的价格就是债券的现值。由于债券到期不仅应偿还本金，还应偿付利息，因此，其价格应等于债券到期应偿还的本金（即债券面值）按发行时市场利率折算的复利现值和债券各期支付的利息（即票面利息）按发行时的市场利率折算的年金现值之和，计算公式如下：

债券的发行价格＝到期票面金额按市场利率折算的复利现值＋各期利息按市场利率折算的年金现值

用公式表示为：

$$P = F(P/F, i, n) + A(P/A, i, n)$$

式中　　　P——债券的发行价格；

　　　　　F——债券面值（到期值）；

　　　　　A——债券的利息；

　　　　　i——市场利率；

　　　　　n——债券发行时期；

$(P/F, i, n)$——复利现值系数；

$(P/A, i, n)$——年金现值系数。

1.3.2 应付债券的核算

(1) 账户的设置

企业应设置"应付债券"账户，核算债券的发行和本息的偿还情况。该账户贷方登记企业发行债券收到的款项、一次还本付息债券计提的债券利息、发生的溢价及摊销的折价，借方登记实际支付的债券本息、发生的折价及摊销的溢价，期末贷方余额反映尚未偿还的应付债券。该账户应设置"债券面值""利息调整""应计利息"明细账户，分别核算债券本金的取得和归还，债券溢价、折价的发生及摊销，以及一次还本付息债券利息的形成和支付。

另外，企业应当设置"企业债券备查簿"，详细登记企业债券的票面金额、债券票面利率、还本付息期限与方式、发行总额、发行日期和编号、委托代售单位、转换股份等资料。

企业债券到期兑付时，在备查簿中应予以注销。

（2）债券发行的核算

企业发行债券，应按实际收到的金额，借记"银行存款"等账户，按债券票面金额，贷记"应付债券——债券面值"，存在差额的，借记或贷记"应付债券——利息调整"。实际收到的金额是指债券发行价格扣除发行费用后的差额。债券发行时发生的手续费、佣金等交易费用，金额较小的，直接计入当期损益（即财务费用）；金额较大的，作为利息费用的调整，不计入当期损益。

（3）债券利息的核算

发行长期债券的企业，应按期计提利息，并在债券存续期间采用实际利率法对债券的溢价和折价进行摊销。

按面值发行的债券，在每期期末按票面利率计提债券利息时，应借记"在建工程""财务费用"等账户，贷记"应付利息"（一次还本、分期付息）或"应付债券——应计利息"（到期一次还本付息）账户。

溢价和折价发行的债券，溢价和折价是对整个债券存续期间发行企业计提利息费用的一项调整。发行企业应在确定并支付每期利息的同时，把债券溢价逐期在各项利息费用中扣除，而把债券折价逐期转作各期利息费用。这种将债券溢价和折价逐期调整利息费用的方法，称为债券溢价和折价的摊销。

溢价和折价应在债券的存续期内，在资产负债表日计提利息时按实际利率法摊销，即以实际利率乘以各项期初应付债券的账面价值计算各期利息费用，按票面利率计算确定的应付未付息，贷记"应付利息"（一次还本、分期付息）或"应付债券——应计利息"账户（到期一次还本付息），按其差额，借记或贷记"应付债券——利息调整"作为该期应摊销的债券溢价和折价。

（4）债券到期支付债券本息的核算

长期债券到期，支付债券本息时，借记"应付债券——债券面值""应付债券——应计利息""应付利息"等账户，贷记"银行存款"等账户。同时，存在利息调整余额的，借记或贷记"应付债券——利息调整"账户，贷记或借记"在建工程""财务费用"等账户。

任务实施

根据任务描述，会计人员应编制以下会计分录：

债券年利息＝1 000 000×10％×1＝100 000（元）

债券发行价格＝1 000 000×0.620 9＋1 00 000×3.790 8≈10 000 000（元）

借：银行存款	1 000 000
贷：应付债券——债券面值	1 000 000

每年年终应按票面利率计算的应计利息为100 000元（1 000 000×10％）

借：财务费用	100 000
贷：应付债券——应计利息	100 000

债券到期还本并付利息，则企业的账务处理如下：

借：应付债券——债券面值	1 000 000
借：应付债券——应计利息	100 000
贷：银行存款	1 100 000

典型任务示例

【例1-9】 若任务描述中的市场利率为8%，其他条件不变。

要求：学生以光华建筑公司会计人员的身份计算债券的发行价格，并对企业发行债券业务进行会计处理。

债券发行价格=1 000 000×0.680 6+100 000×3.992 7=1 079 870(元)

借：银行存款　　　　　　　　　　　　　　　　　　　　　　　1 079 870
　　贷：应付债券——债券面值　　　　　　　　　　　　　　　1 000 000
　　　　应付债券——利息调整　　　　　　　　　　　　　　　　 79 870

每期应计利息为100 000元，各年应摊销的溢价及计提的利息费用见表1-1。

表1-1　实际利率法下债券溢价摊销表

日期	应付利息 ①＝面值×10%	利息费用 ②＝账面价值×8%	摊销利息调整 ③＝①－②	应付债券摊余成本 ④＝摊余成本－③
2016.01.01	100 000			1 079 870
2016.12.31	100 000	86 389.60	13 610.40	1 066 259.60
2017.12.31	100 000	85 300.77	14 699.23	1 051 560.37
2018.12.31	100 000	84 124.83	15 875.17	1 035 685.20
2019.12.31	100 000	82 854.82	17 145.18	1 018 540.02
2020.12.31	100 000	81 459.98	18 540.02	

根据表1-1，2016年12月31日，作会计分录如下：

借：财务费用　　　　　　　　　　　　　　　　　　　　　　　　86 389.60
借：应付债券——利息调整　　　　　　　　　　　　　　　　　　13 610.40
　　贷：应付债券——应计利息　　　　　　　　　　　　　　　100 000.00

债券到期还本并付利息，作会计分录如下：

借：应付债券——债券面值　　　　　　　　　　　　　　　　　1 000 000
借：应付债券——应计利息　　　　　　　　　　　　　　　　　　100 000
　　贷：银行存款　　　　　　　　　　　　　　　　　　　　　1 100 000

【例1-10】 若任务描述中的市场利率为12%，其他条件不变。

要求：学生以光华建筑公司会计人员的身份计算债券的发行价格并对企业发行债券业务进行会计处理。

债券发行价格=1 000 000×0.567 8+100 000×3.604 8=928 280(元)

借：银行存款　　　　　　　　　　　　　　　　　　　　　　　　928 280
　　应付债券——利息调整　　　　　　　　　　　　　　　　　　　71 720
　　贷：应付债券——债券面值　　　　　　　　　　　　　　　1 000 000

折价发行债券，每期应计利息为100 000元，各年应摊销的折价及计提的利息费用见表1-2。

表 1-2 实际利率法下债券折价摊销表

日期	应付利息 ①＝面值×10%	利息费用 ②＝账面价值×12%	摊销利息调整 ③＝②－①	应付债券摊余成本 ④＝摊余成本＋③
2016.01.01				928 280
2016.12.31	100 000	111 393.60	11 393.60	939 673.60
2017.12.31	100 000	112 760.83	12 760.83	952 434.43
2018.12.31	100 000	114 292.13	14 292.13	966 726.56
2019.12.31	100 000	116 007.19	16 007.19	982 733.75
2020.12.31	100 000	117 266.25	17 266.25	

根据表 1-2，2016 年 12 月 31 日，作会计分录如下：

借：财务费用　　　　　　　　　　　　　　　　　　　　　　　111 393.60
　　贷：应付债券——利息调整　　　　　　　　　　　　　　　　11 393.60
　　贷：应付债券——应计利息　　　　　　　　　　　　　　　100 000.00

债券到期还本并付利息，作会计分录如下：

借：应付债券——债券面值　　　　　　　　　　　　　　　　1 000 000
借：应付债券——应计利息　　　　　　　　　　　　　　　　　100 000
　　贷：银行存款　　　　　　　　　　　　　　　　　　　　　1 100 000

归纳总结

公司债券，是企业为筹集长期资金而发行的一种有价证券，是持券人拥有企业债权的债权证书，是企业筹集长期资金的一种重要方式。企业发行债券时的价格受同期银行存款利率的影响较大，有按面值发行、溢价发行和折价发行三种形式。债券的发行价格＝到期票面金额按市场利率折算的复利现值＋各期利息按市场利率折算的年金现值。长期债券按期计提利息，并在债券存续期间采用实际利率法对债券的溢价和折价进行摊销。溢价和折价是对整个债券存续期间发行企业计提利息费用的一项调整。

实训

光华建筑公司于 2019 年 1 月 1 日委托银行发行年利率 8%，为期 3 年，到期一次还本付息的企业债券，债券面值为 300 万元，银行收取手续费、佣金等交易费用后，实际收到款项为 2 054 465 元，将款项存入银行(市场利率为 6%)。

要求：根据上述资料，对企业发行债券业务进行相应的会计处理。

项目测验题

项目 2　货币资金的核算

案例：挪用现金案件

教学目标

任务 2.1　库存现金的管理与核算

任务描述

小赵是光华建筑公司的出纳员，2019 年 4 月 1 日，小赵将超过库存限额的现金 8 000 元送存到开户银行，取得现金交款单如图 2-1 所示。2019 年 4 月 2 日，小赵从开户行提取现金 10 000 元，取得现金支票存根如图 2-2 所示。

要求：学生以光华建筑公司出纳人员小赵的身份对现金收支业务进行会计处理，并登记现金日记账。

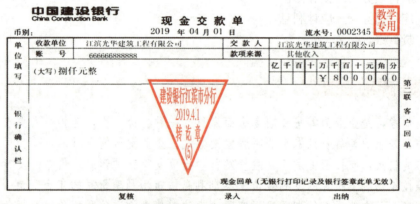

图 2-1　中国建设银行现金交款单(回单)

图 2-2　现金支票存根

任务分析

出纳人员负责现金的收支业务并登记现金日记账,为了准确核算光华建筑公司的现金收支业务,出纳人员需要完成下面的工作任务,并取得相应的原始凭证:

1)2019年4月1日,填写现金交款单,并盖上预留银行印鉴,将现金存入开户银行,收到银行盖章返回的现金交款单一联。

2)2019年4月2日,签发10 000元的现金支票一张,加盖银行预留印鉴后,将支票存根剪下,将支票送开户行提取现金5 000元。

3)编制收付款凭证并登记现金日记账。

现金的管理方法

相关知识

2.1.1 库存现金的管理办法

(1)库存现金的使用范围

现金的概念有狭义和广义之分。狭义的现金是指企业的库存现金,包括库存的人民币和外币;广义的现金是指库存现金、银行存款和其他符合现金定义的票证等,如未结付的支票、汇票等。本章所指现金是狭义的现金,即库存现金。

库存现金流动频繁,具有可接受性,极易发生差错或被挪用、侵吞。狭义的现金又是一种无法产生盈余的资产,企业不能积压过多。为保护现金的安全完整,必须加强现金的管理和内部控制。国务院颁布的《现金管理暂行条例》,对现金的收支范围作出了严格的规定,允许企业使用现金结算的范围如下:

1)职工工资、津贴。

2)个人劳务报酬。

3)根据国家规定颁发给个人的科学技术、文化艺术、体育等方面的各种奖金。

4)各种劳保、福利费用以及国家规定的对个人的其他支出等。

5)向个人收购农副产品和其他物资的价款。

6)出差人员必须随身携带的差旅费。

7)结算起点(1 000元)以下的零星开支。

8)中国人民银行确定需要支付现金的其他支出。

企业与其他单位之间的经济往来,除在上述的范围内可使用现金支付外,在其他情况下一律通过开户银行办理转账结算。

(2)库存现金的限额管理

库存现金的限额是指允许企业保留库存现金的最高额度,这一限额由开户银行根据开户单位的规模、日常零星开支的需要和距离银行的远近等情况核定,一般是企业3~5天日常零星开支的需要量,对边远地区和交通不方便地区的企业可适当放宽,但最长不得超过15天日常零星开支的需要量。这里的日常零星开支不包括定期发放工资、集中报差旅费、取暖费等大额现金支出。

库存限额一经确定,企业必须严格遵守,出纳员手中保管的库存现金超出库存限额部分,应于当日送存开户银行,当日送存有困难的,由开户银行确定送存时间。库存现金低于库存限额的部分,可以签发现金支票向开户行提取现金补足限额。因业务的变化需增减库存现金限额时,企业应向开户银行申请重新核定。

(3) 库存现金收支的日常管理

1) 建立内部牵制制度。内部牵制制度是指凡涉及款项和财物收付、结算及登记的任何一项工作,不能同时由一个人兼任,必须由两人或两人以上分工办理,起到相互制约作用的一种工作制度,它是内部控制制度的重要组成部分。主要包括以下几项:

① 钱账分管。出纳人员负责资金的收付业务,不得兼管收入、费用、债权、债务等账簿登记工作以及会计稽核和会计档案保管工作。

② 印鉴分管。企业在银行的预留印鉴应分别保管,财务专用章由专人(可以是出纳员)保管,个人名单由本人或其授权人保管,严禁一个人集中保管,防止舞弊行为的发生。

③ 定期轮岗。企业财务部门的人员不得长期从事一种工作,应定期轮换岗位,出纳岗位每7年轮换一次。

2) 严格票据管理。企业要建立票据的领用制度,设置票据领用登记簿,领用空白支票、空白收据和发票必须登记数量和起讫编号,由领用人签字,收回的收据和发票存根,应由保管人员办理签收手续,对空白收据和发票应定期检查,以防短缺。

3) 严格履行现金收支手续。出纳员根据收付款凭证办理款项的收付业务,在收付款后,应在相关的收付款凭证上加盖"收讫""付讫"章,防止票据遗失或重复报销。从开户银行提取现金时,应当在现金支票上写明用途,由本单位财会部门负责人签字盖章,经开户银行审核后,予以支付现金。将现金存入银行时,在缴款单上注明款项的来源。

(4) 违反现金管理规定的现象

1) 坐支。用收入的现金直接支付自身的支出叫作"坐支",如从收入的现金中支付货款、工资、奖金、各种补贴补助、劳务费、差旅费和其他开支。如因特殊情况需要坐支现金的,应事先报开户银行审查批准,由开户银行核定坐支范围和限额。未经批准,企业不得擅自坐支现金。

2) "白条子"顶库。"白条子"顶库是指支付或暂借现金不入账,以不符合财务制度规定的凭证如私人借据(条),抵充库存现金。

3) 套取现金。套取现金是指逃避现金审查,采用不正常手段支付现金的违法行为,如编造用途或以支付差旅费、备用金名义支取现金;利用私人或其他单位账户支取现金;用公款转存储蓄;用转账方式通过银行、邮局汇兑,异地支取现金;用转账凭证换取现金;虚假冒领工资、奖金和津贴补助等。

4) 保留账外现金。账外现金是指现金营业收入或其他现金收入该进账而未进账,被私自留用的现金。

5) 私设"小金库"。凡侵占或截留国家和单位的收入、化大公为小公、化公为私、未在本单位财务部门列收列支、私存私放的各项资金,均属"小金库"。

2.1.2 库存现金的核算

(1) 库存现金的总分类核算

为了概括反映现金的收支和结存情况,企业应设置"库存现金"账户,其借方登记库存现金的增加额，贷方登记库存现金的减少额，期末借方余额反映库存现金的结余数。有外币收支业务的企业，应当按照币种设置明细账户进行明细核算。

(2)库存现金的序时核算

为了加强对现金的管理，随时掌握库存现金收付的动态和库存余额，保证现金的安全，企业要设置"现金日记账"，其格式见表2-1。出纳人员按照现金收付业务发生的先后顺序逐笔序时登记，做到日清月结。每日终了，合计当日的现金收入、现金支出，结出当日余额，并将现金结余数与库存数进行核对，做到账实相符。月份终了，结出本月收入数、本月支出数及月末余额，将"现金日记账"的余额与"现金"总账的余额核对，做到账账相符。

(3)库存现金的清查

为了保证企业库存现金的安全完整，做到账款相符，应对库存现金进行清查。清查的方法采用实地盘点法。企业组织专人成立清查小组，进行定期或不定期的清查与核对，清查结束后，根据清查的结果与现金日记账核对的情况填写"库存现金盘点报告表"（与表3-28格式相近），由清查人员和出纳人员共同签章后方能生效。造成现金溢余和短缺的原因主要有以下几项：

1)出纳人员收付现金时出现差错。
2)丢失现金。
3)收付现金而未作收款凭证或付款凭证。
4)现金收付的会计分录金额有错。
5)登记现金日记账有误。
6)现金被盗。

对于清查中发现的有待查明原因的现金短缺或溢余，应通过"待处理财产损溢"账户核算；若属于现金短缺，应按实际短缺的金额，借记"待处理财产损溢——待处理流动资产损溢"账户，贷记"库存现金"账户；若属于现金溢余，按实际溢余的金额，借记"库存现金"账户，贷记"待处理财产损溢——待处理流动资产损溢"账户。

对于发现的现金溢缺，必须认真查明原因，按规定进行处理：如属于应支付给有关人员或单位的，借记"待处理财产损溢——待处理流动资产损溢"账户，贷记"其他应付款——应付现金溢余(××单位或××人)"账户，属于无法查明原因的现金溢余，经批准后，转为"营业外收入——现金溢余"账户。如为现金短缺，属于应由责任人赔偿的部分，借记"其他应收款——应收现金短缺款(××责任人)"账户；属于应由保险公司赔偿的部分，借记"其他应收款——应收保险赔款"账户；属于无法查明的其他原因，根据管理权限，经批准后处理，借记"管理费用——现金短缺"账户，贷记"待处理财产损溢——待处理流动资产损溢"账户。

任务实施

根据任务描述，出纳人员应编制以下会计分录：

1)根据现金交款单回单联(图2-1)，编制付款凭证：

借：银行存款　　　　　　　　　　　　　　　　　　　　　　　8 000
　　贷：库存现金　　　　　　　　　　　　　　　　　　　　　　8 000

2)根据现金支票存根(图2-2)，编制付款凭证：

借：库存现金　　　　　　　　　　　　　　　　　　　　　　　10 000
　　贷：银行存款　　　　　　　　　　　　　　　　　　　　　　10 000

3)登记库存现金日记账,见表2-1。

表 2-1　库存现金日记账　　　　　　　　　　　　元

2014年		凭证		摘要	借方	贷方	余额
月	日	字	号				
4	1			上月结转			9 000
4	1	现付	1	存现金		8 000	1 000
4	1	银付	2	提现金	10 000		11 000
				日　计	10 000	8 000	
4	3	现收	3	收到赔偿款	200		11 200
4	3	现付	4	购办公用品		900	10 300
				日　计	200	900	
…	…	…	…	……	……	……	7 000
				本月合计	50 000	52 000	

典型任务示例

【例2-1】 2019年4月3日,光华建筑公司收到职工林风交来的现金赔偿款200元。

要求:学生以光华建筑公司出纳人员小赵的身份对现金收支业务进行会计处理并登记现金日记账。

填写一式三联的专用收款收据,见表2-2,根据专用收款收据,编制收款凭证并登记库存现金日记账,见表2-1。

借:库存现金　　　　　　　　　　　　　　　　　　　　　200
　　贷:其他应收款——林风　　　　　　　　　　　　　　　　200

表 2-2　专用收款收据

收款日期　　2019年4月3日

付款单位	林风	收款单位	光华建筑工程公司									
人民币 (大写)	贰佰元整			百	十万	千	百	十元	角	分	结算方式	现　金
							¥	2	0	0	0	0		
事由	赔偿款	经办部门人员										
上述款项照数收讫无误 收款单位财务章:		会计主管	稽　核			出　纳		交款人				
		刘冰	李军					林风				

【例2-2】 2019年4月3日,光华建筑公司以现金900元购买办公用品。

要求:学生以光华建筑公司出纳人员小赵的身份对现金收支业务进行会计处理,并登记现金日记账。

收到购买办公用品发票一张,见表2-3,将现金支付给报销人。根据发货票,编制付款凭证并登记库存现金日记账，见表 2-1。

  借：管理费用——办公费   900

    贷：库存现金   900

表 2-3 江滨省江滨市商业零售发票

发 票 联

客户名称：光华建筑工程有限公司   2019 年 4 月 3 日

品名规格	单位	单价	数量	金额					② 报销凭证
				百	十	元	角	分	
装订机	台	900	1	9	0	0	0	0	
合计金额大写	玖佰元整			9	0	0	0	0	

收款单位盖章   开票人：蒋平

【例 2-3】 2019 年 4 月末，光华建筑公司进行现金盘点，发现短款 100 元，原因待查。

要求：学生以光华建筑公司出纳人员小赵的身份对现金盘点业务进行会计处理。

根据盘点表将短款上报主管部门，作会计分录如下：

  借：待处理财产损溢——待处理流动资产损溢   100

    贷：库存现金   100

经查，属于无法查明的原因，经批准后结转。作会计分录如下：

  借：管理费用——现金短缺   100

    贷：待处理财产损溢——待处理流动资产损溢   100

【例 2-4】 2019 年 4 月末，光华建筑公司经盘点，发现现金的库存余额大于账存余额 300 元，原因待查。

要求：学生以光华建筑公司出纳人员小赵的身份对现金盘点业务进行会计处理。

发现长款后，填写盘点表上报主管部门，作会计分录如下：

  借：库存现金   300

    贷：待处理财产损溢——待处理流动资产损溢   300

经查，长款属于少付职工陈冬的款项，作会计分录如下：

  借：待处理财产损溢——待处理流动资产损溢   300

    贷：其他应付款——应付现金溢余（陈冬）   300

归纳总结

  库存现金是存放于财会部门，由专职出纳人员保管的货币。因其流动性强，在管理上应严格执行现金开支范围及库存限额的管理规定，严格执行现金日常收支的管理规定。现金的核算可分为总分类核算和序时核算。设置库存现金账户核算现金收入、支出和期末结存，并登记现金日记账，做到日清月结。

> 实 训

2015年9月30日,光华建筑公司库存现金日记账余额为5 000元,10月份发生如下经济业务:
1) 10月1日,从银行提取现金12 000元备用。
2) 10月10日,当日盘点发现现金库存数大于账存数900元,原因待查。
3) 10月12日,经查明,上述现金溢余数属于少付职工王宁的款项。
4) 10月15日,填制现金缴库单,将库存多余的现金6 000元送存银行。
5) 10月26日,以现金800元购买办公用品。
6) 10月28日,销售废旧材料收入现金1 000元,已存入银行。
7) 10月31日,通过现金清查,发现短缺300元,原因待查。经查,其属于多付职工张丽的款项。

要求:根据上述经济业务编制会计分录,并分别登记光华建筑公司现金日记账结出期末余额。

任务 2.2 银行结算方式

教学目标

> 任务描述

1) 小赵是光华建筑公司的出纳人员,2019年4月1日,小赵签发支票一张(50 000元),还前欠大地股份有限公司货款。
2) 4月1日,收到建设单位签发的转账支票200 000元,是归还的前欠工程款,小赵背书后填写进账单,如图2-3所示,将其存入开户行。
3) 4月2日,小赵签发现金支票一张,从开户行提取现金10 000元备用。

要求:学生以光华建筑公司出纳人员小赵的身份签发支票,并办理上述结算业务。

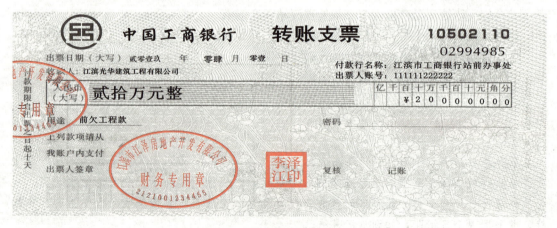

图 2-3 收到的转账支票

任务分析

出纳人员每天负责现金和银行存款收支业务的办理,需要填写多种银行结算凭证:

1)出纳人员收到支票后,首先进行审核,无误后在支票上背书。
2)填写进账单,一式三联,将收款单位和付款单位的全称、账号、开户银行、大小写金额等信息填写完整后,在第二联上加盖银行预留印鉴。
3)持背书后的支票和填写的进账单到开户银行。
4)银行收妥后在进账单回单联加盖办理业务章后递交给出纳人员。
5)出纳人员持进账单回单联返回单位。

签发现金支票

相关知识

2.2.1 支票

(1)支票的概念

支票是由出票人签发的,委托办理存款业务的银行或其他金融机构在见票时无条件支付确定的金额给收款人或持票人的票据。以支票向收款人付清款项的结算方式称为支票结算方式。支票结算具有简便、灵活的特点,是同城或同一票据交换区域内商品交易、劳务供应等款项结算时应用比较普遍的一种结算方式。

(2)支票的分类及特征

支票由银行统一印刷,可分为现金支票、转账支票两种。支票上印有"现金支票"字样的称为现金支票,现金支票只能提取现金。支票上印有"转账支票"字样的称为转账支票,转账支票只能通过银行转账,不能支取现金。

支票一律记名,提示付款期为自出票日起10日内,到期日遇到法定节假日顺延。超过付款提示期的,持票人开户银行不予受理,付款人不予付款。转账支票可以在票据交换区域内背书转让,即由收款人在支票背面签章将支票转让给另一收款人(被背书人)。丢失的现金支票,可向开户银行申请挂失,但挂失前已被支取的除外,丢失的转账支票,银行不予受理挂失。

(3)签发支票

不论是现金支票还是转账支票,在签发时必须十分小心,严格按照要求填写,否则就会被退票。签发支票时应注意以下几个方面:

1)签发支票一律使用墨汁或用碳素墨水笔书写。
2)支票日期使用汉字大写。
3)收款人、大小写金额不得更改。
4)大写金额顶头写,小写金额前用人民币符号封口。
5)加盖银行预留印鉴,此印鉴作为银行审核支付支票金额的条件。

严禁签发空头支票、远期支票,否则,银行将按票面金额的5%且不低于1 000元对签发企业实施罚款。

(4)支票结算的会计处理

收款单位收到支票，应在收到支票的提示付款期内填制进账单，连同支票送交银行，银行受理后，根据银行盖章退回的进账单第三联收账通知联（图2-4）和相关的原始凭证编制收款凭证；付款单位开出支票，应根据转账支票的存根（图2-5）和有关原始凭证编制付款凭证，正确及时地反映银行存款的增减。

图2-4　中国建设银行进账单（收账通知）

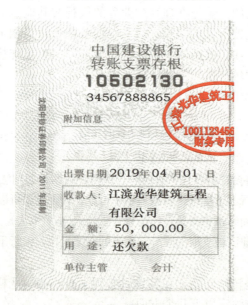

图2-5　转账支票的存根

存款人领购支票，必须填写"业务收费凭证"（图2-6），并加盖银行预留印鉴。存款账户结清时，必须将剩余的空白支票全部交回银行注销。

2.2.2　银行本票

(1) 银行本票的概念

银行本票是指申请人将款项存入银行，委托银行签发的承诺自己在见票时无条件向收款人或者持票人支付确定金额的票据。以银行本票向收款人支付款项的结算方式，称为银行本票结算方式，单位和个人在同一票据交换区域支付各种款项时，均可采用银行本票结算方式。

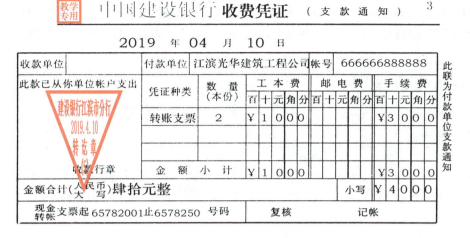

图 2-6 业务收费凭证

（2）银行本票的分类及特征

银行本票有定额本票和不定额本票两种。定额本票面额分别为 1 000 元、5 000 元、10 000 元、50 000 元；不定额本票的金额起点为 100 元。银行本票可以提取现金，也可以办理转账，在票面选择"转账"字样的为现金本票，可支取现金。其格式如图 2-7 所示。

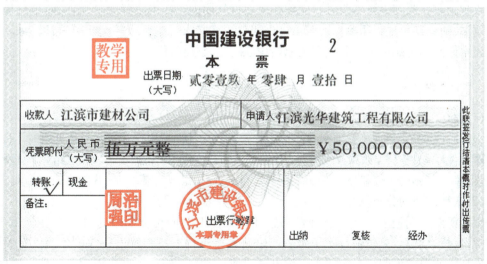

图 2-7 银行本票

银行本票一律记名，允许背书转让，但注明"现金"字样的银行本票不得背书转让。银行本票的提示付款期限为自出票日起最长不超过 2 个月，超过提示付款期限的银行不予受理。申请人因本票超过提示付款期限或其他原因要求退款时，可以到签发行办理退款。银行本票由银行签发，保证兑付，用银行本票购买材料物资时，销货方可以见票付货，购货方可以凭票提货，债权债务双方可以凭票清偿，其具有信誉度高、见票即付、支付功能强的特点。

(3)银行本票结算的会计处理

采用银行本票办理款项结算的,付款单位应先填写"银行汇(本)票申请书"(表2-4),填明收款人名称、申请人名称、支付金额、申请日期等事项并签章,将款项交存银行,申请签发银行本票。出票银行受理银行本票申请书,在收妥款项后签发银行本票给付款单位,付款单位即可向填明的收款单位办理购货和债务结算,连同相关原始凭证编制付款凭证。

表2-4 银行汇(本)票申请书

中国建设银行
China Construction Bank
银行汇(本)票申请书

币别:人民币   2019年04月10日   流水号:34566

业务类型	□银行汇票	□银行本票	付款方式	□转账	□现金
申请人	江滨光华建筑工程有限公司		收款人	江滨市钢材销售中心	
账 号	666666888888		账 号	4444466666	
用 途	购钢材		代理付款行	江滨工商古城支行	
金额	(大写)伍万元整		亿 千 百 十 万 千 百 十 元 角 分		
			¥ 5 0 0 0 0 0 0 0		
			客户签章		

第一联 申请人回单

收款企业在收到银行本票时,应该在提示付款期内,在本票背面"持票人向银行提示付款签章"处加盖预留银行印鉴,同时填写进账单,连同银行本票一并交开户银行转账。根据银行盖章退回的进账单第三联和有关原始凭证编制收款凭证。

2.2.3 银行汇票

(1)银行汇票的概念

银行汇票是指汇款人将款项交存当地出票银行,委托出票银行签发,当其见票时,按照实际结算金额无条件支付给收款人或持票人的票据。付款人以银行汇票支付款项的结算方式称为银行汇票结算。异地的单位和个人各种款项结算,均可使用银行汇票。其格式如图2-8所示。

(2)银行汇票的分类及特征

银行汇票采用记名方式,允许背书转让,银行汇票的付款期限为自出票日起1个月。超过提示付款期限,兑付银行不予付款,申请人持银行汇票和解讫通知,并提供有关的本人身份证件或单位证明,向出票银行作出说明请求退款。银行汇票可以用于转账,填明"现金"字样的银行汇票也可以用于支取现金。

银行汇票具有使用灵活、票随人到、兑现性强等特点,具有余款自动结清的功能。其适用于先收款后发货或钱货两清的商品交易。

(3)银行汇票结算的会计处理

采用银行汇票结算方式办理款项结算的,付款单位委托银行签发银行汇票,填写"银行汇(本)票委托书"(表2-4),填明收款人名称、支付金额、申请人、申请日期等事项并签章,签章为其预留银行的印鉴。银行受理银行汇票申请书,收妥款项后签发银行汇票,将银行

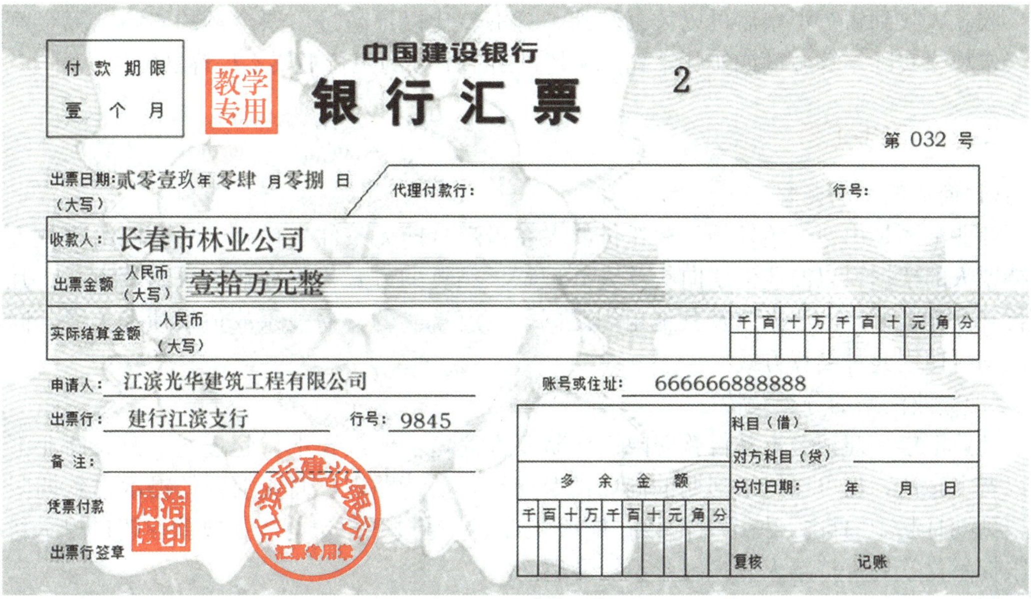

图 2-8　银行汇票

汇票和解讫通知一并交给申请人。申请人根据"银行汇票委托书"存根联及相关原始凭证，编制付款凭证。

收款企业收到付款单位转来的银行汇票和解讫通知，经审查无误后，在出票金额以内，根据实际款项办理结算，并将实际结算金额和多余金额准确、清晰地填入银行汇票和解讫通知的有关栏内，实际结算金额不得超过出票金额；收款企业向银行提示付款时，将银行汇票和解讫通知、进账单一并交开户银行办理结算，根据银行盖章退回的进账单编制收款凭证，多余金额由银行自动退交申请人，收款依据为多余款收账通知（图2-9）。

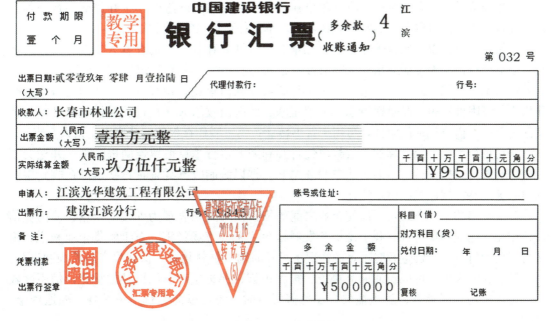

图 2-9　银行汇票多余款收账通知

收款人收到银行汇票后可以背书转让，背书转让以不超过出票金额的实际结算金额为限，未填写实际结算金额或实际结算金额超过出票金额的银行汇票不得背书转让。

2.2.4 商业汇票

(1)商业汇票的概念

商业汇票是出票人签发的，委托付款人在指定日期无条件支付确定的金额给收款人或者持票人的票据。以商业汇票向收款人办理款项结算的方式称为商业汇票结算方式。凡在银行开立存款账户的法人以及其他组织之间，具有真实的交易关系或债权债务关系，同城异地均可使用此种结算方式。

(2)商业汇票的分类及特征

商业汇票一律记名，其付款期限由交易双方商定，但最长不得超过6个月。商业汇票可以背书转让，也可以持未到期的商业汇票向银行申请贴现。商业汇票的提示付款期限自汇票到期日起10日内，持票人应该在提示付款期内通过开户银行委托收款。超过提示付款期限提示付款的，持票人开户银行不予受理。

商业汇票按承兑人的不同可分为商业承兑汇票和银行承兑汇票两种。

1)商业承兑汇票。商业承兑汇票按交易双方约定，由销货企业或购货企业签发，由购货企业(付款人)承兑。承兑时，购货企业应在汇票上记载"承兑"字样和承兑日期并签章。承兑不附有条件，否则视为拒绝承兑。

商业承兑汇票共计三联，第一联是付款人留存；第二联是商业承兑汇票正联，由签发人交给收款单位办理款项结算；第三联是存根联，由签发人存查。

汇票到期时，购货企业的开户银行凭票将票款划给销货企业或贴现银行。销货企业应在提示付款期限内通过开户银行委托收款或直接向付款人提示付款。对异地委托收款的，销货企业可匡算邮程，提前通过开户银行委托收款。汇票到期时，如果购货企业的存款不足支付票款，开户银行应将汇票退还销货企业，银行不负责付款，由购销双方自行处理。

采用商业承兑汇票结算的，收款单位在票据承兑期内连同进账单一并送交银行办理转账，凭银行盖章的进账单编制收款凭证，付款单位凭存根联编制付款凭证。

2)银行承兑汇票。银行承兑汇票由在承兑银行开立存款账户的存款人签发，由银行承兑，承兑银行按票面金额向出票人收取万分之五的手续费。其格式如图2-10所示。

银行承兑汇票一式三联，第一联是卡片联，此联由承兑行留存备查，到期支付票款时作借方凭证附件；第二联是银行承兑汇票正联，此联由收款人开户行随委托收款结算凭证寄给付款行作借方凭证的附件，可用于背书转让；第三联作存根联，此联由出票人存查。

采用银行承兑汇票结算的，收款单位将要到期的银行承兑汇票连同进账单一并送交银行办理转账，根据银行盖章的进账单收款通知，据以编制收款凭证，付款单位在收到银行的付款通知时，据以编制付款凭证。

商业汇票的结算方式，可以使企业之间的债权债务关系表现为外在的票据，使商业信用票据化，加强约束力，有利于维护和发展社会主义的市场经济。对于购货企业来说，由于可以延期付款，在资金暂时不足的情况下可及时购进材料物资，保证生产经营顺利进行。对于销货企业来说，可以疏通商品渠道、扩大销售、促进生产。汇票经过承兑，信用度较高，可以按期收回货款、防止拖欠，在急需资金时，还可以向银行申请贴现、融通资金，比较灵活。

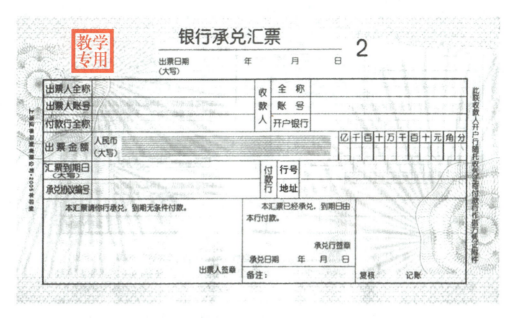

图 2-10 银行承兑汇票

销货企业应根据购货企业的资金和信用情况，选用商业承兑汇票或银行承兑汇票。购货企业应加强资金的计划管理，调度好货币资金，在汇票到期以前，将票款送存开户银行，保证按期承付。

2.2.5 汇兑结算

(1)汇兑的概念

汇兑是汇款人委托银行将其款项支付给收款人的结算方式。使用汇兑办理款项结算的，叫作汇兑结算。汇兑结算方式适用于同城或异地之间单位和个人的各种款项的结算。

(2)汇兑的分类及特征

汇兑按款项通知单的划拨方式可分为信汇和电汇两种。信汇是指汇款人委托银行通过邮寄方式将款项通知单寄给收款人；电汇是指汇款人委托银行通过电报方式将款项通知单发给收款人，由汇款人根据需要选择使用。汇兑结算具有划拨款项简便、灵活的特点。

汇兑结算一般由付款单位选择汇款方式，填写汇款凭证，共三联，第一联是回单联，由银行盖章后付款人留存；第二联是付款银行作贷记凭证；第三联是收款单位的收账通知联。电汇凭证的格式如图2-11所示。信汇凭证的格式和各联的用途与电汇凭证基本一致。

企业采用汇兑结算，付款单位汇出款项时，根据银行盖章的第一联汇款回单，编制付款凭证，收款单位收到第三联收账通知时，据以编制收款凭证。

2.2.6 委托收款结算

(1)委托收款的概念

委托收款是收款人委托银行向付款人收取款项的结算方式，同城或异地的单位或个人都可凭已承兑商业汇票、债券、存单等付款人的债务证明办理款项收取。另外，同城电费、电话费等付款人众多、分散的公用事业均采用此方式办理结算。

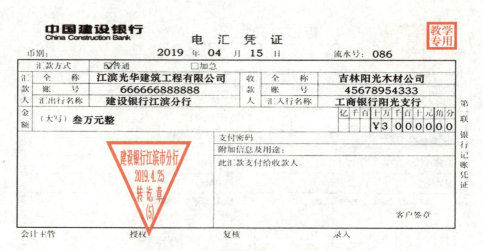

图 2-11 中国建设银行电汇凭证(回单)

(2)委托收款结算方式的分类与特征

委托收款按款项划回的方式可分为邮划和电划两种,由委托收款方选择使用。这种方式不受金额起点的限制,适用范围广,发生争议出现拒付时,银行不审查拒付的理由,只办理退证的手续。委托收款结算凭证的格式如图 2-12 所示。

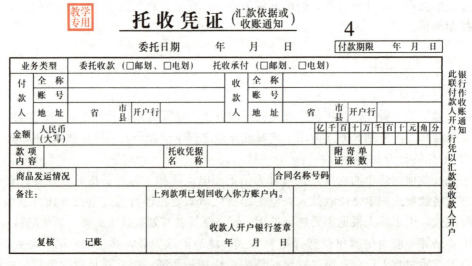

图 2-12 委托收款结算凭证(回单)

采用委托收款结算方式,收款单位根据银行盖章的收账通知第四联编制收款凭证,付款单位根据第五联委托收款凭证的付款通知和有关的原始凭证,编制付款凭证。

付款人收到银行转来的付款通知时要认真审查,审查无误后,应在规定的付款期内付款,付款期为3天,从付款人开户银行发出付款通知的次日算起(遇例假日顺延),付款期内未向银行提出异议,银行视作同意付款,在付款期满的次日(遇法定休假日顺延)上午银行开始营业时,将款项主动划给收款人。

付款人审查付款通知和有关单证,发现与购入的材料数量、规格、质量等方面不符或计算有误时,可填制一式四联"拒绝付款理由书"(表 2-5),在付款期满前连同转来的委托收款的凭证送开户银行转交给收款单位而拒绝付款。

表 2-5　(全部/部分)拒绝付款理由书

拒付日期　年　月　日

付款人	全　称		收款人	全　称								
	账　号			账　号								
	开户银行			开户银行		十万	千	百	十	元	角	分
托收金额		拒付金额		部分付款金额								
附寄单证				部分付款金额大写								
拒付理由： 　　数量与合同不符 　　　　　　　　付款人盖章				账户(借)　_____ 对方账户(贷)　_____ 转账日期　　　年　　月　　日 复核　　　　记账								

2.2.7　托收承付结算

(1)托收承付的概念

托收承付是根据购销合同由收款人发货后，委托银行向异地付款人收取款项，付款人根据经济合同核对托收单证或验货后，向银行承认付款的结算方式。办理托收承付结算的款项，必须是商品交易，以及因商品交易而产生的劳务供应的款项。代销、寄销、赊销商品的款项，不得办理托收承付结算。

(2)托收承付结算的分类及特征

托收承付结算方式按款项划回方式可分为邮划和电划两种。由收款人根据需要选择使用并填写托收凭证，均为一式五联，第一联是收款人开户行给收款人的受理回单；第二联由开户银行作贷方凭证；第三联由付款人开户银行作借方凭证；第四联由付款人开户行凭以汇款或收款人开户行作收账通知；第五联是付款人开户行给付款人的按期付款通知。其格式如图 2-13 所示。

图 2-13　中国建设银行托收承付结算凭证(承付、支款通知)

使用托收承付结算方式的收款单位和付款单位，必须是国有企业、供销合作社以及经营管理较好，并经开户银行审查同意的城乡集体所有制企业，购销双方必须签有符合《中华人民共和国合同法》的购销合同，并在合同上写明使用托收承付结算方式，收款单位办理托收承付，必须具有商品发出的证件或其他证明，托收承付结算每笔的金额起点为 10 000 元。

1) 托收。销货企业按照购销合同发货后，填写托收承付凭证，盖章后连同发运证件（包括铁路、航运、公路等运输部门签发运单、运单副本和邮局包裹回执）或其他符合托收承付结算的有关证明和交易单证送交开户银行办理托收手续。销货企业开户银行接受委托后，将托收结算凭证回单联退给企业，作为企业进行账务处理的依据，并将其他结算凭证寄往购货单位开户银行，由购货单位开户银行通知购货单位承认付款。

2) 承付。购货企业收到托收承付结算凭证和所附单据后，应立即审核是否符合购货合同规定的条款。按照《支付结算办法》的规定，承付货款可分为验单付款与验货付款。验单付款是指购货企业根据经济合同对银行转来的托收结算凭证、发票账单、托运单及带垫运杂费等单据进行核查无误后，即可承认付款，承付期为 3 天，从付款人开户银行发出承付通知的次日算起（遇法定休假日顺延）。验货付款是指购货企业待货物运达企业，对其进行检验与合同完全相符后才承认付款，为了满足购货企业组织验货的需要，承付期为 10 天，从运输部门向购货企业发出提货通知的次日算起。

在承付期内，购货企业未向银行表示拒绝付款，银行即视作承付，并在承付期满的次日（遇法定休假日顺延）上午银行开始营业时，将款项主动从付款人的账户内付出，按照销货企业指定的划款方式，划给销货企业。

(3) 拒付

在承付期内，购货企业发现有下列情况发生可以向开户行提出全部或部分拒绝付款，并填写"拒绝付款理由书"，注明拒绝付款理由：

1) 没有签订购销合同或购销合同未写明托收承付结算方式的款项。
2) 未经双方事先达成协议，收款人提前交货或因逾期交货付款人不再需要该项货物的款项。
3) 未按合同规定的到货地址发货的款项。
4) 代销、寄销、赊销商品的款项。
5) 验单付款，发现所列货物的品种、规格、数量、价格与合同规定不符。
6) 验货付款，经查验货物与合同规定或与发货清单不符的款项。
7) 货款已经支付而计算错误的款项。

购货企业提出拒绝付款时，应注明拒绝付款理由，必须涉及合同的应引证合同上的有关条款。属于商品质量问题，需要提出质量问题的证明及其有关数量的记录；属于外贸部门进口商品，应当提出国家商品检验或运输等部门出具的证明，向开户银行办理拒付手续。银行同意部分或全部拒绝付款的，应在拒绝付款理由书上签注意见，并将拒绝付款理由书、拒付证明、拒付商品清单和有关单证邮寄收款人开户银行转交销货企业。

不属于上述情况的，购货企业不得提出拒付。

采用托收承付结算方式，收款人根据银行转来的收账通知联编制收款凭证，付款人根据收到的托收凭证的承付通知和有关交易单证编制付款凭证。

2.2.8　信用卡结算

(1) 信用卡的概念

信用卡是指商业银行向个人和单位发行的，凭以向特约单位购物、消费和向银行存取现金，具有消费信用的特制载体卡片。凡在中国境内金融机构开立基本存款账户的单位均可申领单位卡，同城异地均可使用信用卡结算。

(2)信用卡的分类及特征

信用卡按使用对象可分为单位卡和个人卡；按信誉等级可分为金卡和普通卡。

单位卡可申领若干张，均不得用于10万元以上的商品交易、劳务供应款项的结算，并不得支取现金；单位卡账户的资金一律从其基本存款账户转账存入，在使用过程中，需要向其账户续存资金的，也一律从基本存款账户转账存入，不得交存现金，不得将销货收入的款项存入其账户；持卡人资格由申领单位法定代表人或其委托的代理人书面指定和注销，持卡人不得出租或转借信用卡；严禁将单位的款项存入个人卡账户中。

信用卡在规定的限额和期限内允许善意透支，金卡透支额最高不得超过10 000元，普通卡最高不得超过5 000元。透支期限最长为60天。透支利息自签单日或银行记账日起15日内按日息万分之五计算，超过15日按日息万分之十五计算。透支计算不分段，按最后期限或者最高透支额的最高利率档次计息。超过规定限额或规定期限，并且经发卡银行催收无效的透支行为称为恶意透支。持卡人使用信用卡不得发生恶意透支。

单位或个人申领信用卡，应按规定填制申请表，连同支票和进账单有关资料一并送存发卡银行，银行为申领人开立信用卡存款账户，并发给信用卡，企业根据银行盖章退回的进账单第一联，编制付款凭证。

2.2.9 信用证结算

信用证结算是国际结算的一种主要方式。经中国人民银行批准经营结算业务的商业银行总行，以及经商业银行总行批准开办信用证结算业务的分支机构，也可以办理国内企业之间商品交易的信用证结算业务。

任务实施

根据任务描述1)，出纳人员签发转账支票如图2-14所示。

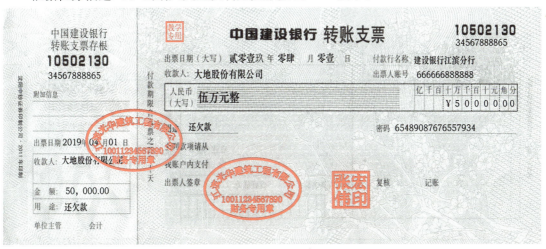

图2-14 转账支票正面票样

根据任务描述2），出纳人员填写进账单如图2-15、图2-16、图2-17所示。

图 2-15　填写的进账单 1 联

图 2-16　填写的进账单 2 联

图 2-17　填写的进账单 3 联

根据任务描述3），出纳人员签发的现金支票如图2-18、图2-19所示。

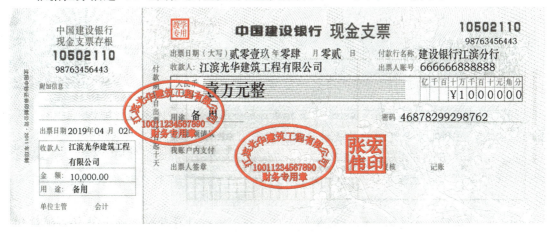

图2-18 签发的现金支票

图2-19 现金支票背书

📁 ▶ 归纳总结

企业发生的经济往来除按照规定可以用现金支付外，都需要通过银行办理转账结算。银行的支付结算方式有支票、银行汇票、银行本票、商业汇票、委托收款、汇兑、异地托收承付、信用卡和信用证等。其适用范围、特点和结算要求均不同，在使用时要结合具体业务的要求选择一种适用的支付方式办理款项的结算，在办理结算业务时要严格遵守银行结算纪律。

📁 ▶ 实 训

以光华建筑公司出纳人员的身份，模拟填写支票、进账单、现金交款单、电汇、委托收款等银行支付结算的各种票据。

任务 2.3　银行存款的管理与核算

教学目标

任务描述

1) 2019年4月1日，出纳人员小赵签发转账支票一张，如图2-14所示，还欠款50 000元，收到对方开具的收款收据一张。

2) 2019年4月1日，收到建设单位签发的转账支票200 000元，如图2-3所示，是归还的前欠工程款。填写进账单连同转账支票一并存入开户行，收到进账单收款通知联，如图2-17所示。

要求：学生以光华建筑公司出纳人员小赵的身份对银行存款收支业务进行会计处理，并登记银行存款日记账。

任务分析

出纳人员每天负责银行存款的收支业务，并登记日记账，为了准确核算光华建筑公司的银行存款收支业务，出纳人员需要完成下面的工作任务，并取得相应的原始凭证：

1) 2019年4月1日，签发转账支票一张，金额为50 000元，加盖预留银行印鉴后将支票存根剪下，将支票付给债权人，并从其处收到50 000元收款收据一张。

2) 2019年4月1日，将收到的转账支票审核无误后背书，填写进账并加盖预留银行印鉴后送存开户银行，款项到账收到进账单收款通知一联。

3) 编制收付款凭证并登记银行存款日记账。

相关知识

2.3.1　银行存款的管理

（1）银行开户的规定

银行存款是企业存入银行或其他金融机构的货币，包括人民币和外币。按照中国人民银行《支付结算办法》的规定，建筑企业应在当地银行开立账户，办理存款、取款，以及各种收支转账业务的结算。企业在银行开设的账户有以下四种：

1) 基本存款账户。基本存款账户是指企业办理日常转账结算和现金收付的账户。企业的工资、奖金的支取只能通过基本存款账户办理，信用卡、单位卡的存款只能通过基本存款账户转入。一个企业只能选择一家银行的一个营业机构开立一个基本存款账户，不得在多家银行机构开立基本存款账户。

2) 一般存款账户。一般存款账户是指企业在基本存款账户以外的银行借款转存账户。该账户可以办理转账结算和现金缴存，但不能支取现金。一家企业不得在同一家银行的几个分支机构开立一般存款账户。

3) 临时存款账户。临时存款账户是指企业因临时经营活动的需要开立的账户。企业可以通过该账户办理转账结算和按国家现金管理的规定办理现金的存取。

4)专用存款账户。专用存款账户是指企业因特定用途需要开立的账户。如建设单位拨付的安全措施费必须在企业主管部门指定的银行开立专用存款账户，办理转账结算。

企业在银行开立账户后，除了按规定留存的库存现金以外，所有货币资金都必须存入银行。企业与其他单位之间的一切收付款项，除制度规定可用现金支付的部分外，都必须通过银行办理转账结算，由银行按照事先规定的结算方式，将款项从付款单位的账户划出，划入收款单位的账户。因此，企业不仅要在银行开立账户，且账户内必须要有可供支付的存款。

(2)银行结算的纪律

企业通过银行办理支付结算时，应认真执行中国人民银行《支付结算办法》中的规定。单位和个人办理支付结算，不准签发没有资金保证的支票和远期支票，套取银行信用；不准签发、取得和转让没有真实交易和债权债务关系的票据，套取银行和他人的资金；不准无理拒绝付款，任意占用他人资金；不准违反规定开立和使用账户。

2.3.2 银行存款的核算

(1)银行存款的总分类核算

为了总括反映银行存款的收支和结存情况，企业应设置"银行存款"总账账户。该账户属于资产类账户，其借方登记银行存款的增加数，贷方登记银行存款的减少数，期末借方余额表示银行存款结余数。有外币存款收支业务的企业，应当按照币种设置明细账进行明细核算。

(2)银行存款的序时核算

为了加强对银行存款的管理、随时掌握银行存款的收付动态和结存余额，企业应按开户银行和存款的种类分别设置"银行存款日记账"，由出纳人员按照银行存款收付业务发生的先后顺序逐笔序时登记，做到日清月结。

2.3.3 银行存款的清查

(1)银行存款的清查内容

1)银行存款日记账与银行存款收、付款凭证相互核对，做到账证相符。
2)银行存款日记账与银行存款总账核对，做到账账相符。
3)在账账相符的基础上，企业银行存款日记账与银行对账单每月核对一次，做到账单相符。

通过核对，如果企业银行存款日记账账面余额与银行对账单余额不符，必须逐笔查明原因。除记账错误外，未达账项的存在往往是造成二者不符的主要原因。

(2)未达账项

所谓未达账项，是指银行与企业之间，由于凭证传递上的时间差，一方已登记入账，而另一方尚未入账的收支项目。具体有以下四种情况：

1)银行已收款入账但企业未收款入账的款项。
2)银行已付款入账但企业未付款入账的款项。
3)企业已收款入账但银行未收款入账的款项。
4)企业已付款入账但银行未付款入账的款项。

若存在未达账项，出纳人员应编制"银行存款余额调节表"调节，如无记账差错，企业和银行双方调整后的银行存款余额应该相等。调节后，双方余额如果仍不相符，说明记账有差错，需进一步查对，更正错误记录。

调节后的银行存款余额，反映了企业可以动用的银行存款实有数额。需要注意的是，银行存款余额调节表用来核对企业和银行的记账有无错误，不能作为记账的依据。对于未达账项，无须进行账面调整，待有关结算凭证收到后再进行财务处理。

企业应加强对银行存款的管理，并定期检查，如果有确凿证据表明存入银行或其他金融机构的款项已经全部或部分不能收回，如吸收存款的单位已宣告破产，其破产财产不足以清偿企业的存款，企业将发生的损失作为当期损失，借记"营业外支出"账户，贷记"银行存款"账户。

任务实施

根据任务描述1），会计人员应编制以下会计分录：
借：应付账款——大地股份有限公司　　　　　　　　　　　　50 000
　　贷：银行存款　　　　　　　　　　　　　　　　　　　　　50 000

根据任务描述2），会计人员根据进账单收款通知联及销售发票，编制收款凭证：
借：银行存款　　　　　　　　　　　　　　　　　　　　　　200 000
　　贷：应收账款——江泽房地产开发有限公司　　　　　　　200 000

登记银行存款日记账，见表2-6。

表2-6　银行存款日记账　　　　　　　　　　　　　　　　　　　　　元

2019年		凭证		对应账户	摘　要	收　入	支　出	余　额
月	日	字	号					
4	1				上月结转			500 000
4	1		1		还欠款		50 000	450 000
4	1		2		收回欠款	200 000		650 000
					日　计	200 000	50 000	
4	2		3		收回欠款	100 000		750 000
4	2		4		还欠款		50 000	700 000
…	…	…	…		…	…	…	400 000
					月　计	500 000	600 000	

典型任务示例

【例2-5】 4月2日，光华建筑公司接开户行转来委托收款通知，收到昌隆公司支付的上月工程款100 000元。

要求：学生以光华建筑公司出纳人员小赵的身份对银行存款收支业务进行会计处理。

根据收款通知，编制收款凭证，并登记银行存款日记账，见表2-6。

借：银行存款　　　　　　　　　　　　　　　　　　　　　　100 000

贷：应收账款——昌隆公司　　　　　　　　　　　　　　　　　　　　　100 000

【例2-6】 4月2日，光华建筑公司采用电汇方式，支付原欠沈阳电气材料销售公司材料款50 000元。

　　要求：学生以光华建筑公司出纳人员小赵的身份对银行存款收支业务进行会计处理。
　　根据电汇回单，编制付款凭证，并登记银行存款日记账，见表2-6。
　　借：应付账款——沈阳电气材料销售公司　　　　　　　　　　　　　　　50 000
　　　　贷：银行存款　　　　　　　　　　　　　　　　　　　　　　　　　50 000

【例2-7】 4月30日，光华建筑公司与银行对账发现两者余额不符，银行对账单余额为406 800元。经核对有几笔未达账项，银行已收到异地托收承付货款20 000元，银行划转水费10 000元，企业收到40 000元转账支票一张，企业开出转账支票一张，金额为36 800元。

　　要求：学生以光华建筑公司出纳人员小赵的身份编制银行存款余额调节表，见表2-7。

表2-7　银行存款余额调节表　　　　　　　　　　元

项　目	金额	项　目	金额
企业银行存款日记账余额	400 000	银行对账单企业存款余额	406 800
加：银行已收企业未收的款项	20 000	加：企业已收银行未收的款项	40 000
减：银行已付企业未付的款项	10 000	减：企业已付银行未付的款项	36 800
调整后余额	410 000	调整后余额	410 000

归纳总结

　　银行存款是企业存放在开户行或其他金融机构的款项，企业应严格按中国人民银行开户的管理规定，除按规定留存的库存现金以外，所有货币资金都必须存入银行，企业与其他单位之间的一切收付款项，除制度规定可用现金支付的部分外，都必须通过银行办理转账结算。办理支付结算时，应认真执行中国人民银行《支付结算办法》中的规定。

　　银行存款的核算可分为总分类核算和序时核算。设置银行存款账户核算银行存款的收入、支出和期末结存，并登记银行存款日记账，做到日清月结。期末要进行账单核对，如果有未达账项应编制银行存款余额调节表进行调整。

实训

　　1）11月30日，光华建筑公司银行存款日记账的账面余额为700 000元，12月份发生如下经济业务：

　　①12月1日，从银行提取现金4 000元备用。
　　②12月5日，收到银行收账通知，是上月昌隆公司应付的工程款100 000元。
　　③12月8日，开出转账支票一张，支付前期购入水泥款项300 000元。
　　④12月15日，填制现金缴款单，将库存多余的现金6 000元送存银行。

⑤12月18日，通过银行汇款100 000元至河北开立采购专户，派李洋采购材料。
⑥12月25日，以同城委托划款的方式划走本月水费12 000元。
⑦12月30日，收到500 000元的转账支票一张，是建设单位林森公司支付的本月工程价款，支票已存入银行。

要求：根据上述经济业务编制会计分录，并分别登记光华建筑公司现金日记账和银行存款日记账，结出期末余额。

2) 12月31日，光华建筑公司银行存款日记账的账面余额为1 268 000元，银行对账单上企业存款余额为1 342 500元，已逐笔核对，有以下几笔未达账项：
①公司于月末开出35 000元的转账支票一张，持票人未到银行办理转账。
②银行收到某建设单位转入的前欠工程款50 000元，公司未接到收账通知。
③银行承付电话费2 500元，公司尚未收到付款通知。
④公司收到8 000元转账支票一张，银行尚未入账。

要求：根据以上资料，为光华建筑公司编制银行存款余额调节表。

任务2.4　其他货币资金的核算

教学目标

任务描述

4月10日，光华建筑工程有限公司因项目基础施工，需要大量的钢材，特由出纳人员小赵向开户银行申请取得一张面额为60 000元的银行汇票，交由采购员刘洋到鞍钢采购钢材。2015年4月12日，采购员刘洋回来，报销购钢材价款为60 000元。

要求：学生以光华建筑公司会计人员的身份对企业银行汇票业务进行会计处理。

任务分析

企业会计人员办理以下汇票业务的工作并取得相应的原始资料及凭证：
1) 出纳人员填写银行汇票委托申请书后加盖预留银行印鉴提交给开户行，开户行审核无误后签发银行汇票交给出纳人员。
2) 出纳人员将银行汇票交给采购员刘洋去鞍钢采购钢材。
3) 采购结束，刘洋冲销采购业务，将钢材发票和银行汇票解讫通知交给出纳人员进行相应的会计处理。

相关知识

其他货币资金是指除现金、银行存款外的其他各种货币资金，包括外埠存款、银行汇票存款、银行本票存款、信用卡存款、信用证保证金存款、存出投资款、在途货币资金等。

为了核算各种其他货币资金，企业应设置"其他货币资金"账户，其借方登记取得的其他货币资金，贷方登记购入材料物资支用的其他货币资金，期末借方余额，反映其他货币资金的结余数，本账户按其内容设置明细账进行明细核算。

2.4.1 外埠存款

外埠存款是指企业到外地进行临时和零星采购时，汇往采购地银行开立采购专户存入的款项。企业汇出款项时，必须填写汇款委托书，加盖"采购资金"字样。汇入银行对汇入的采购款项，以汇款单位的名义开立采购账户。采购资金存款专户不计利息，除采购员随身的差旅费可以支取少量现金外，一律转账，采购资金存款专户只付不收，付完清户。

企业将款项委托当地银行汇往采购地开立专户时，根据汇出款项凭证编制付款凭证，借记"其他货币资金——外埠存款"账户，贷记"银行存款"账户；企业收到采购人员交来的供货单位提供的发货票、账单等报销凭证，借记"材料采购"等账户，贷记"其他货币资金——外埠存款"账户；采购结束将多余资金转回时，根据银行的收账通知，借记"银行存款"账户，贷记"其他货币资金——外埠存款"账户。

2.4.2 银行汇票存款

银行汇票存款是指企业为取得银行汇票，按照规定存入银行的款项。企业在填送"银行汇票申请书"并将款项交存银行，取得银行汇票后，根据银行签章退回的申请书存根联，借记"其他货币资金——银行汇票存款"账户，贷记"银行存款"账户；企业使用银行汇票后，根据发票账单等有关凭证，借记"材料采购"等账户，贷记"其他货币资金——银行汇票"账户；如有多余款退回款项，企业根据银行转来的银行汇票多余款收账通知联，借记"银行存款"账户，贷记"其他货币资金——银行汇票存款"账户。

汇票因超过付款期限等原因要求退款时，应填写进账单一式两联，连同汇票一并送交签发银行，根据银行盖章退回的进账单第一联，借记"银行存款"账户，贷记"其他货币资金——银行汇票存款"账户。

2.4.3 银行本票存款

银行本票存款是指企业为取得银行本票，按照规定存入银行的款项。企业向银行提交"银行本票申请书"并将款项交给银行，取得银行签发的银行本票后，根据银行签章的"银行本票申请书"存根联，借记"其他货币资金——银行本票存款"账户，贷记"银行存款"账户；企业使用银行本票后，根据发票账单等有关单据，借记"材料采购"等账户，贷记"其他货币资金——银行本票存款"账户。

本票因超过付款期限等原因要求退款时，应填写进账单一式两联，连同本票一并送交签发银行，根据银行盖章退回的进账单第一联，借记"银行存款"账户，贷记"其他货币资金——银行本票存款"账户。

2.4.4 信用卡存款

信用卡存款是指企业为取得信用卡，按照规定存入银行的款项。企业按规定填制申请表，连同支票和有关资料一并送交发卡银行，根据银行盖章退回的进账单第一联，借记"其他货币资金——信用卡存款"账户，贷记"银行存款"账户；企业用信用卡购物或支付有关费用时，根据购料凭证，借记有关账户，贷记"其他货币资金——信用卡存款"账户；在使用过程中，企业需要向其账户续存资金的，借记"其他货币资金——信用卡存款"账户，贷记"银行存款"账户。

2.4.5 信用证保证金存款

信用证保证金存款是指企业为取得信用证，按照规定存入银行的保证金。企业向银行申请开立信用证，应按照规定向银行提交开证申请书、信用证申请人承诺书和购销合同。企业向银行缴纳保证金，根据银行退回的进账单回单联，借记"其他货币资金——信用证保证金存款"账户，贷记"银行存款"账户；根据开证行交来的信用证通知书及有关单据标明的金额，借记"材料采购"等账户，贷记"其他货币资金——信用证保证金存款"账户；企业未用完的信用证保证金余额转回开户银行时，根据收款通知编制收款凭证，借记"银行存款"账户，贷记"其他货币资金——信用证保证金存款"账户。

2.4.6 存出投资款

存出投资款是指企业已存入证券公司但尚未进行投资的现金。企业向证券公司划出资金时，应按实际划出的金额，借记"其他货币资金——存出投资款"账户，贷记"银行存款"账户；购买股票、债券、基金等时，按实际发生的金额，借记"交易性金融资产"账户，贷记"其他货币资金——存出投资款"账户。

2.4.7 在途货币资金

在途货币资金是指企业同所属单位之间和上下级之间的汇、解款项业务中，到月终尚未到达的汇入款项。

企业收到所属单位或上级汇出款项的通知时，根据汇出金额，借记"其他货币资金——在途货币资金"账户，贷记"上级拨入资金"等账户；收到款项时，根据收账通知，借记"银行存款"，贷记"其他货币资金——在途货币资金"账户。

任务实施

根据任务描述，会计人员应编制以下会计分录：
1) 根据委托申请存根编制记账凭证：
借：其他货币资金——银行汇票存款　　　　　　　　　　　　　60 000
　　贷：银行存款　　　　　　　　　　　　　　　　　　　　　60 000
2) 根据发票、运单及银行汇票解讫通知等编制记账凭证：
借：物资采购——主要材料　　　　　　　　　　　　　　　　60 000
　　贷：其他货币资金——银行汇票存款　　　　　　　　　　　60 000

典型任务示例

【例2-8】 4月20日，光华建筑公司向开户银行申请取得一张面额为80 000元的银行汇票，交由采购员王平到长春采购木材。

要求：为上述经济业务编制会计分录。

借：其他货币资金——银行汇票存款　　　　　　　　　　　　　　80 000
　　贷：银行存款　　　　　　　　　　　　　　　　　　　　　　80 000

【例2-9】 4月22日，光华建筑公司采购员王平返程后，报销购木材价款75 000元。
要求：为上述经济业务编制会计分录。

借：物资采购——主要材料　　　　　　　　　　　　　　　　　75 000
　　贷：其他货币资金——银行汇票存款　　　　　　　　　　　　75 000

【例2-10】 4月23日，光华建筑公司接到开户银行收款通知，收到转回的汇票余款5 000元。
要求：为上述经济业务编制会计分录。

借：银行存款　　　　　　　　　　　　　　　　　　　　　　　5 000
　　贷：其他货币资金——银行汇票存款　　　　　　　　　　　　5 000

其他货币资金是指除现金、银行存款外的其他各种货币资金，包括外埠存款、银行汇票存款、银行本票存款、信用卡存款、在途货币资金、信用证保证金存款、存出投资款等。

为了核算各种其他货币资金，企业应设置"其他货币资金"账户办理其他货币资金的收支结算业务，并按其他货币资金的种类设置明细账进行明细核算。

实　训

光华建筑公司10月份发生如下经济业务：

1) 10月18日，通过银行汇款100 000元至山东开立采购专户，派于保江到山东采购材料。

2) 10月20日，采购员于保江交来购料发票，采购货款为98 000元，采购结束，开户行收到山东采购专户退回的剩余款项2 000元。

要求：根据上述经济业务编制会计分录。

项目测验题

项目3 存货的核算

任务 3.1 实际成本法下外购原材料的核算

案例：虚开增值税专用发票罪及相应的处罚

任务描述

光华建筑公司材料购入业务采用实际成本计价，公司于2019年5月2日从江滨光明水泥销售中心购入水泥50吨，取得的增值税专用发票见表3-1，发生的运输费用见表3-2，同时开出转账支票付款见表3-3、表3-4。材料已验收入库，收料单见表3-5。

教学目标

表 3-1 江滨市增值税专用发票

发 票 联

开票日期　　　　　　　　　　　　　　2019 年 5 月 2 日

购货单位	名称	光华建筑工程有限公司			纳税人登记号														
	地址				开户银行及账户														
货物或应税劳务名称	计量单位	数量	单价		金　　额								税　　额						
					十万	千	百	十	元	角	分	十万	千	百	十	元	角	分
水泥42.5级	吨	50	300		￥	1	5	0	0	0	0	0	￥	1	9	5	0	0	0
合计(大写)		壹万陆仟玖佰伍拾元整											税率		13%				
供货单位		江滨光明水泥销售中心											开户银行账号						

销货单位盖章：　　　　　　　　　　　收款人：吴天　　　　　　　　　　开票人：何伟

表 3-2 江滨省江滨市道路运输增值税专用发票

发 票 联

2019 年 5 月 2 日

装货地点		发货人		地址		牌照号			
卸货地点		收货人		光华建筑工程有限公司	地址		运单号		
货物名称	货物体积	实际重量(吨)	计费运输量		计费里程	运价率	运费金额	增值税税率9%	
			吨	吨/公里					
水泥		50			40	2 000		增值税	180
合计						2 000		小计	180
金额(大写)	贰仟壹佰捌拾元整						备注		

收款单位盖章：　　　　　　　　　　　收款人：刘宁　　　　　　　　　　开票人：周红

表3-3　中国建设银行
转账支票存根
VIV：006006601

科　　目

对方账户

出票日期　2019年5月2日

收款人：江滨光明水泥销售中心

金　　额：16 950.00

用　　途：购水泥

表3-4　中国建设银行
转账支票存根
VIV：006006602

科　　目

对方账户

出票日期　2019年5月2日

收款人：江滨市货物运输公司

金额：2 180.00

用途：运费

表3-5　收料单

供货单位：江滨市光明水泥厂　　2019年5月2日　　收料单号01

材料名称	材料规格	计量单位	实收数量	实际成本/元		
				单价	运费	总计
水泥42.5级		吨	50	300	2 000	17 000
合计		吨	50	300	2 000	17 000

记账：王萍　　　　　　　　收料：张宁　　　　　　　　制单：周英

要求：学生以光华建筑公司会计人员的身份对材料购入业务进行会计处理。

任务分析

企业从各种途径取得存货后，应按规定取得或填制相关的原始凭证，并办理验收入库手续，取得存货的主要途径有外购、委托外单位加工、自制等，取得时产生的原始凭证除相应的发货票、运杂费发票、银行支付结算凭证等外，还有验收入库时填制的收料单。

原材料采购业务一般有两种核算流程。其一，由采购员先借款后采购，采购归来将原借款冲销。其二，先采购，采购归来持发票经领导签字后到财务部门报销，本任务采用第二种方式。会计人员收到领导签字的发票后先进行审查，合格后方可付款。

1）根据材料采购计划组织采购时，首先要与销货单位签订购货合同，并由购销双方签字盖章。

2）采购员外出采购要从对方取得发货票，在运输过程中要取得运输费发票。

3）材料运输到企业后要组织办理材料入库手续，并填写入库单。

4）采购员持发票由经手人和主管领导签字后到财务部门报销，财务部门按合同规定付款。

5）根据购销合同、发货票、运输费发票、入库单等原始凭证进行会计处理。

实际成本法下外购原材料的核算

相关知识

原材料按实际成本计价是指原材料购入、验收入库、从仓库发出、期末结存等均按实际成本计价组织核算。这种方法适用于规模较小、收发业务不多、存货品种单一的企业。

3.1.1 存货的概念与确认

(1)存货的概念

存货是指企业在日常活动中持有以备出售的产成品或商品、处在生产过程中的在产品、在生产过程或提供劳务过程中消耗的材料和物料等。其包括主要材料、其他材料、机械配件、在建工程、在产品、产成品、半成品、结构件等。

(2)存货的确认

确认为存货，必须符合资产的定义，在此基础上同时满足以下两个条件：

1)该存货包含的经济利益很可能流入企业。存货是企业的一项重要的流动资产，而资产最重要的特征是预期会给企业带来一定的经济利益，最终是否能给企业带来经济利益或其包含的经济利益是否能流入企业很关键。

2)该存货的成本能够可靠地计量。这是资产确认的另一项基本条件，作为资产的组成部分，其成本必须能够进行可靠计量，必须以取得的确凿、可靠的证据为依据，并且具有可验证性。

3.1.2 存货的分类

(1)按经济内容分类

1)原材料。原材料是指用于建筑安装工程施工并构成工程实体或有助于工程实体形成的材料。其包括以下几种：

①主要材料。主要材料是指用于工程施工或产品生产并构成工程或产品实体的各种材料，包括黑色金属材料、木材、硅酸盐材料、电器材料、化工材料、小五金材料等。

②结构件。结构件是指经过吊装、拼砌、安装、就位，即能构成房屋建筑物实体的各种金属的、钢筋混凝土的和木质的结构物和构件等，如塑钢窗、预制构件等。

③机械配件。机械配件是指施工机械、运输设备、生产设备等替换、维修用的各种零配件，以及为机械设备准备的各种备品备件。

④其他材料。其他材料是指在施工生产过程中不构成工程或产品实体，但是有助于工程或产品形成或便于施工生产进行的各种材料，如各种油料和燃料等。

2)周转材料。周转材料是指在施工生产活动中能够多次使用而基本保持原有实物形态但价值逐渐转移的各种材料，包括模板、挡板、架料、其他周转材料等。

3)委托加工物资。委托加工物资是指企业委托外单位加工的各种材料物资。

4)在产品和产成品。在产品是指由建筑企业的辅助生产部门生产加工而尚未完成全部生产工序的产品；产成品是指完成全部生产工序而入库的产品。

5)在建项目。在建项目是指施工单位为建设单位施工的处于建设中的工程项目。

(2)按存放地点分类

1)库存存货。库存存货是指已运达企业或施工现场并已验收入库的各种材料和商品，以及已验收入库的自制半成品和库存商品。

2)在途存货。在途存货是指货款已付，尚未验收入库，正在运输途中的各种材料和商品。

3)加工存货。加工存货是指正在本企业加工中的在制品和委托外单位加工的各种材料和半成品。

(3)按取得来源分类

1)外购存货。

2)自制存货。

3)委托加工存货。

3.1.3 存货的初始计量

存货的初始计量是指存货从不同途径取得时，对取得的实际成本进行的计量。存货的实际成本包括采购成本、加工成本和其他成本，因存货取得的途径不同，其实际成本的构成内容也不同。

(1)外购存货的实际成本

外购存货的实际成本即存货的采购成本，是指在采购过程中发生的支出，包括采购价格、运杂费、相关税费，以及其他可归属于存货采购成本的费用。

1)采购价格。采购价格是指企业购入材料时从销货方取得的发票账单上列明的价款，但不包括按规定可抵扣的增值税进项税额。

2)运杂费。运杂费是指材料运到企业仓库或工地以前所发生的运输费、装卸费、保险费等费用。

3)相关税费。相关税费是指企业购买存货时发生的相关税金，如资源费、消费费、不能抵扣的增值税进项税额及进口材料的关税等。

4)其他可归属于存货采购成本的费用。其他可归属于存货采购成本的费用是指采购成本中除上述各项费用以外的可直接归属于存货采购成本的费用，如采购过程中发生的仓储费、包装费，运输途中的合理损耗，入库前的挑选整理费用等。

上述各项费用，凡是可以分清受益对象的，均可直接计入存货采购成本；凡不能直接计入有关存货的，则需要按一定的标准分配计入有关存货采购成本，分配标准可以是所购存货的数量或采购价格。

(2)自制存货的实际成本

自制存货的实际成本是指企业自行制造的存货达到使用状态之前发生的全部支出。其主要包括直接材料费、直接工资、其他制造费用。

(3)委托外单位加工的存货的实际成本

委托外单位加工的存货的实际成本包括耗用存货的实际成本、支付的加工费用及发生的往返运杂费。

(4)投资者投入的存货的实际成本

投资者投入的存货的实际成本按中介机构确定的评估价确定。若无评估价，可按照投资双方所签订的合同或协议约定的价值确定，但合同协议约定价值不公允的除外。

(5)接受捐赠的存货的实际成本

1)若捐赠方提供了有关凭据(材料的发票、协议等)，应按照凭据上标明的金额加上企业应支付的相关税费作为受赠存货的入账价值。

2)若捐赠方没有提供有关凭据，应按照下列顺序确定受赠存货的入账价值：

①同类或类似存货存在活跃市场的，按同类或类似存货的市场价格估计的金额，加上

企业应支付的相关税费作为存货的实际成本。"同类或类似"是指具有相同的或相近的规格、型号、性能、质量等级等特征。

②同类存货不存在活跃市场的,应按照接受捐赠存货的预计未来现金流量的现值作为存货的实际成本。

(6)盘盈的存货的实际成本

盘盈的存货,应按同类或类似存货的市场价格确定其入账价值。

3.1.4 外购原材料入库时填制的原始凭证

收料单是企业外购存货验收入库时填制的,凭以办理入库手续的原始凭证。其一式三联,一联由仓库留存,由保管员据以验收入库,并登记材料明细账;一联连同发票及其他银行结算凭证一并送财务部门据以办理货款结算和登记存货账簿;一联送供应部门据以检查合同的执行情况。其格式见表3-5。

3.1.5 账户的设置

(1)原材料

"原材料"账户是在实际成本法下设置的,用于核算和监督原材料的实际成本增减变动和期末结存情况的资产类账户,其借方登记验收入库原材料的实际成本,贷方登记因施工领用、出售等原因而减少的原材料的实际成本,期末借方余额反映库存原材料的实际成本。本账户按材料的类别、品种和规格等设置明细账户进行明细核算。

原材料明细账采用的是数量金额式明细账,根据收发料凭证逐步登记。

(2)在途物资

在途物资是指企业已经付款或已开出承兑商业汇票,但尚未到达或尚未验收入库的各种物资。"在途物资"账户的设置用于核算企业在途材料物资的实际成本增减变动和期末结存情况,是资产类账户,其借方登记已付款或已开出承兑商业汇票的购入材料的实际成本,贷方登记已验收入库材料的实际成本,期末借方余额反映期末结存的在途物资的实际成本。本账户一般按供应单位和材料品种进行明细核算。

在途物资明细账按购入材料的名称设置,一般采用三栏式账页,登记购入及验收入库的原材料的数量和金额。

实际成本法下原材料的明细核算由财务部门和仓库保管部门共同进行,设置原材料明细账、在途物资明细账,仓库设置材料卡片。

材料卡片按材料品名和规格设置,由库管员根据收发料凭证登记收发数量,见表3-6。

表3-6 材料卡片

材料类别: 名称规格: 仓库: 计量单位: 计划单价:

年		凭证号数	摘要	收入数量	发出数量	结存	
月	日					数量	金额

3.1.6 外购材料的核算

(1)货款已付，同时收料

货款已付，同时收料，也称钱货两清。其是指企业采购的原材料，款项已经支付给销货方，材料也已经验收入库。这一业务发生后，根据增值税专用发票、运费单、材料入库单及银行结算凭证等原始凭证，编制记账凭证，借记"原材料"账户，借记"应交税费——应交增值税(进项税额)"，贷记"银行存款"账户。

(2)付款在前，收料在后

付款在前，收料在后，是指企业在收到销货单位开出的发票时先行支付货款，根据增值税专用发票及银行结算凭证借记"在途物资"账户，按发票记载的增值税额借记"应交税费——应交增值税(进项税额)"，贷记"银行存款"账户，待收到材料验收入库时，根据收料单借记"原材料"账户，贷记"在途物资"账户。

(3)收料在前，付款在后

在运输比较方便顺畅而结算手续不及时或票据传递时间过长，发生材料已验收入库而货款未付，通常有两种情况：其一，若材料已验收入库且发票已到达，购货方因存款不足而尚未支付时，货款通过"应付账款"账户核算，借记"原材料"账户，借记"应交税费——应交增值税(进项税额)"，贷记"应付账款"账户；其二，若材料已验收入库，材料费发票月末尚未到达企业，货款未付，月末购货方按暂估价值对验收入库的材料估价入账，借记"原材料"账户，贷记"应付账款——暂估应付账"账户，下月初用红字冲销上述分录，等到发票到达后，按正常购料业务处理，借记"原材料"账户，借记"应交税费——应交增值税(进项税额)"，贷记"银行存款"账户。

(4)预付货款在先，后收料结算

在销货单位发货前，购货方预付一定比例的货款，销货方根据合同发货后，双方结算货款，按"预付账款"业务处理。预付账款详见项目 8 中的任务 8.3。

(5)货款先付，验收材料时发现短缺或损毁

在验单付款的情况下，企业付款在先，验收时发现材料短缺或损毁，应及时查明原因，分清责任，区别不同情况分别处理。具体如下：

1)属于运输途中的合理损耗，即定额内损耗，由企业自行负担，按实际收到数量登记材料明细账，相应提高入库材料的实际单价，不另作账务处理。

2)超定额的损耗，处理的情况有所不同。

①由运输单位造成的短缺或损毁，应向运输单位提出赔偿要求，赔偿款通过"其他应收款"账户核算。

②由供应单位造成的短缺，若货款未付，可以办理拒付。拒付时，按实际短缺的数量计算出拒付金额，并填写"拒付理由书"，通过开户银行传递给销货单位。拒付后，按实际支付的购货款项，进行正常的外购材料会计处理；若货款已经支付，并已计入"在途物资"账户，收料时发生的短缺应由供应单位赔偿，通过"其他应收款"核算。

③发生意外灾害等非常损失及尚待查明原因的材料短缺、损毁，应暂作"待处理财产损溢——待处理流动资产损溢"，在查明原因后，将损失的价款扣除过失人或者保险公司、运输单位的赔偿款及残料价款后，属于非常损失部分的，列为"营业外支出——非常损失"，属于其他情况的，计入当期"管理费用"。

(6)建设单位供料

企业承建的建筑工程，若建设单位供应的材料包含在合同总价中，货物移送行为属于销售行为，收到材料时，应根据甲供材料账单及增值税专用发票，借记"原材料"账户，借记"应交税费——应交增值税（进项税额）"，贷记"预收账款"或"应收账款"等账户。

任务实施

根据任务描述，会计人员根据取得的增值税发票（表3-1）、运输费发票（表3-2）、银行支票存根（表3-3、表3-4）、收料单（表3-5），编制以下会计分录：

借：原材料——主要材料　　　　　　　　　　　　　　　　17 000
借：应交税费——应交增值税（进项税额）　　　　　　　　 2 130
　　贷：银行存款　　　　　　　　　　　　　　　　　　　19 130

典型任务示例

【例3-1】　光华建筑公司向光明水泥销售中心购入水泥，于5月8日收到银行转来的托收承付结算凭证承付支款通知及增值税专用发票，含税价款为45 200元，经审核无误，到期承付，水泥暂时未收到，增值税税率为13%。

要求：学生以光华建筑公司会计人员的身份对材料购入业务进行会计处理。

根据增值税专用发货票、银行结算凭证，作会计分录如下：

借：在途物资——主要材料　　　　　　　　　　　　　　　40 000
借：应交税费——应交增值税（进项税额）　　　　　　　　 5 200
　　贷：银行存款　　　　　　　　　　　　　　　　　　　45 200

【例3-2】　5月12日上述水泥运到并验收入库。

要求：学生以光华建筑公司会计人员的身份对材料购入业务进行会计处理。

根据收料单编制会计分录如下：

借：原材料——主要材料　　　　　　　　　　　　　　　　40 000
　　贷：在途物资——主要材料　　　　　　　　　　　　　40 000

【例3-3】　5月25日，光华建筑公司从外地购进陶瓷洁具一批，发票等结算凭证月末未到，按暂估价50 000元入账。

要求：学生以光华建筑公司会计人员的身份对材料购入业务进行会计处理。

5月31日结算凭证未到，按估价入账：

借：原材料——主要材料　　　　　　　　　　　　　　　　50 000
　　贷：应付账款——暂估应付账款　　　　　　　　　　　50 000

下月初用红字冲回上述分录：

借：原材料——主要材料　　　　　　　　　　　　　　　　50 000
　　贷：应付账款——暂估应付账款　　　　　　　　　　　50 000

【例3-4】　6月8日，【例3-3】中的发票账单等结算凭证到达，陶瓷洁具含税价款为67 800元，增值税税率为13%，企业已通过银行转账支付该批货款。

要求：学生以光华建筑公司会计的身份对材料购入业务进行会计处理。

根据发票及结算凭证，作会计分录如下：
借：原材料——主要材料　　　　　　　　　　　　　　　　　　60 000
借：应交税费——应交增值税（进项税额）　　　　　　　　　　 7 800
　　贷：银行存款　　　　　　　　　　　　　　　　　　　　　67 800

【例 3-5】 光华建筑公司采购玻璃一批，含税价款为 113 000 元，货款已由银行转账支付。3 天后在验收入库时发现短缺 2 000 元的材料，原因尚待查明。

要求：学生以光华建筑公司会计人员的身份对材料购入业务进行会计处理。

按实际价款付款时：
借：在途物资——主要材料　　　　　　　　　　　　　　　　 100 000
借：应交税费——应交增值税（进项税额）　　　　　　　　　　13 000
　　贷：银行存款　　　　　　　　　　　　　　　　　　　　 113 000

材料验收入库时：
借：原材料——主要材料　　　　　　　　　　　　　　　　　　98 000
　　待处理财产损溢——待处理流动资产损溢　　　　　　　　　 2 000
　　贷：在途物资——主要材料　　　　　　　　　　　　　　 100 000

上述损耗已查明，是由合理损耗造成的，经批准计入"管理费用"账户。
借：管理费用——材料损失　　　　　　　　　　　　　　　　　 2 000
　　贷：待处理财产损溢——待处理流动资产损溢　　　　　　　 2 000

归纳总结

存货是指企业在日常活动中持有以备出售的产成品或商品、处在生产过程中的在产品、在生产过程或提供劳务过程中消耗的材料和物料等。其包括主要材料、其他材料、机械配件、在建工程、在产品、产成品、半成品、结构件等。

材料收发办理的凭证手续是存货收发核算的基本根据，收料凭证有收料单、材料交库单、委托加工物资入库单，其应用的范围不同。实际成本法计价下购入原材料的核算自成一套体系，设置科目有在途材料、原材料等，在途材料账户核算的是已付款或开出承兑汇票而尚未入库的原材料的实际成本，当期运到企业并验收入库时，其转为原材料，原材料账户核算的是验收入库、领用及库存原材料的实际成本。

实　训

光华建筑公司 10 月发生如下经济业务：

1）10 月 4 日，购入砌块一批，不含税价款为 12 000 元，增值税税率为 13%，以电汇方式支付，材料已到且验收入库。

2）10 月 6 日，以银行汇票 300 000 元购入钢材一批，价税合计 293 700 元，增值税税率为 13%，材料暂未到，余款自动退回。

3）10 月 10 日，6 日购入的钢材现已收到并办理了验收入库手续。

4）10 月 13 日，购入 60 000 元管材，增值税税率为 13%，已验收入库，货款未付。

5）10 月 15 日，上月付款购入的木材现已运到，验收入库，含税价款为 13 560 元。

6)10月18日，购入水泥一批，价款为19 800元，增值税税率为13%，开出转账支票20 000元，多余款付现金，水泥未到。

7)10月20日，支付6日购买钢材的运费2 800元，增值税税率为13%，以现金支付。

要求：根据上述经济业务，编制会计分录。

任务3.2　实际成本法下发出原材料的核算

教学目标

任务描述

1)2019年5月份光华建筑公司水泥的收、发、存数据资料见表3-7。

表3-7　光华建筑公司水泥收发存表　　　　　　　　　　　　　元

日期	收入		发出		结存	
	数量/吨	单位成本	数量/吨	单位成本	数量/吨	单位成本
5月1日结存					200	350
5月8日购入	300	360				
5月15日发出			100			
5月19日购入	200	320				
5月25日发出			300			

2)2019年5月份光华建筑公司第一项目部住宅楼和商务楼的领料凭证见表3-8、表3-9。

表3-8　领料单

领料部门：第一项目部　　　　2019年5月15日　　　　领料单号：101

用途	住宅楼工程用材料					
材料类别	名称	规格	计量单位	实发数量	单价(元/吨)	金额/元
	水泥		吨	100	350	35 000
合计				100	350	35 000

领料：丁力　　　　　　　　发料：张权　　　　　　　　项目经理：刘军

表3-9　领料单

领料部门：第一项目部　　　　2019年5月25日　　　　领料单号：102

用途	商务楼工程用材料					
材料类别	名称	规格	计量单位	实发数量	单价(元/吨)	金额/元
	水泥		吨	100	350	35 000
	水泥		吨	200	360	72 000
合计						107 000

领料：陈飞　　　　　　　　发料：张权　　　　　　　　项目经理：李伟

要求：学生以光华建筑公司会计人员的身份，采用先进先出法计算领用和结存材料的单位成本及总成本，登记材料明细账，并对材料发出业务进行会计处理。

任务分析

企业材料采购人员在组织材料采购过程中因情况不同，同一批材料的单位采购成本也不尽相同，需要在每次购入材料后计算一个平均单位成本，方能计算领用材料成本和期末结存材料成本。同时，在领用材料过程中，应取得相应的原始资料及凭证。

1）平时各领料对象要填写领料单，经领导及相关人员签字后从仓库领用材料。
2）如果领用材料业务不多，可以根据领料单进行会计处理。
3）如果领用材料业务较多，要根据领料单编制发出材料汇总表，并以此为依据进行相应的会计处理。

相关知识

3.2.1 发出存货的计量

实际成本法下发出存货的计量方法如下。

(1) 先进先出法

先进先出法是以先购入的存货先发出的实物流动为假设前提，对发出存货进行计价。采用先进先出法，发出存货成本是按最先购货确定的，期末存货成本比较接近现行的市场价格，在物价下跌时，高价购入的存货能够尽快得到补偿，而在市场物价持续上涨时，计入工程成本中的材料费则偏低，高估企业当期利润和库存存货价值；反之，会低估企业存货价值和当期利润。这种方法可以均衡日常核算工作，如果收发业务比较频繁，则计算工作量繁重。

(2) 加权平均法

加权平均法也称为一次加权平均法，是指以当月全部进货数量加上月初结存的存货数量作为权数，计算存货的加权平均单位成本，以此为基础计算当月发出存货的成本和期末存货成本的方法。其计算公式如下：

$$加权平均单位成本 = \frac{期初结存存货的成本 + 本期购入存货的成本}{期初结存存货的数量 + 本期购入存货的数量}$$

$$发出存货的成本 = 本期发出存货的数量 \times 加权平均单位成本$$

$$期末存货的成本 = 期末结存存货的数量 \times 加权平均单位成本$$

$$= 月初存货成本 + 本月购入存货成本 - 本月发出存货成本$$

采用加权平均法，只在月末计算一次平均单位成本，核算工作比较简单，简化了存货的计价工作，但不能及时提供发出存货与结存存货成本，影响了成本核算的及时性，期末工作量过于集中，不利于存货的管理。当存货价格上涨或下跌时，所计算的存货单位成本平均化，均衡了材料成本，对发出存货的计价较为折中。

(3) 移动加权平均法

移动加权平均法是指每入库一批材料，平均计算一次加权平均成本，并以此作为本次发出存货的单位成本计算其实际成本的一种方法。其计算公式如下：

$$\frac{移动加权}{平均单位成本} = \frac{本批购入前结存的存货成本 + 本批购入存货的成本}{本批购入前结存的存货的数量 + 本批购入存货的数量}$$

$$发出存货的成本 = 本期发出存货的数量 \times 移动加权平均单位成本$$

$$期末存货的成本=期末结存存货的数量×移动加权平均单位成本$$

采用移动加权平均法,要求每次进货后都要重新计算一个移动平均单位成本。材料明细账上既能反出映实物数量,也能反映出其实际成本,可以均衡日常的核算工作,随时掌握发出材料并及时进行核算,但平时的计算工作量烦琐,核算工作量较大。

3.2.2 发出原材料填制的原始凭证

(1)领料单

领料单是一次性领用材料的原始凭证,是在办理材料出库时由领料部门或个人所填制的领料凭证。领料时,领料单由领料人员填制,经项目部负责人签字后,以向仓库领料,领料单可采用一料一单的形式,也可采用一单多料的形式。通常情况下,领料单一式三联,一联由仓库留存登记材料明细账;一联交财务部门作为发出材料核算的依据;一联由领料部门备查。领料单的格式见表3-8。

施工中若发生已领未用材料,即已经由领料部门或单位从仓库领出尚未使用,但下期仍然要继续使用的材料,期末由领料部门或领料人员用红字填本月领料单,冲减当期材料成本,同时用蓝字填下月领料单,办理"假退料"手续。

(2)限额领料单

限额领料单也称定额领料单,是一种在规定的领用限额之内,可以多次使用的累计发料凭证。领料限额是项目部材料人员和计划人员根据施工计划、施工任务、材料消耗定额以及有关资料核定出来的各种材料计划用量。领料时,只要领用的数量不超过限额,就可以连续使用。月末结出实发数量和金额。限额领料单一式两联,一联经计划部门和材料部门签章后交领料单位据以领料;另一联送仓库据以发料。限额领料单的格式见表3-10。

表 3-10 限额领料单

领料单位:　　　　　　　　　　年　月　日　　　　　　　　　　仓库:

材料编号	材料名称	规格	计量单位	领用限额	实际领用			备 注
					数 量	单位成本	金 额	
日期	请 领		实 发					
	数量	领料单位	数量	发料人	领料人	数量	退料人	限额结余

生产计划部门负责人:　　　　　　供应部门负责人:　　　　　　　　仓库负责人:

(3)大堆材料耗用计算单

大堆材料是存放在施工现场的砂、石、灰等材料的统称。其特点是露天堆放,不易计量耗用数量,在工地集中的地方,通常是几个工程共同使用同一堆材料,因此,大堆材料一般不必逐笔办理领料手续,通常采用倒挤的方法,通过"算两头,扎中间"来计算当期实际耗用总量,并以各受益对象耗用材料的定额用量为分配基数,将实际耗用量分配到各受益的工程。大堆材料耗用计算单就可以完成这些工作。其格式见表3-11。

表 3-11 大堆材料耗用计算单

领用单位：班组　　　　　　　　　　年　月　日　　　　　　　　　　编号：

材料名称	规格	计量单位	月初结存	本月收料	月末结存	本月耗用	计划成本	
							单价	总价

受益对象＼材料名称	定额用量	实际用量	计划成本	定额用量	实际用量	计划成本	合计金额

3.2.3 发出原材料的核算

企业材料领用数量多，价值高，发出业务频繁，应按领料凭证逐日进行核算，但因工作量较大，平时一般只登记材料明细账，而编制记账凭证与发出材料的核算工作在月末进行，一般将领料凭证按部门和用途进行汇总，编制发出材料汇总表（表3-15），并以此为依据办理发出材料的核算，借记领用材料的各受益对象，贷记"原材料"账户。

任务实施

根据任务描述1），会计人员采用先进先出法计算发出材料和结存材料的成本如下：

5月15日，发出100吨材料单位成本为350元/吨，发出材料成本＝35 000元。

5月25日，发出300吨材料，其中100吨的单位成本为350元/吨，200吨的单位成本为360元/吨，发出材料成本＝107 000元，将上述数据填入表3-12。

本月发出材料的实际成本＝142 000元。

表 3-12 材料明细分类账

材料名称：水泥　　　　　　　　　　　　　　　　　　　　　　　　计量单位：吨

2019年		凭证号数	摘要	收入			发出			结存		
月	日			数量/吨	单价	金额	数量/吨	单价	金额	数量/吨	单价	金额
5	1		结转							200	350	70 000
5	8	略	购入	300	360	108 000				200 300	350 360	178 000
5	15		发出				100	350	35 000	100 300	350 360	143 000
5	19		购入	200	320	64 000				100 300 200	350 360 320	207 000
5	25		发出				100 200	350 360	107 000	100 200	360 320	100 000
5	30		合计	500		172 000	400		142 000			

月末结存存货成本＝月初结存存货成本＋本月购入存货成本－本月发出存货成本
＝70 000＋172 000－142 000＝100 000(元)

根据任务描述2)的领料单，编制以下会计分录：

借：工程施工——住宅楼工程　　　　　　　　　　　　　35 000
　　工程施工——商务楼工程　　　　　　　　　　　　　107 000
　　贷：原材料——主要材料　　　　　　　　　　　　　　　　142 000

典型任务示例

【例3-6】 沿用任务描述1)的资料。

要求：学生以光华建筑公司会计的身份，采用加权平均法计算领用材料的单位成本及总成本，登记材料明细账，并对材料发出业务进行会计处理。其中，3月15日领用材料的是住宅楼工程，5月25日领用材料的是商务楼工程。

计算本月发出存货及结存存货的成本，其计算见表3-13。

表3-13　材料明细分类账

材料名称：水泥　　　　　　　　　　　　　　　　　　　　　　　　　计量单位：吨

2019年		凭证号数	摘要	收入			发出			结存		
月	日			数量	单价	金额	数量	单价	金额	数量	单价	金额
5	1		结转							200	350	70 000
5	8	略	购入	300	360	108 000						
5	15		发出				100	345.71	34 571			
5	19		购入	200	320	64 000						
5	25		发出				300	345.71	103 713	300	345.71	103 716
5	30		合计	500		172 000	400	345.71	138 284			

加权平均单位成本＝(70 000＋108 000＋64 000)/(200＋300＋200)
　　　　　　　　＝345.71(元/吨)

5月15日，发出100吨材料单位成本为345.71元/吨，发出材料成本＝34 571元。
5月25日，发出300吨材料单位成本为345.71元/吨，发出材料成本＝103 713元。
本月发出存货成本＝345.71×400＝138 284(元)
期末存货成本＝70 000＋172 000－138 284＝103 716(元)

编制以下会计分录：

借：工程施工——住宅楼工程　　　　　　　　　　　　　34 571
　　工程施工——商务楼工程　　　　　　　　　　　　　103 713
　　贷：原材料——主要材料　　　　　　　　　　　　　　　　138 284

【例3-7】 沿用任务描述1)的资料。

要求：学生以光华建筑公司会计人员的身份，采用移动加权平均法计算领用材料的单位成本及总成本，登记材料明细账，并对材料发出业务进行会计处理。领用材料的对象同【例3-6】。

计算本月发出存货及结存存货的成本，其计算见表3-14。

表 3-14 材料明细分类账

材料名称：水泥　　　　　　　　　　　　　　　　　　　　　　　　　　　计量单位：吨

2019年		凭证号数	摘要	收入			发出			结存		
月	日			数量	单价	金额	数量	单价	金额	数量	单价	金额
5	1		结转							200	350	70 000
5	8	略	购入	300	360	108 000				500	356	178 000
5	15		发出				100	356	35 600	400	356	142 400
5	19		购入	200	320	64 000				600	344	206 400
5	25		发出				300	344	103 200	300	344	103 200
5	30		合计	500		172 000	400		138 800			

5月8日购入后移动平均单价＝(70 000＋108 000)/(200＋300)＝356(元/吨)
5月15日发出存货成本＝356×100＝35 600(元)
5月19日购入后移动平均单价＝(142 400＋64 000)/(400＋200)＝344(元/吨)
5月25日发出存货成本＝344×300＝103 200(元)
本月发出存货成本＝35 600＋103 200＝138 800(元)
月末存货成本＝70 000＋172 000－138 800＝103 200(元)
编制以下会计分录：
　　借：工程施工——住宅楼工程　　　　　　　　　　　　　　　　　35 600
　　　　工程施工——商务楼工程　　　　　　　　　　　　　　　　　103 200
　　　　贷：原材料——主要材料　　　　　　　　　　　　　　　　　138 800

【例 3-8】 2019 年 5 月 31 日，将本月领料凭证进行汇总编制的发出材料汇总表见表 3-15。

要求：学生以光华建筑公司会计人员的身份，对材料发出业务进行会计处理。

表 3-15 发出材料汇总表(实际成本计价下)
2019年5月31日

材料类别 用途	主要材料				结构件	机械配件	其他材料	合计
	钢材	木材	水泥	小计				
工程施工	50 000	30 000	40 000	120 000	11 000	13 000	3 000	147 000
1. 住宅楼工程	30 000	20 000	25 000	75 000	5 000	8 000	2 000	90 000
2. 商务楼工程	20 000	10 000	15 000	45 000	6 000	5 000	1 000	57 000
机械作业部门	5 000	8 000	3 000	16 000		3 000	500	19 500
管理部门	3 000	2 000		5 000		1 000	500	6 500
合计	58 000	40 000	43 000	141 000	11 000	17 000	4 000	173 000

根据表 3-15，作会计分录如下：
　　借：工程施工——住宅楼工程　　　　　　　　　　　　　　　　　90 000
　　借：工程施工——商务楼工程　　　　　　　　　　　　　　　　　57 000
　　借：机械作业　　　　　　　　　　　　　　　　　　　　　　　　19 500
　　借：管理费用　　　　　　　　　　　　　　　　　　　　　　　　6 500

贷：原材料——主要材料		14 100
原材料——结构件		11 000
原材料——机械配件		17 000
原材料——其他材料		4 000

归纳总结

发料凭证是发出材料核算业务的依据，主要包括领料单、限额领料单、大堆材料耗用计算单，原材料按实际成本计价发出材料成本的计价方法有先进先出法、加权平均法、移动加权平均法等，各有优缺点。发出材料时，应依据领料凭证，将领用原材料的实际成本计入各受益对象。

实训

1）10月份光华建筑公司购入与发出材料的情况见表3-16。

表3-16　光华建筑公司购入与发出材料的情况

日期	收入		发出		结存	
	数量/吨	单位成本	数量/吨	单位成本	数量/吨	单位成本
10月1日结存					200	650
10月8日购入	400	580				
10月15日发出			400			
10月20日购入	500	600				
10月26日购入	500	630				
10月30日发出			600			

要求：学生以企业会计人员的身份采用先进先出法、加权平均法、移动加权平均法分别计算本月发出材料和期末结存材料的实际成本，并登记材料明细账。

2）10月份光华建筑公司第一项目部领用材料填制凭证见表3-17、表3-18、表3-19。

表3-17　领料单

领料部门：第一项目部　　　　2019年10月5日　　　　领料单号：803

用途	电信局综合楼工程用材料					
材料类别	名称	规格	计量单位	实发数量	单价	金额
	螺纹钢	φ16	t	8.597	3 350.00	28 799.95
	螺纹钢	φ18	t	7.985	3 350.00	26 749.75
	螺纹钢	φ14	t	6.510	3 350.00	21 808.50
	螺纹钢	φ22	t	4.297	3 350.00	14 394.95
	螺纹钢	φ20	t	6.246	3 350.00	20 924.10
	合计		t	33.635		112 677.25

领料：吴天　　　　　　　　　　发料：张丽　　　　　　　　　　项目经理：周建国

表 3-18 领料单

领料部门：第一项目部　　　　　　　　2019 年 10 月 15 日　　　　　　　　　领料单号：804

用途	电信局综合楼工程用材料					
材料类别	名称	规格	计量单位	实发数量	单价	金额
	红砖		块	140 000	0.175	24 500.00
	合　计		块	140 000		24 500.00

领料：林滨　　　　　　　　　　　　　发料：张丽　　　　　　　　　　　　项目经理：周建国

表 3-19 领料单

领料部门：第一项目部　　　　　　　　2019 年 10 月 25 日　　　　　　　　　领料单号：805

用途	电信局综合楼工程用材料					
材料类别	名称	规格	计量单位	实发数量	单价	金额
	汽　油	90#	L	200	2.90	580.00
	柴　油		L	300	2.50	750.00
	合　计		L	500		1 330.00

领料：袁杰　　　　　　　　　　　　　发料：张丽　　　　　　　　　　　　项目经理：周建国

要求：学生以企业会计人员的身份分别对上述领料业务进行相应的会计处理。

任务 3.3　计划成本法下原材料的核算

教学目标

任务描述

1）光华建筑公司材料购入业务采用计划成本计价，公司于 2019 年 5 月 2 日从江滨光明水泥销售中心购入水泥 50 吨，取得的增值税专用发票见表 3-1，发生的运输费用见表 3-2，同时开出转账支票付款见表 3-3、表 3-4。材料已验收入库，计划单价为 360 吨/元，收料单见表 3-20。

表 3-20 收料单

供货单位：江滨市光明水泥厂　　　　　2019 年 5 月 2 日　　　　　　　　　　收料单号：02

材料名称	材料规格	计量单位/吨	实收数量	实际成本			计划单价/(元/吨)
				单价/(元/吨)	运费/元	总计/元	
水泥 42.5 级			50	300	2 000	17 000	360
合　计			50	300	2 000	17 000	360

记账：王萍　　　　　　　　　　　　　收料：张宁　　　　　　　　　　　　制单：周英

要求：学生以光华建筑公司会计的身份对上述业务进行会计处理。

2）光华建筑公司第一项目部 2019 年 5 月 2 日领用水泥情况见表 3-21，假设月初结存水泥的计划成本为 22 000 元，月初结存水泥的材料成本差异为 500 元。

表 3-21　领料单

领料部门：第一项目部　　　　　　　　2019 年 5 月 2 日　　　　　　　　领料单号：806

用途	商务楼工程用材料					
材料类别	名　称	规　格	计量单位/吨	实发数量	计划单价/(元/吨)	金额/元
	水泥			40	360	14 400
合计				40	360	14 400

领料：陈飞　　　　　　　　　　发料：张权　　　　　　　　　项目经理：李伟

要求：学生以光华建筑公司会计人员的身份计算水泥的本月材料成本差异率，并对领料业务进行会计处理。

任务分析

在计划成本计价下，企业从各种途径取得存货，应取得材料增值税专用发货票、支付结算凭证、运费发票，并填写材料入库单，办理验收入库手续。其办理借款、外出采购、报销的流程按实际成本计价。区别在于入库时按计划价格办理入库，要结转材料成本差异。

领用原材料时，按年初确定的计划单价办理领料手续，填写领料单，核算时应分配材料成本差异，将领用原材料的计划成本还原为实际成本。

相关知识

原材料按计划成本计价的核算是指原材料从购入到验收入库、从仓库发出材料、期末结存均按计划成本计价组织核算。这种方法适用于规模较大、收发业务多、存货品种多样化的企业。

3.3.1　账户的设置

（1）材料采购

"材料采购"账户核算的是计划成本计价下购入原材料的实际采购成本。该账户属于资产类账户，其借方登记实际支付或结算的原材料的采购成本和验收入库材料形成的材料成本节约差，贷方登记入库原材料的计划成本和验收入库原材料形成的材料成本超支差，期末借方余额反映在途材料的实际成本。该账户可按供应单位和材料品种设置明细账进行明细核算。

（2）原材料

"原材料"账户核算的是材料按计划成本计价时验收入库材料的计划成本。该账户属于资产类账户，其借方登记的是验收入库材料的计划成本，贷方登记的是从仓库发出材料的计划成本，期末借方余额反映的是期末库存材料的计划成本。该账户可按材料品种规格设置明细账进行明细核算。

（3）材料成本差异

"材料成本差异"账户核算的是实际成本与计划成本的差异，实际成本大于计划成本是超支差（借差），反之则是节约差（贷差）。该账户属于资产类账户，其借方登记的是入库材料形成的超支差，贷方登记的是入库材料形成的节约差及发出材料应负担的材料成本差异

（超支差用蓝字，节约差用红字），期末借方余额反映的是库存材料应负担的超支差，贷方余额反映的是库存材料应负担的节约差。该账户按材料的类别设置明细账进行明细核算。

3.3.2 外购原材料的核算

（1）货款已付，同时收料

"货款已付，同时收料"业务，根据增值税专用发票、运费单及银行结算凭证等编制记账凭证，按买价借记"材料采购"账户，按增值税额借记"应交税费——应交增值税（进项税额）"，贷记"银行存款"账户；根据入库单入库并结转材料成本差异，借记"原材料"账户，同时结转材料成本差异，借或贷记"材料成本差异"账户，贷记"材料采购"账户。

（2）付款在前，收料在后

"付款在前，收料在后"业务，企业付款时，根据增值税专用发票及银行结算凭证借记"材料采购"账户，按增值税额借记"应交税费——应交增值税（进项税额）"，贷记"银行存款"账户，待材料验收入库时，根据收料单借记"原材料"账户，贷记"材料采购"账户，同时结转材料成本差异，借记或贷记"材料成本差异"账户。

（3）收料在前，付款在后

"收料在前，付款在后"业务，若属于购货方存款不足而尚未付款的业务，根据增值税专用发票、结算凭证借记"材料采购"账户，按增值税额借记"应交税费——应交增值税（进项税额）"，贷记"应付账款"账户，入库时按收料单，借记"原材料"账户，贷记"材料采购"账户，同时结转成本差异，借记或贷记"材料成本差异"账户。

若属于发票账单等月末未达，则按暂估价值对验收入库的材料估价入账，借记"原材料"账户，贷记"应付账款——暂估应付账"，待下月初用红字冲销上述分录，等到发票到达，按正常购料业务借记"材料采购"账户；按发票记载的增值税额借记"应交税费——应交增值税（进项税额）"，贷记"银行存款"账户，同时办理入库，借记"原材料"账户，贷记"材料采购"账户，借记或贷记"材料成本差异"账户。

（4）先预付货款，收到材料再结算

"先预付货款，收到材料再结算"业务，借记"材料采购"账户，按发票记载的增值税额借记"应交税费——应交增值税（进项税额）"，贷记"预付账款"账户，收料时，按计划价格入库，并结转材料成本差异，借记"原材料"账户，贷记"材料采购"账户，同时，借记或贷记"材料成本差异"账户。

（5）货款先付，验收材料时发现短缺或损毁

材料短缺或毁损的处理同前，按实际成本法计价核算。

3.3.3 发出原材料的核算

（1）发出存货的计量

计划成本计价下，发出存货的计量，是指存货的发出按年初制定的采购计划中的计划成本计价。实际成本与计划成本的差异称为材料成本差异。存货的计划成本和实际成本之间的差异应单独进行核算，期末将发出存货的计划成本调整为实际成本。三者之间的关系如下：

存货的实际成本－存货的计划成本＝材料成本差异

发出存货的实际成本＝发出存货的计划成本＋发出存货应负担的材料成本差异

发出存货应负担的材料成本差异＝发出存货的计划成本×材料成本差异率

$$本月材料成本差异率=\frac{月初结存材料的成本差异+本月收入材料的成本差异}{月初结存材料的计划成本+本月收入材料的计划成本}\times100\%$$

若各月发出和期末结存的数量和成本差距不大，发出材料成本比较均衡，为简化计算，可采用上月材料成本差异率计算发出材料实际成本。

$$上月材料成本差异率=\frac{月初结存材料成本差异}{月初结存材料计划成本}\times100\%$$

(2)发出材料的核算

计划成本计价下材料发出的核算，在月末根据月份内的领料和退料凭证，按照材料的类别和用途，编制"发出材料汇总表"，见表3-22，将发出材料的计划成本及应分配的材料成本差异计入各受益对象。如果月份内领料业务较少，可以根据领料单等领料凭证直接进行会计处理。

表3-22 发出材料汇总表(计划成本计价下)

2019年5月30日

材料名称 受益对象	主要材料(−0.5%)		机械配件(2%)		合　计	
	计划成本	成本差异	计划成本	成本差异	计划成本	成本差异
工程施工——住宅楼工程	300 000	−1 500	10 000	200	310 000	−1 300
工程施工——商务楼工程	200 000	−1 000			200 000	−1 000
辅助生产部门	1 000	−5			1 000	−5
管理部门	4 000	−20			4 000	−20
合计	505 000	−2 525	10 000	200	515 000	−2 325

根据表3-22编制会计分录如下：

借：工程施工——住宅楼工程　　　　　　　　　　　　310 000
　　工程施工——商务楼工程　　　　　　　　　　　　200 000
　　生产成本——辅助生产成本　　　　　　　　　　　　1 000
　　管理费用　　　　　　　　　　　　　　　　　　　　4 000
　　贷：原材料——主要材料　　　　　　　　　　　　505 000
　　贷：原材料——机械配件　　　　　　　　　　　　 10 000
借：工程施工——住宅楼工程　　　　　　　　　　　　 1 300
　　工程施工——商务楼工程　　　　　　　　　　　　 1 000
　　生产成本——辅助生产成本　　　　　　　　　　　　 5
　　管理费用　　　　　　　　　　　　　　　　　　　　 20
　　贷：材料成本差异——主要材料　　　　　　　　　 2 525
　　　　材料成本差异——机械配件　　　　　　　　　 200

3.3.4 原材料的明细核算

计划成本法下原材料的明细核算，财务部门应设置物资采购明细账、库存材料明细账和材料成本差异明细账，主要核算材料的金额。仓库保管部门设置材料卡片，既要核算金额还要核算数量。

材料采购明细账按材料类别设置，是反映采购材料的付款、到货、在途情况及采购实际成本、计划成本和材料成本差异情况的账簿，一般采用横线登记。其格式见表3-23。

表3-23 材料采购明细账

材料类别：

记账		发票账单编号	收料		收料单位或采购人姓名	摘要	借 方					贷 方		
日期	编号		日期	编号			买价	运杂费	采购保管费	其他	合计	计划成本	成本差异	合计

原材料明细账按材料类别设置，根据收发料凭证逐步登记材料的计划成本，采用的是数量金额式明细账。

材料成本差异明细账按材料类别设置，反映材料入库时形成的材料成本差异，采用的是三栏式明细账。

材料卡片按材料品名和规格设置，由库管员根据收发料凭证登记收发结存的数量，月末根据结存的数量和计划单价计算结存金额。其格式见表3-6。

任务实施

根据任务描述1），会计人员应编制以下会计分录：

购入材料按实际成本付款时，根据增值税专用发票、运输费发票、付款凭证及收料单：

借：材料采购——主要材料　　　　　　　　　　　　　　　　　　17 000
借：应交税费——应交增值税（进项税额）　　　　　　　　　　　　2 130
　　贷：银行存款　　　　　　　　　　　　　　　　　　　　　　　19 130

根据收料单办理材料入库并结转材料成本差异：

借：原材料——主要材料　　　　　　　　　　　　　　　　　　　18 000
　　贷：材料成本差异——主要材料　　　　　　　　　　　　　　　1 000
　　贷：材料采购——主要材料　　　　　　　　　　　　　　　　　17 000

根据任务描述2），计算本月领用材料应负担的成本差异率及编制的会计分录如下：

材料成本差异＝17 000－18 000＝－1 000（元）
本月材料成本差异率＝(500－1 000)／(18 000＋22 000)×100%＝－1.25%
发出存货应负担的材料成本差异＝360×40×(－1.25%)＝－180（元）
发出存货的实际成本＝360×40－180＝14 220（元）

根据领料单编制的会计分录如下：

借：工程施工——商务楼工程　　　　　　　　　　　　　　　　　14 220
　　贷：原材料——主要材料　　　　　　　　　　　　　　　　　　14 400
　　　　材料成本差异——主要材料　　　　　　　　　　　　　　　 180

典型任务示例

【例3-9】 根据【例3-1】、【例3-2】,光华建筑公司向光明水泥销售中心购入水泥,假设水泥的计划成本为41 000元,其他条件不变。

要求:学生以光华建筑公司会计人员的身份对材料购入业务进行会计处理。

根据发货票、银行结算凭证,作会计分录如下:

借:材料采购——主要材料	40 000
借:应交税费——应交增值税(进项税额)	5 200
贷:银行存款	45 200

根据收料单编制会计分录如下:

借:原材料——主要材料	41 000
贷:材料采购——主要材料	40 000
贷:材料成本差异——主要材料	10 000

【例3-10】 5月3日,向鑫鑫建材销售公司赊购电气材料一批,买价为36 100元,增值税税率为13%,材料已入库,材料的计划价格为37 000元。

要求:学生以光华建筑公司会计人员的身份对上述业务进行会计处理。

根据发票及运费发票,作会计分录如下:

借:材料采购——主要材料	36 100
借:应交税费——应交增值税(进项税额)	4 693
贷:应付账款——鑫鑫建材销售公司	40 793
借:原材料——主要材料	37 000
贷:材料成本差异——主要材料	900
贷:材料采购——主要材料	36 100

【例3-11】 根据【例3-3】、【例3-4】,5月25日光华建筑公司购进洁具一批,假设其他条件不变,按计划成本为50 000元估价入库。6月8日,收到含税价为67 800元的增值税专用发票,增值税税率为13%,已通过银行付款。

要求:学生以光华建筑公司会计人员的身份对上述业务进行会计处理。

会计处理如下:

5月31日结算凭证未到,按估价入账:

借:原材料——主要材料	50 000
贷:应付账款——暂估应付账款	50 000

6月1日,用红字冲回上述分录:

借:原材料——主要材料	50 000
贷:应付账款——暂估应付账款	50 000

6月8日,根据发票账单等结算凭证,作会计分录如下:

借:材料采购——主要材料	60 000
借:应交税费——应交增值税(进项税额)	7 800
贷:银行存款	67 800
借:原材料——主要材料	50 000

借：材料成本差异——主要材料　　　　　　　　　　　　　　　　　　　　　　10 000
　　　　贷：材料采购——主要材料　　　　　　　　　　　　　　　　　　　　　　60 000

【例 3-12】　根据【例 3-5】，光华建筑公司采购玻璃一批，假设玻璃的计划成本为 99 000 元，其他条件不变。

　　要求：学生以光华建筑公司会计人员的身份对材料购入业务进行会计处理。

　　按实际价款付款时：
　　借：材料采购——主要材料　　　　　　　　　　　　　　　　　　　　　　　100 000
　　借：应交税费——应交增值税（进项税额）　　　　　　　　　　　　　　　　　13 000
　　　　贷：银行存款　　　　　　　　　　　　　　　　　　　　　　　　　　　113 000
　　材料验收入库时：
　　借：原材料——主要材料　　　　　　　　　　　　　　　　　　　　　　　　　99 000
　　　　待处理财产损溢——待处理流动资产损溢　　　　　　　　　　　　　　　　2 000
　　　　贷：材料采购——主要材料　　　　　　　　　　　　　　　　　　　　　100 000
　　　　贷：材料成本差异　　　　　　　　　　　　　　　　　　　　　　　　　　1 000
　　若上述损耗已查明，是属于正常损耗，进项税额可以抵扣，经批准计入"管理费用"账户。
　　借：管理费用——材料损失　　　　　　　　　　　　　　　　　　　　　　　　2 000
　　　　贷：待处理财产损溢——待处理流动资产损溢　　　　　　　　　　　　　　2 000
　　若上述损耗已查明，是管理不善丢失，应由其保管员赔偿，进项税额不可以抵扣，作会计分录如下：
　　借：其他应收款——保管员　　　　　　　　　　　　　　　　　　　　　　　　2 000
　　　　贷：待处理财产损溢——待处理流动资产损溢　　　　　　　　　　　　　　2 000
　　借：营业外支出　　　　　　　　　　　　　　　　　　　　　　　　　　　　　　340
　　　　贷：应交税费——应交增值税（进项税额转出）　　　　　　　　　　　　　　340

【例 3-13】　5 月份光华建筑公司原材料的期初余额为 10 万元，材料成本差异账户的期初贷方余额为 10 000 万元，本月购入材料的实际成本为 548.2 万元，计划成本为 550 万元，本月发出材料的计划成本为 50 万元。

　　要求：学生以光华建筑公司会计人员的身份计算本月发出材料的实际成本。
　　计算如下：
　　本月材料成本差异率＝（－10 000＋5 482 000－5 500 000）/(100 000＋5 500 000)
　　　　　　　　　　　＝－0.5%
　　本月发出材料应负担的材料成本差异＝500 000×（－0.5%）＝－2 500（元）
　　本月发出材料的实际成本＝500 000－2 500＝497 500（元）

归纳总结

　　在计划成本计价的前提下，设置的账户有材料采购、原材料及材料成本差异。企业从各种途径取得存货后，要取得材料发货票、支付结算凭证、运费发票，并填写材料入库单，办理验收入库手续。入库时按计划价格办理入库手续，同时结转材料成本差异。

　　在领用原材料时，按计划单价计算的计划价格办理领料手续，填写领料单，核算时要将领用原材料的计划成本还原为实际成本，即分配材料成本差异。

> 实训

根据任务3.1的实训资料，按计划成本计价，为上述各项经济业务编制会计分录。

砌块的计划成本为11 800元，钢材的计划成本为300 000元，管材的计划成本为60 600元，木材的计划成本为13 500元，水泥的计划成本为20 000元。

任务3.4 委托加工物资的核算

教学目标

任务描述

光华建筑公司委托钢结构加工厂加工钢结构用于施工生产，发出钢材一批，实际成本为500 000元，开出转账支票支付加工费（不含税）50 000元，增值税税率为13%，以现金支付运输单位往返运费（不含税）4 360元，增值税税率为9%，该钢结构加工完成入库。

要求：学生以光华建筑公司会计的身份对本月委托加工业务按实际成本计价进行会计处理。

任务分析

1）办理委托加工物资的核算时，会计人员应参与委托加工合同的签订，并取得委托加工所发生的各种原始凭证，设置委托加工物资账户进行核算，加工完成验收入库。

2）取得耗用的原材料的领用凭证、发生加工费凭证、往返运杂费等凭证，并编制会计凭证，据以登记明细账。

相关知识

3.4.1 委托加工物资的概念

企业外购的材料有时不能满足施工生产的要求，需要委托外单位加工，这些委托外单位加工的且处于加工中的各种材料物资称为委托加工物资。

委托加工物资的成本一般由三部分内容组成：其一，加工中耗用的材料物资的实际成本；其二，支付的加工费用；其三，发生的往返运杂费。

委托加工物资与发出加工的材料相比，不仅实物形态发生了改变，而且其价值也发生了追加，从而改变了原有的使用功能。

企业与委托单位之间必须签订有效的委托加工合同，并以此为依据，办理各项费用支出。

委托外单位加工完成的存货验收入库时，若这类业务不多，可填制收料单或材料交库单办理入库手续；但若委托外单位加工的存货数量较大、业务较多，应填写委托加工物资入库单办理入库手续。其一式三联，一联由仓库留存，办理入库手续，并登记材料明细账；一联送交财务部门办理款项结算并据以记账；一联作为存根留存备查。其格式见表3-24。

表 3-24 委托加工物资入库单

存货类别：　　　　　　　　　　　　年　月　日　　　　　加工单位：　　　　入库单号：

材料编号	材料名称	单位	加工完成收中材料		计划单价	金额	耗用材料			金额	运杂费	加工费	实际成本合计
			数量				材料名称	数量	计划单价				
			应收	实收									

收料：　　　　　　　　　　　　　　交料：　　　　　　　　　　　　　　记账：

3.4.2　委托加工物资的核算方法

（1）账户的设置

企业应设置"委托加工物资"账户核算委托外单位加工的各种材料的实际成本，该账户属于资产类账户，其借方登记耗用材料物资的实际成本、支付的加工费用和往返运杂费，贷方登记加工完成验收入库时结转的委托加工物资的实际成本，期末借方余额表示尚未加工完成，仍处于加工中的材料物资的实际成本。该账户按委托加工合同或加工单位进行明细核算。

（2）会计核算处理

企业委托外单位加工物资领用材料时，借记"委托加工物资"账户，贷记"原材料"账户，若材料按计划成本计价，还应分配材料成本差异，贷记"材料成本差异"账户。支付加工费、往返运杂费等，借记"委托加工物资"账户，贷记"银行存款"等账户；加工完成验收入库时，借记"原材料"账户，贷记"委托加工物质"账户。若材料按计划成本计价，还应结转入库材料的成本差异。

任务实施

根据任务描述，会计人员应编制以下会计分录：

发出钢材时，根据出库单：

借：委托加工物资——钢结构加工厂　　　　　　　　　　500 000
　　贷：原材料——钢材　　　　　　　　　　　　　　　　500 000

支付加工费时，根据加工费凭证及银行结算凭证：

借：委托加工物资——钢结构加工厂　　　　　　　　　　50 000
借：应交税费——应交增值税（进项税额）　　　　　　　6 500
　　贷：银行存款　　　　　　　　　　　　　　　　　　56 500

支付往返运费时，根据运费单：

借：委托加工物资——市金属制造厂　　　　　　　　　　4 000
借：应交税费——应交增值税（进项税额）　　　　　　　360
　　贷：库存现金　　　　　　　　　　　　　　　　　　4 360

加工完成验收入库时，根据委托加工物资入库单：

借：原材料——结构件　　　　　　　　　　　　　　　　554 000
　　贷：委托加工物资——金属制造厂　　　　　　　　　554 000

归纳总结

委托加工物资是指委托外单位加工的且处于加工中的各种材料物资,其成本一般由三部分内容组成:其一,加工中耗用的材料物资的实际成本;其二,支付的加工费用;其三,发生的往返运杂费。企业设置"委托加工物资"账户核算委托加工物资的成本。委托加工物资与发出加工的材料相比,不仅实物形态发生了改变,而且其价值也发生了追加,改变了原有的使用功能。

实 训

2015年10月20日,光华建筑公司委托加工厂加工钢结构,发出钢材一批,计划成本为200 000元,材料成本差异率为1%,开出转账支票支付加工费20 000元,增值税税率为13%,支付运输单位往返运费3 000元,增值税税为9%,加工完成退回剩余钢材计划成本60 000元,该钢结构加工完成按计划成本入库,其计划成本为210 000元。

要求:学生以光华建筑公司会计人员的身份对委托加工业务进行会计处理。

任务3.5　自制材料的核算

教学目标

任务描述

光华建筑公司领用木材一批,实际成本为79 200元,交由本企业的辅助生产部门加工成木门,自制过程中发生工资3 000元,现金支付其他费用4 000元,取得增值税专用发票,增值税税率为13%,木门加工完成验收入库。

要求:学生以光华建筑公司会计人员的身份对本月自制材料业务按实际成本计价进行会计处理。

任务分析

1)办理自制材料的核算,会计人员应取得自制过程中所发生的人工、材料等各种原始凭证,设置"生产成本——辅助生产成本"账户组织核算,加工完成验收入库,填写入库单。
2)根据耗用的原材料的领料凭证、发生加工费、往返运杂费等原始凭证编制记账凭证,并据以登记明细账。

相关知识

3.5.1　自制材料的基本知识

自制材料是指企业按照施工活动的需求,将外购材料交由企业内部非独立核算的辅助生产单位加工成为另一种新的材料。

自制材料的实际成本由直接人工、直接材料、其他费用构成。

自制加工完成的材料、施工领用退回的多余材料、回收的废旧材料等在办理入库时需填制材料交库单。其一式三联，一联留存仓库据以登记材料明细账；一联送交财务部门据以进行材料的核算；一联由交料部门留存备查。其格式见表3-25。

表3-25 收料交库单

交料单位：　　　　　　　　　　　年　月　日　　　　　　收料仓库：　　　　　收料单号：

材料类别	材料编号	材料名称	规格	计量单位	数量		实际成本		计划成本	
					交库	实收	单价	金额	单价	金额

收料：　　　　　　　　　　　　　　交料：　　　　　　　　　　　　　　　　　　　　　记账：

3.5.2 自制材料的核算方法

企业应设置"生产成本——辅助生产成本"账户，核算自制材料的实际成本。该账户属于成本类账户，其借方登记自制材料在加工过程中发生的各项费用，贷方登记加工完成验收入库的自制材料的实际成本，期末借方余额表示尚在加工中的在产品的实际成本。该账户按辅助生产部门和材料名称、类别设置明细账进行明细核算。

任务实施

根据任务描述，会计人员应编制以下会计分录：

发出木材时，根据领料单：

　　借：生产成本——辅助生产成本——木门　　　　　　　　　　79 200
　　　　贷：原材料——木材　　　　　　　　　　　　　　　　　　79 200

分配工资时，根据工资分配表：

　　借：生产成本——辅助生产成本——木门　　　　　　　　　　3 000
　　　　贷：应付职工薪酬——应付工资　　　　　　　　　　　　3 000

支付其他费用时，根据相关发票及结算凭证：

　　借：生产成本——辅助生产成本——木门　　　　　　　　　　4 000
　　借：应交税费——应交增值税（进项税额）　　　　　　　　　520
　　　　贷：库存现金　　　　　　　　　　　　　　　　　　　　4 520

加工完成验收入库时，根据收料单等：

　　借：原材料——木门　　　　　　　　　　　　　　　　　　　86 200
　　　　贷：生产成本——辅助生产成本——木门　　　　　　　　86 200

归纳总结

自制材料是指企业按照施工活动的需求，将外购材料交由企业内部非独立核算的辅助生产单位加工成为另一种新的材料。其实际成本由直接人工、直接材料、其他费用构成。企业设置"生产成本——辅助生产成本"账户核算自制材料的成本，加工完成形成新的原材料入库。

> 实训

10月20日，光华建筑公司领用木材一批，计划成本为100 000元，交由本企业的辅助生产部门加工成木门，材料成本差异率为－2%，自制过程中发生工资5 000元，现金支付其他费用8 000元，取得增值税专用发票，增值税为1 040元。加工完成后，退回多余木材料，计划成本为4 000元，木门加工完成验收入库，其计划成本为120 000元。

要求：学生以光华建筑公司会计人员的身份对上述业务进行会计处理。

任务3.6 周转材料的核算

教学目标

> 任务描述

4月9日，采用一次摊销法，第一项目部住宅楼工程将购入12 000元的安全网全部领出。

要求：学生以企业会计人员的身份对上述业务按实际成本计价进行相应的会计处理。

> 任务分析

周转材料的管理可分为在库和在用两个阶段。在库阶段其核算方法类同原材料；在用阶段其核算方法类同固定资产。周转材料的核算可分为购入、入库、领用、摊销、报废等阶段。

采购与入库的周转材料的核算要取得相关的发货票及支付款凭证等，可以按实际成本计价，也可按计划成本计价。领用的核算，要根据周转材料的摊销方法来确定其核算方法。在使用阶段按规定方法计提摊销，报废时要组织报废的核算。

对于周转材料的购入、入库、领用、摊销及报废业务，应仔细审核，无误后编制记账凭证并登记明细账。

> 相关知识

3.6.1 周转材料的基本知识

(1)周转材料的概念与分类

周转材料是指企业能够多次使用、逐渐转移其价值但保持原有形态，不确认为固定资产的材料。其包括模板、挡板、架料、其他周转材料等。

1)模板。模板是指用于混凝土工程浇灌用的钢模、木模、组合模板及配合模板使用的支撑材料、滑模材料、卡扣等。

2)挡板。挡板是指在土方工程施工时用于挡土的木板，其包括配合挡板使用的支撑材料等。

3)架料。架料是指施工中搭设脚手架用的竹竿、钢管脚手架、跳板等。

4)其他周转材料。其他周转材料是指除以上各类外，作为流动资产管理的其他周转材料，如塔式起重机用的枕木、轻轨等。

(2)周转材料的摊销方法

1)一次摊销法。一次摊销法是指在领用周转材料时，将其全部价值一次计入当期成本费用。此方法适用于一次性领用数量不多且价值低、易腐烂、易受潮、易损坏、使用期限短的周转材料。

2)分次摊销法。分次摊销法是指根据周转材料的预计使用次数分次摊销计入成本费用的方法。此方法适用于模板、挡板等周转材料的摊销。其计算公式如下：

周转材料每次摊销额＝周转材料原值×(1－残值率)/预计使用次数

3)分期摊销法。分期摊销法是指根据周转材料的预计使用期限分期摊销计入成本费用的方法。此方法适用于模板、挡板等周转材料的摊销。其计算公式如下：

$$周转材料月摊销额 = \frac{周转材料原价 \times (1-残值率)}{预计使用月数}$$

4)定额摊销法。定额摊销法是指根据实际完成的工程量和预算定额规定的周转材料消耗定额，计算周转材料摊销额的方法。其计算公式如下：

某期周转材料摊销额＝本期实际完成的工程量×单位工程量周转材料消耗定额

3.6.2　周转材料的核算方法

(1)应设置的账户

企业应设置"周转材料"账户核算周转材料购入、领用、摊销及报废的价值，并在其下按"在库周转材料""在用周转材料""周转材料摊销"设置明细账户，分别核算周转材料的价值。

1)"在库周转材料"明细账户，核算的是在库周转材料的价值，同"原材料"账户。

2)"在用周转材料"明细账户，核算的是周转材料的领用、报废和在用周转材料的价值，其借方登记在用的周转材料的实际成本，贷方登记各种原因而减少的周转材料转销的实际成本，期末借方余额反映在用周转材料的实际成本。若按计划成本计价，本账户核算的是周转材料的计划成本。

3)"周转材料摊销"明细账户，是"在用周转材料"账户的备抵调整账户，核算企业周转材料在使用中的价值损耗。其贷方登记按一定的方法计提和补提的在用周转材料摊销额，借方登记结转的报废周转材料的已提摊销额，期末贷方余额表示在用周转材料的累计摊销额。

(2)周转材料购入的核算

因周转材料具有材料的通用性，与原材料一样既可按计划成本计价，也可按实际成本计价，其购入的核算与原材料购入业务的核算相同。

(3)周转材料领用的核算

1)一次摊销法下领用周转材料时，根据领料单，将领用周转材料的价值一次性全部计入相关的成本和费用账户，借记相关成本费用，贷记"周转材料——在库周转材料"；按计划成本计价时应分配材料成本差异，贷记"材料成本差异——周转材料"。

2)其他摊销法下领用周转材料时，根据领料单，将领用周转材料的价值从在库转为在用，借记"周转材料——在用周转材料"，贷记"周转材料——在库周转材料"。

(4)周转材料摊销的核算

周转材料在施工生产过程中可以多次周转使用，并在使用中基本保持原有实物形态，其价值逐渐转移。在实际工作中采用摊销的方法，将周转材料的价值逐渐转移到成本费用中。摊销时，编制在用周转材料摊销计算表，见表 3-26，计算其摊销金额并据以编制记账凭证，借记有关成本费用账户，贷记"周转材料——周转材料摊销"。

表 3-26　在用周转材料摊销计算表

使用部门：　　　　　　　　　　　　　　　　　　　　　　　　　　　　　类别：
计量单位：　　　　　　　　　　　　　　　　　　　　　　　　　　　　　单价：

年		凭证号数	摘要	在用计划成本						摊销价值			结余	
月	日			借方		贷方		余额		借方	贷方	余额	成色	净值
				数量	金额	数量	金额	数量	金额					

(5) 周转材料报废的核算

报废的周转材料，其账务处理一般包括四个环节，即补提摊销额、残料回收、冲销原值(扣除残料价值)和已提摊销额、分配材料成本差异。补提摊销额的计算公式如下：

报废周转材料应补提的摊销额＝应提摊销额－已提摊销额

应提摊销额＝报废周转材料的计划成本－残料价值

$$已提摊销额＝报废周转材料的计划成本 \times \frac{该类周转材料账面已提摊销}{该类周转材料账面计划成本}$$

3.6.3　周转材料的明细核算

周转材料的明细核算按"在库"和"在用"分设明细账，在库周转材料明细账与原材料明细账的登记方法相同，在用周转材料按周转材料的类别和使用部门设置明细账，将在用周转材料的计划成本、摊销价值和结余价值集合在一张明细账上。

【任务实施】

根据任务描述，4 月 9 日会计人员作如下会计处理：
根据领料单，作会计分录如下：
　　借：工程施工——住宅楼工程　　　　　　　　　　　　　　　　　12 000
　　　　贷：周转材料——在库周转材料　　　　　　　　　　　　　　　　12 000

【典型任务示例】

【例 3-14】　要求：学生以企业会计人员的身份对光华建筑公司的下列业务计算摊销额并进行领用、摊销业务的会计处理。

1)假设有组合钢模一套,原值为30 000元,预计可使用48次,预计残值率为4%,本月住宅楼工程使用5次,商务楼工程使用6次,则

该套组合模板每次摊销额=30 000×(1-4%)/48=600(元)

2)公司购入钢管架料一批,预计能使用24个月,预计残值率为4%,住宅楼工程领用钢管架料实际成本为15 000元,商务楼工程领用钢管架料实际成本为10 000元,则

钢管架料的月摊销率=(1-4%)/24=4%

3)住宅楼工程现场浇筑混凝土楼板,领用模板的实际成本为4 000元,本期完成30 m³,商务楼工程现场浇筑混凝土楼板领用的实际成本为6 000元,本期完成40 m³,每立方米的模板消耗定额为40元。

根据上述计算结果填表3-27,计算周转材料的摊销额。

本期住宅楼工程应负担的模板摊销额为30×40=1 200(元)

本期商务楼工程应负担的模板摊销额为40×40=1 600(元)

表3-27 在用周转材料摊销计算表

材料类别 受益对象	组合钢模 (每次摊销600元)		钢管架料 (月摊销率=4%)		模板消耗定额 (40元/m³)		摊销额 合计 /元
	使用次数	摊销额 /元	实际成本	摊销额 /元	完成工程量 /m³	摊销额 /元	
住宅楼工程	5	3 000	15 000	600	30	1 200	4 800
商务楼工程	6	3 600	10 000	400	40	1 600	5 600
合 计		6 600		1 000		2 800	10 400

根据领用凭证作会计分录如下:

借:周转材料——在用周转材料(组合钢模) 32 000
　　贷:周转材料——在库周转材料(组合钢模) 32 000
借:周转材料——在用周转材料(钢管架料) 25 000
　　贷:周转材料——在库周转材料(钢管架料) 25 000
借:周转材料——在用周转材料(模板) 10 000
　　贷:周转材料——在库周转材料(模板) 10 000

根据表3-27,作会计分录如下:

借:工程施工——住宅楼工程(材料费) 4 800
　　工程施工——商务楼工程(材料费) 5 600
　　贷:周转材料——在用周转材料摊销(组合钢模) 6 600
　　贷:周转材料——在用周转材料摊销(钢管架料) 1 000
　　贷:周转材料——在用周转材料摊销(模板) 2 800

【例3-15】 光华建筑公司4月住宅楼工程报废挡板一批,实际成本为6 000元,回收残料作价500元入废料库,该类周转材料的账面情况是:在用挡板的实际成本为200 000元,累计摊销价值为120 000元。

要求：学生以企业会计人员的身份对上述业务进行会计处理。

应提摊销额＝6 000－500＝5 500(元)

已提摊销额＝6 000×120 000/200 000＝3 600(元)

应补提摊销额＝5 800－3 600＝2 200(元)

补提摊销时：

借：工程施工——住宅楼工程(材料费)   2 200
    贷：周转材料——在用周转材料摊销(挡板)   2 200

回收残料入库时：

借：原材料——其他材料   500
    贷：工程施工——住宅楼工程   500

冲销已提摊销额时：

借：周转材料——在用周转材料摊销(挡板)   5 800
    工程施工——住宅楼工程   200
    贷：周转材料——在用周转材料(挡板)   6 000

归纳总结

周转材料是指施工中多次使用但仍保持原有实物形态的资产。其核算方法与材料的核算基本一致，但其价值转移的方法不同，主要包括一次摊销法、分期摊销法、分次摊销法和定额摊销法。周转材料是建筑企业中具有特殊用途的存货，在施工生产过程中起劳动资料的作用，其价值损耗以摊销的形式计入有关成本费用。周转材料的核算包括采购、入库、领用、摊销、报废等环节的核算。

实训

光华建筑公司周转材料采用计划成本计价，成本差异率为－3％，10月发生的有关周转材料业务如下：

1)10月3日，购入安全网一批，价款为12 000元，增值税税率为17％，开出转账支票支付，料已到，其计划价格为12 200元。该安全网被A工程全部领用，采用一次摊销法核算。

2)10月3日，住宅楼工程领用分期摊销的全新模板一批，计划价格为50 000元，使用期限为24个月。

3)10月10日，商务楼工程领用一次摊销的工器具一批，计划成本为3 000元。

4)10月15日，管理部门购入并领用管理用具一批，实际成本为28 000元，增值税税率为17％，开出转账支付，其计划成本为30 000元，预计使用10个月。该批用具于到货当日被管理部门领用，假设其在使用8个月后报废，回收残料200元。

5)5月25日，商务楼工程报废分次摊销的模板一批，计划价格为60 000元，报废时回收残料价值2 000元。

6)5月30日，月末盘点住宅楼工程钢脚手架，估计成色为55％，账面成色为52％，在用钢管架料的计划成本为40 000元。

要求：为上述各项经济业务编制会计分录。

任务 3.7 存货清查与期末计量的核算

教学目标

任务描述

1)光华建筑公司在存货清查中发现盘盈水暖件一批,经查明,同类材料的市场价格为3 000元。

2)光华建筑公司在存货清查中发现盘亏一批洁具,不含税价格为4 000元,增值税税率为13%。

要求:学生以企业会计人员的身份对上述业务进行相应的会计处理。

任务分析

企业会计人员在参与存货清查时应完成下列工作:
1)进行存货清查,并填写存货清查报告,将存货清查结果写在上面。
2)将清查结果与账面数量进行核对,并将清查结果上报给主管部门审批。
3)根据主管部门批复的意思,进行相应的会计处理。
企业会计人员在期末计价时应完成下列工作:
1)确定存货成本和可变现净值,确定是否应当计提存货跌价准备。
2)如果应当计提存货跌价准备,确定计提存货跌价准备的数额。
3)对计提的跌价准备,进行相应的会计处理。

相关知识

3.7.1 存货清查的基本知识

存货清查是指企业对存货进行盘点,确定存货的实有数量,并与账面资料核对,确定实有数与账面数是否相符的一种专门方法。通过存货清查,可以发现存货管理工作中存在的问题,以建立健全存货管理制度。

存货清查按照清查的时间可分为定期清查和不定期清查;按照清查对象和范围的不同可分为全面清查和局部清查。全面清查是指对企业所有存货进行的清查;局部清查是根据需要对一部分存货进行的清查。通常情况下企业的存货,每年至少盘点一次,在以下情况出现时应进行全面清查:①编制年度会计决算之前;②实行租赁、承包时;③停办、破产、改变隶属关系时;④清产核资时;⑤企业主要领导人更换、离任或上任,工作交接时。

存货清查时,成立由企业领导、专业人员、企业职工等人员组成的清查小组,深入施工现场,通过点数、过磅、量尺、计方等方法,查清各种存货的实有数量,并鉴定其质量,将各种存货的实存数与账存数逐一核对。盘点结束后,凡账实不符的存货,要核实盘存数量,查明原因,分清责任,凡毁损变质的存货,应查明原因及责任人员。最后根据盘点结果编制"存货盘盈、盘亏报告表"(表3-28),标注真实原因,并根据企业的管理权限,报经股东大会或董事会或经理(厂长)会议等类似机构批准后,在期末结账前处理完毕。

表 3-28　存货盘盈、盘亏报告表

单位名称：　　　　　　　　　　　　年　月　日　　　　　　　　　　　　　　仓库：

存货类别	存货编号	存货名称及规格	计量单位	计划单价	账面		实点		盘盈		盘亏		原因
					数量	金额	数量	金额	数量	金额	数量	金额	
		合　计											

3.7.2　存货清查的账务处理

查明的存货盘盈、盘亏和毁损数，报经批准前应通过"待处理财产损溢"账户下设的"待处理流动资产损溢"明细账户核算，经有关部门审批后，再按批复意见予以转销。

盘盈的存货，按同类或类似存货的市场价格冲减当期管理费用。盘亏和毁损的存货，在扣除过失人或保险公司赔款和残料价值后的净损失，因管理不差造成的计入管理费用，进项税额要转出；属于自然灾害造成的，计入营业外支出，进项税额不予转出；属于收发计量差错导致的，计入管理费用，进项税额不予转出。

3.7.3　存货的期末计量

会计期末，为了客观、真实、准确地反映企业期末存货的实际成本，在资产负债表日，要确定期末存货的价值，正确确定报表中存货项目的实际金额，按照《企业会计准则第1号——存货》的规定，采用成本与可变现净值孰低法对期末存货进行计量。

(1)成本与可变现净值孰低法

"成本与可变现净值孰低"是指对期末存货按照成本与可变现净值两者之中较低者进行计价的方法。"成本"是指存货的历史成本，是以历史成本为基础计算的期末存货的实际成本，即存货的期末账面实际余额；"可变现净值"是指在日常活动中，以存货的估计售价减去至完工时将要发生的成本、销售费用及相关税费后的金额。可变现净值的计算要以确凿的证据为基础，正确反映存货的期末价值。

可变现净值低于成本，表明该存货给企业带来的未来经济利益低于其账面金额，存货的成本发生了减值损失，应当计提存货跌价准备，将这部分损失从资产价值中扣除，并计入当期损溢(资产减值损失)；否则，将会出现虚计资产的现象。若减值因素已经消失，减值的金额应在原已计提的存货跌价准备金额内予以恢复转回。

(2)存货跌价准备计提的条件

有下列情况之一的，表明存货的可变现净值低于存货成本，应当计提存货跌价准备。

1)该存货的市场价格持续下跌，并且在可预见的未来无回升的希望。

2)企业使用该项原材料生产的产品的成本大于产品的销售价格。

3)因产品更新换代，原有库存原材料已不适应新产品的需要，而该原材料的市场价格又低于其账面成本。

4)因企业所提供的商品或劳务过时或消费者偏好改变，市场的需求发生变化，导致市场价格逐渐下跌。

5)企业足以证明该项存货实质上已经发生减值。

存货存在下列情形之一的，表明存货的可变现净值为零，企业要全额计提跌价准备：

1)已霉烂变质的存货。

2)已过期且无转让价值的存货。

3)生产中已不再需要，并且已无使用价值和转让价值的存货。

4)其他足以证明已无使用价值和转让价值的存货。

(3)存货跌价准备的核算

企业应当设置"存货跌价准备"账户，用于核算存货发生的跌价准备及其转回情况，其贷方登记的是各期计提的存货跌价准备金额，借方登记的是转销或转回的已提存货跌价准备金额，期末贷方余额表示企业期末已计提的存货跌价准备的累计数。本账户可按存货项目或类别进行明细核算。

任务实施

根据任务描述1)，会计人员作如下会计处理：

发现盘盈时根据盘点报告表作会计分录如下：

借：原材料——主要材料	3 000
贷：待处理财产损溢——待处理流动资产损溢	3 000

报经批准转销时：

借：待处理财产损溢——待处理流动资产损溢	3 000
贷：管理费用	3 000

根据任务描述2)，会计人员作如下会计处理：

发现盘亏时根据盘点报告表作会计分录如下：

借：待处理财产损溢——待处理流动资产损溢	4 000
贷：原材料——主要材料	4 000

查明原因，属于保管人员收发计量差错，报经批准转销时：

借：管理费用	4 000
贷：待处理财产损溢——待处理流动资产损溢	4 000

典型任务示例

【例3-16】 假设任务描述2)中，盘亏的材料属于保管人员保管不善造成的。

要求：学生以企业会计人员的身份对上述业务进行相应的会计处理。

(1)查明原因，属于保管人员保管不善造成的，报经批准转销时：

借：其他应收款——保管员	4 000
贷：待处理财产损溢——待处理流动资产损溢	4 000

(2)发生的进项税额要转出，作如下会计分录：

借：管理费用	520
贷：应交税费——应交增值税(进项税额转出)	520

【例3-17】 光华建筑公司采用成本与可变现净值孰低法对存货进行期末计价，2018年

12月末第一次计提存货跌价准备，存货的账面成本为 200 000 元，由于市场价格下跌，该存货可变现净值为 190 000 元，应计提的存货跌价准备为 10 000 元。2019 年年末，由于市场价格继续下跌，该存货可变现净值为 180 000 元。2020 年年末存货的可变现净值为 193 000 元。

要求：学生以企业会计人员的身份对上述业务进行相应的会计处理。

2018 年年末计提存货跌价准备：

借：资产减值损失——计提的存货跌价准备　　　　　　10 000
　　贷：存货跌价准备　　　　　　　　　　　　　　　　　　　10 000

2019 年年末，由于市场价格上涨，该存货可变现净值为 180 000 元，故应计提存货跌价准备 5 000 元。

借：资产减值损失——计提的存货跌价准备　　　　　　10 000
　　贷：存货跌价准备　　　　　　　　　　　　　　　　　　　10 000

2020 年年末存货的可变现净值为 193 000 元，故应转回已计提的存货跌价准备 13 000 元。

借：资产减值损失——计提的存货跌价准备　　　　　　13 000
　　贷：存货跌价准备　　　　　　　　　　　　　　　　　　　−13 000

归纳总结

企业应定期或不定期地对存货进行清查盘点，通常采用实地盘点法，对账实不符的，应查明原因，及时进行调整。会计期末，为了客观、真实、准确地反映企业期末存货的实际成本，在资产负债表日，要确定期末存货的价值，正确确定报表中存货项目的实际金额，按照规定，采用成本与可变现净值孰低法对期末存货进行计量。

实　训

光华建筑公司发生如下业务，要求以企业财务人员的身份编制会计分录：

1）公司在 2019 年 10 月存货清查中发现盘亏一批水暖件，账面价格为 3 000 元，增值税税率为 17%，经查盘亏原因是保管不善。

2）公司在 2018 年 12 月末首次计提存货跌价准备，其账面成本为 3 500 000 元，由于市场价格下跌，该存货可变现净值为 320 000 元。2019 年 12 月末，由于市场价格上涨，该存货可变现净值为 330 000 元。2020 年年末存货的可变现净值为 345 000 元。采用成本与可变现净值孰低法对存货进行期末计价。

项目测验题

项目4 投资的核算

案例：华为创业期股票激励的成功

任务4.1 交易性金融资产的核算

教学目标

任务描述

1）2018年1月1日，光华建筑公司购入股票200 000股，作为交易性金融资产进行核算和管理，该笔股票的购买价格为每股10.50元，其中，0.50元为已宣告但尚未分派的现金股利，另支付相关交易费用102 000元。

2）2018年12月31日，企业购买的该笔股票的市价为2 500 000元。

3）2019年1月3日，公司出售所持有股票，售价为2 600 000元。

要求：学生以光华建筑公司会计人员的身份对企业交易性金融资产业务进行会计处理。

任务分析

企业会计人员为完成上述任务，需要完成以下工作：

1）核算交易性金融资产的取得、收取现金股利或利息、处置等业务，需设置"交易性金融资产""公允价值变动损益""投资收益"等账户。

2）确认交易性金融资产的取得成本并进行核算。

3）计算股息股利并进行核算。

4）交易性金融资产的期末确认并进行核算。

5）交易性金融资产处置的核算。

相关知识

4.1.1 交易性金融资产的基本知识

(1) 交易性金融资产的概念

交易性金融资产，是指企业为了近期出售而持有的金融资产。其持有目的主要是近期出售或回购，通常用于从价格短期波动中获利。企业作为短期投资核算的股票投资、债券投资、基金投资、权证投资等，均可归属于交易性金融资产。

(2) 账户的设置

为了核算交易性金融资产的取得、收取现金股利或利息、处置等业务，企业应设置以下账户：

1）"交易性金融资产"账户。该账户用于核算企业持有的以公允价值计量且其变动计入当期损益的金融资产,包括为交易目的所持有的债券投资、股票投资、基金投资等和直接指定为以公允价值计量且其变动计入当期损益的金融资产。其借方登记交易性金融资产的取得成本、资产负债表日,其公允价值高于账面余额的差额等,贷方登记资产负债表日,其公允价值低于账面余额的差额,以及企业出售交易性金融资产时结转的成本和公允价值变动损益。期末借方余额表示企业持有的交易性金融资产公允价值。本账户按照交易性金融资产的类别和品种,分别设置"成本""公允价值变动"等账户进行明细核算。

2)"公允价值变动损益"账户。该账户用于核算企业交易性金融资产等公允价值变动而形成的应计入当期损益的利得或损失。其贷方登记资产负债表日企业持有的交易性金融资产的公允价值高于账面余额的差额,借方登记资产负债表日企业持有的交易性金融资产的公允价值低于账面余额的差额。本账户按交易性金融资产、交易性金融负债等设置明细账进行明细核算。

3)"投资收益"账户。该账户用于核算企业持有交易性金融资产等期间取得的投资收益,以及处置交易性金融资产等实现的投资收益或投资损失。其贷方登记企业出售交易性金融资产等实现的投资收益,借方登记企业出售交易性金融资产等发生的投资损失,余额转入"本年利润"账户,本账户期末无余额。

4.1.2 交易性金融资产的核算方法

(1)取得交易性金融资产的核算

企业取得交易性金融资产时,实际支付价款中包含已宣告但尚未发放的现金股利或已到付息期但尚未领取的债券利息,借记"应收股利"或"应收利息"账户,按照金融资产取得时的公允价值作为其初始确认金额,借记"交易性金融资产——成本"账户,按实际支付的价款,贷记"其他货币资金——存出投资款"等账户。

企业取得交易性金融资产时,发生的相关交易费用如支付给代理机构或券商的手续费和佣金等,计入"投资收益"账户。

(2)交易性金融资产的现金股利或利息的核算

交易性金融资产持有期间被投资单位宣告发放的现金股利,或在资产负债表日分期付息、一次还本下,按债券的票面利率计算的利息收入,应当确认为应收项目,借记"应收股利"或"应收利息"账户,贷记"投资收益"账户。

购入时已宣告发放的股利或利息,在以后收回时,应冲减"应收股利"或"应收利息"账户,不作为"投资收益"处理。

(3)交易性金融资产的期末计量

资产负债表日,交易性金融资产应当按照公允价值计量,公允价值与账面余额之间的差额计入当期损益。企业应当在资产负债日按照交易性金融资产的公允价值高于其账面余额的差额,借记"交易性金融资产——公允价值变动"账户,贷记"公允价值变动损益"账户;公允价值低于其账面余额的作相反的会计分录。

(4)交易性金融资产处置的核算

出售交易性金融资产时,应当将该金融资产出售时的公允价值与其初始入账金额之间的差额确认为投资收益,同时调整公允价值变动损益。

企业应按实际收到的金额,借记"银行存款"账户,按该金融资产的账面余额,贷记"交易性金融资产——成本"账户,按其差额,贷记或借记"投资收益"账户。同时,将原计入该金融资产的公允价值变动转出，借记"公允价值变动损益"账户，贷记"投资收益"账户，或作相反分录。

任务实施

根据任务描述1)，会计人员应编制以下会计分录：

1月1日，购买股票时：

借：交易性金融资产——成本	2 000 000
应收股利	100 000
贷：其他货币资金——存出投资款	2 100 000

支付相关交易费用时：

借：投资收益	102 000
贷：其他货币资金——存出投资款	102 000

根据任务描述2)，会计人员应编制以下会计分录：

借：交易性金融资产——公允价值变动	500 000
贷：公允价值变动损益	500 000

根据任务描述3)，会计人员应编制以下会计分录：

借：银行存款	2 600 000
贷：交易性金融资产——成本	2 000 000
交易性金融资产——公允价值变动	500 000
贷：投资收益	100 000

同时：

借：公允价值变动损益	500 000
贷：投资收益	500 000

典型任务示例

【例4-1】 2018年1月1日，光华建筑公司购入ABC公司发行的债券，该债券于2017年7月1日发行，面值为2 000万元，票面年利率为5%，利息按年支付，企业将其作为交易性金融资产，支付价款2 050万元(其中包含已宣告发放的债券利息50万元)，另支付交易费用6万元。4月10日，收到该笔债券利息50万元。2019年5月28日，收到上年债券利息100万元。

要求：学生以光华建筑公司会计人员的身份对企业交易性金融资产业务进行会计处理。

2018年1月1日，购入债券时：

借：交易性金融资产——成本	20 000 000
应收利息	500 000
投资收益	60 000
贷：银行存款	2 560 000

4月10日，收到已宣告发放的债券利息时：

借：银行存款	500 000	
贷：应收利息		500 000

12月31日，确认年债券利息收入时：

借：应收利息	1 000 000	
贷：投资收益		1 000 000

2019年5月28日，收到债券利息时：

借：银行存款	1 000 000	
贷：应收利息		1 000 000

归纳总结

交易性金融资产属于以公允价值计量且其变动计入当期损益的金融资产，主要是指企业为了近期出售而持有的金融资产，其持有目的是近期出售或回购。其初始确认金额为取得时的公允价值，购入时被投资单位已宣告发放但尚未支取的股息和利息作为应收款项计入"应收股息"或"应收利息"账户；持有期间发生的股息和利息作为投资收益；交易性金融资产在资产负债表日按照公允价值计量，公允价值与账面余额的差额，作为公允价值变动损益核算；交易性金融资产出售时，将公允价值与其初始入账价值之间的差额确认为投资收益，同时，调整公允价值变动损益。

实训

1）2019年1月2日光华建筑公司购入S公司发行的债券，该债券于2018年7月1日发行，面值为1 000万元，票面利率为5%，债券利息年末支付，公司将其划分为交易性金融资产管理，支付价款1 100万元（其中包括已宣告发生的债券利息25万元），另支付交易费用20万元。2019年3月1日，公司收到该笔债券利息，当年年末确认利息收入，2019年12月31日，该笔债券的市场价值为1 080万元，同时，结算当年应计利息并于2020年2月28日收到债券利息。2020年7月3日，公司将上述债券出售，售价为1 300万元。

要求：以公司会计人员的身份对债券购入、期末计息及转让业务进行相应的会计处理。

2）2019年9月1日光华建筑公司购入ABC公司已宣告发放但尚未分派现金股利的股票，每股成交价为3.50元，其中包括0.50元的已宣告发放但尚未领取的现金股利，共1 000 000股，另支付1 000元的相关费用，10月25日，公司收到发放的现金股利。年末，该股票的市场价格为5元。2020年2月8日，ABC公司宣告分派现金股利，每股0.50元。2020年3月31日，公司通过海通证券将所持有的ABC公司的股票以每股6元的价格卖出，支付相关税费20 000元。

要求：学生以公司会计人员的身份对购入股票、分派股利及转让业务进行相应的会计处理。

任务 4.2　长期股权投资的核算

任务描述

1)2019年1月，光华建筑公司购买ABC公司的股票100 000股准备长期持有，从而拥有该公司5%的股份。每股买价为6元，在购买该股票时发生有关税费20 000元，款项已由银行存款支付。

2)2019年12月，光华建筑公司将任务描述1)中购入的ABC公司100 000股的股票，以每股12元的价格卖出，支付相关税费36 000元，款项已由银行收妥，公司没有计提减值准备。

3)2019年1月20日，光华建筑公司购买ABC公司发行的股票1 000 000股准备长期持有，占ABC公司股份的30%，每股买入价为6元，另外，购买该股票时发生有关税费180 000元，款项已由银行存款支付。2019年12月31日，ABC公司的所有者权益的账面价值(与其公允价值不存在差异)为100 000 000元。

4)根据任务描述3)，2019年ABC公司实现净利润10 000 000元，光华建筑公司按照持股比例确认投资收益3 000 000元。2020年3月15日，ABC公司已宣告发放现金股利，每10股派发5元，光华建筑公司可分派到500 000元。2020年6月15日，光华建筑公司收到分派的现金股利。

5)根据任务描述4)，2020年5月20日，光华建筑公司出售所持有ABC公司的股票1 000 000股，每股出售价为10元，款项已收回。

6)根据任务描述3)，ABC公司当年经营不善，资金周转发生困难，使得光华建筑公司持有的股票市价下跌至5 500 000元，短期内难以恢复。假设光华建筑公司本年度还未对其持有的长期股权投资计提减值准备。

要求：学生以光华建筑公司会计人员的身份对企业投资业务进行会计处理。

任务分析

企业会计人员为完成上述任务，需要完成以下工作：

1)设置"长期股权投资""投资收益""长期股权投资减值"等账户，按照企业采用的核算方法的不同，正确使用。

2)了解成本法的适用范围及成本法核算的要点。

3)了解权益法的适用范围及权益法核算的要点。

4)长期股权投资期末的会计处理。

相关知识

4.2.1　长期股权投资的核算范围

(1)长期股权投资的概念

长期股权投资是指企业投出的期限在1年以上(不包含1年)的各种股权性质的投资，

包括股票投资和其他股权投资等。

1)股票投资是指企业以购买股票的方式对其他企业进行的投资,企业购买并持有某股份公司的股票后,即成为该公司的股东,有权参与被投资企业的经营管理,并根据公司经营的好坏,按持股比例分享利润或分担亏损。

2)其他股权投资是指除股票投资外具有股权性质的投资,一般是企业直接将现金、实物或无形资产等投入其他企业而取得股权的一种投资。其他股权投资是一种直接投资,在我国主要是指联营投资,资产一经投出,除联营期满或由于特殊原因(如联营企业解散)外,一般不得抽回投资,投资企业根据被投资企业经营的好坏,按其投资比例分享利润或分担亏损。其他股权投资和股票投资一样,也是一种权益性投资。

(2)长期股权投资的核算范围

1)企业持有的、能够对被投资单位实施控制的权益性投资,即对子公司投资。控制是指有权决定一个企业的财务和经营政策,并能从该企业的经营活动中获取利益。

2)企业持有的、能够与其他合营方一同对被投资单位实施共同控制的权益性投资,即对合营企业投资。共同控制是指按照合同约定对某项经济活动所共有的控制。其仅在与该项经济活动相关的重要财务和经营决策需要分享控制权的投资方一致同意时存在。

3)企业持有的、能够对被投资单位施加重大影响的权益性投资,即对联营企业投资。重大影响是指对一个企业的财务和经营政策有参与决策的权力,但并不能够控制或者与其他方一起共同控制这些政策的制定。

4.2.2 长期股权投资核算账户的设置

企业核算长期股权投资,应当设置"长期股权投资""投资收益""长期股权投资减值准备"等账户。

(1)"长期股权投资"账户核算企业持有的采用成本法和权益法核算的长期股权投资。其借方登记长期股权投资取得时的成本,以及采用权益法核算时按被投资单位实现的净利润计算的应分享的份额;其贷方登记收回长期股权投资的价值或采用权益法核算时被投资单位宣告分派现金股利或利润时企业按持股比例计算应享有的份额,以及被投资单位发生的净亏损计算应分担的份额,期末借方余额反映企业持有的长期股权投资的价值。"长期股权投资"按权益法核算的,一般应设置"成本""损益调整""其他权益变动"三个明细账户。

(2)"投资收益"账户核算企业确认的投资收益或投资损失。其贷方登记投资企业采用成本法核算时应按被投资单位宣告发放的现金股利或利润中属于本企业的部分、资产负债表日采用权益法核算时,根据被投资单位实现的净利润或经调整的净利润计算应享有的份额,以及处置长期股权投资时实现的收益;其借方登记按权益法核算的被投资单位发生亏损而冲减的长期股权投资账面价值,以及处置长期股权投资时发生的亏损。期末,应将本账户余额转入"本年利润"账户,结转后应无余额。

(3)"长期股权投资减值准备"账户核算企业计提的长期股权投资的减值准备,一般是在资产负债表内,由于长期股权投资发生减值而计提的减值准备。贷方登记计提的减值准备,借方登记处置长期股权投资时转销的已提减值准备,期末贷方余额,反映企业已计提但尚未转销的长期股权投资减值准备。

4.2.3 长期股权投资的核算方法

企业取得的长期股权投资，在确定其初始投资成本后，在持续持有期间，视对被投资单位的影响程度等情况的不同，应分别采用成本法或权益法进行核算。

4.2.4 长期股权投资成本法的核算

(1) 成本法的适用范围

成本法是指长期股权投资按投资成本计价的方法。成本法适用于以下两种情形：

1) 投资企业能够对被投资单位实施控制。投资企业能够对被投资单位实施控制主要有以下几种情况：

①投资企业直接拥有被投资单位半数或以上的表决权。

②投资企业虽然直接拥有被投资单位半数或以下的表决权，但具有实质控制权。

投资企业能够对被投资单位实施控制的，被投资单位为其子公司，投资企业对子公司的长期股权投资，应当采用成本法核算，但在编制合并财务报表时按照权益法进行调整。

2) 投资企业对被投资单位不具有共同控制或重大影响，并且在活跃市场中没有报价、公允价值不能可靠计量的长期股权投资。

(2) 成本法核算的要点

在成本法下，长期股权投资的账面价值在持有期间一般不随被投资单位所有者权益的变动而变动。

1) 初始投资时，按照初始投资成本作为长期股权投资的账面价值。

2) 持有期间，被投资单位宣告分派的利润或现金股利，投资企业按应享有的部分，确认为当期投资收益。

3) 持有期间，长期股权投资如果存在减值迹象的，应当按照相关规定计提减值准备。

4) 处置时，应相应结转与所售股权相对应的长期股权投资的账面价值，差额确认为处置损益。

5) 在追加投资或处置时，由于持股比例上升或下降，其核算方法可能由成本法转为权益法。

(3) 成本法的核算

1) 长期股权投资初始投资成本的确定。企业发生的与取得长期股权投资直接相关的费用、税金及其他必要支出应计入长期股权投资的初始投资成本。支付现金取得的长期股权投资，应当按照实际支付的购买价款作为初始投资成本。若实际支付价款或对价中包含已宣告，但尚未发放的现金股利或利润，作为应收项目处理，不构成长期股权投资的成本。

取得长期股权投资时，应按初始投资成本计价。除企业合并形成的长期股权投资外，以支付现金、非现金资产等其他方式取得的长期股权投资，应按照上述规定确定长期股权投资初始投资成本，借记"长期股权投资"账户；如果实际支付的价款中包含已宣告，但尚未发放的现金股利或利润，借记"应收股利"账户；按实际支付现金、非现金资产等对价，贷记"银行存款"等账户。

2) 长期股权投资持有期间被投资单位宣告发放现金股利或利润。长期股权投资持有期间被投资单位宣告发放现金股利或利润时，企业按应该享有的部分确认为投资收益，借记"应收股利"账户，贷记"投资收益"账户。

3)长期股权投资的处置。处置长期股权投资时,按长期股权投资账面价值与实际取得价款的差额确认为投资损益,并同时结转已计提的长期股权投资减值准备。

企业处置长期股权投资时,按实际收到的价款等对价金额,借记"银行存款"等账户;按原已计提的长期股权投资减值准备,借记"长期股权投资减值准备"账户;按该项长期股权投资的账面余额,贷记"长期股权投资"账户;按尚未领取的现金股利或利润,贷记"应收股利"账户,按其差额,贷记或借记"投资收益"账户。

4)长期股权投资的成本法向权益法的转换。在处置投资导致对被投资单位的影响能力由控制转为具有重大影响或者与其他投资方一起实施共同控制的情况下,其核算方法应该自成本法核算转为权益法核算;原持有的对被投资单位不具有控制、共同控制或重大影响,在活跃市场中没有报价、公允价值不能可靠计量的长期股权投资,因追加投资导致持股比例上升,能够对被投资单位施加重大影响或实施共同控制的,应该由成本法核算转为权益法核算。

4.2.5 长期股权投资权益法的核算

(1)权益法的适用范围

权益法是指投资最初以投资成本计价,以后根据投资企业享有被投资单位所有者权益份额的变动对投资的账面价值进行调整的方法。

投资企业对被投资单位具有共同控制或重大影响的长期股权投资,应当采用权益法核算。

投资企业与其他方对被投资单位实施共同控制的,被投资单位为其合营企业。这里所指的共同控制,是指由两个及多个企业或个人共同投资建立的企业,该被投资企业的财务政策和经营政策必须由投资双方或若干方共同决定。

投资企业能够对被投资单位施加重大影响的,被投资单位为其联营企业。当投资企业直接拥有被投资单位的20%或以上至半数的表决权时,一般认为对被投资单位具有重大影响。

(2)权益法核算的要点

在权益法下,长期股权投资的账面价值随被投资单位所有者权益的变动而变动,包括被投资单位实现净利润或发生净亏损,以及其他所有者权益项目的变动。

1)初始投资时,按照初始投资成本作为长期股权投资的账面价值,计入"成本"明细账户。

2)持有期间,投资企业按照持股比例计算的被投资单位实现的利润或发生的亏损计入长期股权投资的账面价值;被投资单位宣告分派利润或现金股利时,投资企业按应享有的比例减记长期股权投资账面价值,通过"损益调整"明细账户核算。

3)持有期间,投资企业对于被投资单位除净损益外所有者权益的其他变动,应按照持股比例相应调整长期股权投资的账面价值,通过"其他权益变动"明细账户核算。

4)持有期间,长期股权投资如果存在减值迹象,应当按照相关规定计提减值准备。

5)处置时,应相应结转与所售股权相对应的长期股权投资的账面价值,差额确认为处置损益。原记入"资本公积"中的金额,在处置时应相应转入当期损益。

6)在追加投资或处置时,由于持股比例上升或下降,其核算方法可能由权益法转为成本法。

(3)权益法的核算

1)取得长期股权投资。长期股权投资的初始投资成本大于投资时应享有被投资单位可辨认净资产公允价值份额的,不调整已确认的初始投资成本,借记"长期股权投资——成本"账户,贷记"银行存款"等账户。

长期股权投资的初始投资成本小于投资时应享有被投资单位可辨认净资产公允价值份额的,该部分差额可以看作被投资单位的股东给予投资企业的让步,或是出于其他方面的考虑,被投资单位的原有股东无偿赠予投资企业的价值,因而应确认为当期收益,同时,调整长期股权投资的成本,借记"长期股权投资——成本"账户,贷记"银行存款"等账户,按其差额,贷记"营业外收入"账户。

2)持有长期股权投资期间被投资单位实现净利润或发生净亏损。根据被投资单位实现的净利润计算应享有的份额,借记"长期股权投资——损益调整"账户,贷记"投资收益"账户。被投资单位发生净亏损作相反的会计分录,但以本账户的账面价值减记至零为限,借记"投资收益"账户,贷记"长期股权投资——损益调整"账户。这里的以本账户减记至零为限所指的"本账户"是指长期股权投资的一级账户,该账户由"成本""损益调整""其他权益变动"三个明细账户组成,账面价值减记至零是指这三个明细账户的合计为零,即一级账户的账面价值为零。

被投资单位以后宣告发放现金股利或利润时,企业计算应分得的部分,借记"应收股利"账户,贷记"长期股权投资——损益调整"账户。被投资单位宣告发放的股票股利,不进行账务处理,但应在备查簿中登记。

3)持有长期股权投资期间被投资单位所有者权益的其他变动。在持股比例不变的情况下,被投资单位除净损益外所有者权益的其他变动,企业按照持股比例计算应享有或分担的部分,调整长期股权投资的账面价值,借记或贷记"长期股权投资——其他权益变动"账户,贷记或借记"资本公积——其他资本公积"账户。

4)长期股权投资的处置。根据企业会计准则的规定,处置长期股权投资时,其账面价值与实际取得价款的差额确认为投资损益,同时,结转已计提的长期股权投资减值准备。处置时,按实际收到的金额,借记"银行存款"等账户,按原已计提的长期股权投资减值准备,借记"长期股权投资减值准备"账户,按该项长期股权投资的账面余额,贷记"长期股权投资"账户,按尚未领取的现金股利或利润,贷记"应收股利"账户,按其差额,贷记或借记"投资收益"账户。

同时,还应结转原记入资本公积的相关金额,借记或贷记"资本公积——其他资本公积"账户,贷记或借记"投资收益"账户。

5)长期股权投资的权益法向成本法的转换。因追加投资原因而导致原持有的对联营企业或合营企业的投资转变为对子公司投资的,长期股权投资的核算方法应该从权益法核算转向成本法核算;因减少投资导致原持有的对联营企业或合营企业的投资转变为投资企业对被投资单位不具有共同控制或重大影响的,长期股权投资的核算方法由权益法核算转换为成本法核算。

4.2.6 长期股权投资减值的核算

企业持有的长期股权投资,应当定期对其账面价值逐项进行检查,至少应于每年年末检查一次,以判断是否发生了减值。

如果由于市价持续下跌或被投资单位经营状况变化等原因,其可收回金额低于投资的账面价值,应将可收回金额低于长期股权投资账面价值的差额,确认为当期投资损失。可收回金额是指企业资产的出售净价与预期从该资产的持有和投资到期处置中形成的预计未来现金流量的现值两者之中的较高者。其中,出售净价是指资产的出售价格减去所发生的资产处置费用后的余额。

为了核算企业提取的长期股权投资减值准备,企业应设置"长期股权投资减值准备"账户。期末,如果预计可收回金额低于其账面价值,按其差额,借记"资产减值损失——计提的长期股权投资减值准备"账户,贷记"长期股权投资减值准备"账户。

长期股权投资减值损失一经确定,在以后会计期间不得转回。只有企业处置长期股权投资时,才能同时结转已经计提的减值准备。

任务实施

根据任务描述1),会计人员应编制以下会计分录:

计算初始投资成本:

股票成交金额(100 000×6)	600 000
加:相关税费	20 000
小计	620 000

购入股票时的会计分录:

借:长期股权投资——成本	620 000
贷:银行存款	620 000

根据任务描述2),会计人员应编制以下会计分录:

应该计算的投资收益:

股票转让取得价款	1 164 000
减:投资账面余额	620 000
小计	544 000

编制出售股票时的会计分录:

借:银行存款	1 164 000
贷:长期股权投资——成本	620 000
投资收益	544 000

根据任务描述3),会计人员应编制以下会计分录:

计算初始投资成本:

股票成交金额(1 000 000×6)	6 000 000
加:相关税费	180 000
小计	6 180 000

编制购入股票的会计分录:

借:长期股权投资——成本	6 180 000
贷:银行存款	6 180 000

由于长期股权投资的初始投资成本6 180 000元大于ABC公司可辨认净资产公允价值100 000 000元的30%(30 000 000元),不调整已确认的初始投资成本。

根据任务描述 4)，会计人员应编制以下会计分录：
确认光华建筑公司实现的投资收益时：
借：长期股权投资——损益调整　　　　　　　　　　　　　　3 000 000
　　贷：投资收益　　　　　　　　　　　　　　　　　　　　　　3 000 000
ABC 公司宣告发放现金股利时：
借：应收股利　　　　　　　　　　　　　　　　　　　　　　　　500 000
　　贷：长期股权投资——损益调整　　　　　　　　　　　　　　　500 000
收到 ABC 公司宣告发放的现金股利时：
借：银行存款　　　　　　　　　　　　　　　　　　　　　　　　500 000
　　贷：应收股利　　　　　　　　　　　　　　　　　　　　　　　500 000
根据任务描述 5)，会计人员应编制以下会计分录：
借：银行存款　　　　　　　　　　　　　　　　　　　　　　　10 000 000
　　贷：长期股权投资——成本　　　　　　　　　　　　　　　　6 180 000
　　　　长期股权投资——损益调整　　　　　　　　　　　　　　2 500 000
　　　　投资收益　　　　　　　　　　　　　　　　　　　　　　1 320 000
根据任务描述 6)，会计人员应编制以下会计分录：
跌价准备数＝6 180 000－5 500 000＝680 000
借：资产减值损失——计提的长期股权投资减值准备　　　　　　　680 000
　　贷：长期股权投资减值准备　　　　　　　　　　　　　　　　　680 000

典型任务示例

【例 4-2】 2019 年 4 月 10 日，光华建筑公司购入 AF 公司股票 500 000 股，每股价格为 8 元，另支付相关税费 120 000 元，所得股份占 AF 公司有表决权资本的 15％，并准备长期持有。5 月 10 日，AF 公司宣告分派 2014 年度的现金股利，每股 0.60 元。6 月 30 日，公司将股票以每股 10 元的价格卖出，支付相关税费 150 000 元，款项已由银行收妥，公司没有计提减值准备。

要求：学生以光华建筑公司会计人员的身份对企业的投资业务进行会计处理。
购入 AF 公司的股票时，长期股权投资的成本为
　　　　　　　　500 000×8＋120 000＝4 120 000（元）
借：长期股权投资——成本　　　　　　　　　　　　　　　　　4 120 000
　　贷：银行存款　　　　　　　　　　　　　　　　　　　　　　4 120 000
AF 公司宣告分派股利，应收股利金额为：500 000×0.60＝300 000（元）
借：应收股利　　　　　　　　　　　　　　　　　　　　　　　　300 000
　　贷：投资收益　　　　　　　　　　　　　　　　　　　　　　　300 000
编制出售股票时的会计分录：
借：银行存款　　　　　　　　　　　　　　　　　　　　　　　　485 000
　　贷：长期股权投资——成本　　　　　　　　　　　　　　　　　412 000
　　　　投资收益　　　　　　　　　　　　　　　　　　　　　　　730 000

【例 4-3】 2019 年 4 月 1 日，光华建筑公司以银行存款 5 000 000 元向 BM 公司投资购

入股票100万股,占该公司有表决权股份的25%,采用权益法核算。当日,BM公司可辨认净资产公允价值为15 000 000元。假定不考虑其他因素。

要求:学生以光华建筑公司会计人员的身份进行会计处理。

借:长期股权投资——成本　　　　　　　　　　　　　　5 000 000
　　贷:银行存款　　　　　　　　　　　　　　　　　　　　5 000 000

【例4-4】 根据【例4-3】,2019年BM公司实现净利润5 000 000元,光华建筑公司按照持股比例确认投资收益为1 250 000元。2020年3月18日,BM公司已宣告发放现金股利,每10股派发3元,光华建筑公司可分派到300 000元。2020年6月15日,光华建筑公司收到分派的现金股利。

要求:学生以光华建筑公司会计人员的身份进行会计处理。

确认光华建筑公司实现的投资收益时:

借:长期股权投资——损益调整　　　　　　　　　　　　1 250 000
　　贷:投资收益　　　　　　　　　　　　　　　　　　　　1 250 000

BM公司宣告发放现金股利时:

借:应收股利　　　　　　　　　　　　　　　　　　　　　300 000
　　贷:长期股权投资——损益调整　　　　　　　　　　　　300 000

收到BM公司宣告发放的现金股利时:

借:银行存款　　　　　　　　　　　　　　　　　　　　　300 000
　　贷:应收股利　　　　　　　　　　　　　　　　　　　　300 000

【例4-5】 根据【例4-4】,2020年6月30日,光华建筑公司以每股8元的价格,出售所持有BM公司的股票,款项已收回。

要求:学生以光华建筑会计人员的身份进行会计处理。

会计人员应编制以下会计分录:

借:银行存款　　　　　　　　　　　　　　　　　　　　　8 000 000
　　贷:长期股权投资——成本　　　　　　　　　　　　　　5 000 000
　　　　长期股权投资——损益调整　　　　　　　　　　　　950 000
　　　　投资收益　　　　　　　　　　　　　　　　　　　　2 050 000

归纳总结

长期股权投资是指企业投出的期限在1年以上(不包含1年)的各种股权性质的投资。其包括股票投资和其他股权投资等。长期股权投资的核算方法有成本法和权益法。

采用成本法核算,长期股权投资取得时,应按照初始投资成本计价;长期股权投资持有期间被投资单位发放现金股利或利润时,按应享有的部分确认为投资收益;处置长期股权投资时,按实际取得的价款与长期股权投资账面价值的差额确认为投资损益,并应同时结转已计提的长期股权投资减值准备。

采用权益法核算长期股权投资的,长期股权投资初始投资成本大于投资时,应享有被投资单位可辨认净资产份额的,不调整已确认的初始投资成本。长期股权投资初始投资成本小于投资时应享有被投资单位可辨认净资产份额的部分,计入营业外收入。根据被投资单位实现的净利润计算应享有的份额,确认为投资收益。在持股比例不变的情况下,被投资单位除净损益以外所有者权益的其他变动,企业按持股比例计算应享有的份额,调整资本公积。

处置长期股权投资时,按实际取得的价款与长期股权投资账面价值的差额确认为投资损益,并应同时结转已计提的长期股权投资减值准备。同时,还应结转原已记入资本公积的相关金额。长期股权投资至少要每年进行一次减值测试,如果发生减值要进行相关处理,长期股权投资应当在财务报告附注中披露相关信息。

光华建筑公司发生如下经济业务:

1)2019年1月5日,光华建筑公司以3 000 000元的价款(包括相关税费)取得甲公司2%的股份作为长期股权投资,采用成本法核算。2019年3月10日,甲公司宣告分派2014年度利润。公司应享有现金股利100 000元。2019年度甲公司由于受客观因素的影响,本年发生巨额亏损。该影响预计在短期内难以消除,2019年12月31日,公司计提减值准备150 000元。

要求:学生以企业会计人员的身份对上述业务采用成本法核算。

2)2018年1月10日,光华建筑公司购买乙公司发行的股票1 000万股并准备长期持有,占乙公司股份的25%。采用权益法核算,每股买入价为6元,另外,购买该股票时发生相关税费40万元。2017年12月31日,乙公司的所有者权益的公允价值为30 000万元,2018年乙公司实现净利润1 000万元,2019年3月10日乙公司宣告发放现金股利,每10股派发1元,2019年4月5日,公司收到乙公司分派的现金股利。2018年乙公司可供出售金融资产的公允价值增加200万元,2019年5月,公司出售所持有的乙公司的股票1 000万股,每股出售价格为10元,款项已经收回。

要求:学生以企业会计人员的身份对上述业务采用权益法核算。

项目测验题

项目 5 固定资产的核算

案例：孔子论会计

任务 5.1 购建固定资产的核算

教学目标

任务描述

光华建筑公司经研究决定购建一批经营用固定资产，编制了设备购置计划，按计划组织采购。

1）2019 年 4 月 4 日公司购入办公用车一辆，含税价为 120 000 元，增值税税率为 13%，车船购置税为 10 619.47 元，上缴车辆保险费为 4 250 元，上述款项均通过转账支付。

2）光华建筑公司购入一台塔式起重机，增值税专用发票上记载的设备买价为 200 000 元，增值税税额为 26 000 元，支付的运输费为 2 000 元。请安装单位进行安装，领用购入的原材料价值 2 000 元，支付的安装费为 5 000 元，增值税税率为 13%，款项均通过转账支付，安装完毕交付使用。

要求：学生以光华建筑公司会计人员的身份对企业购入固定资产业务进行会计处理。

任务分析

固定资产购入业务由资产管理部门办理，由使用部门验收，为了准确核算光华建筑公司的固定资产购入业务，会计人员要取得相应的原始资料及凭证。

1）取得设备购置计划与销售方签订的购置合同。
2）取得销售发票、运输费发票及其他相关支出票据及税票。
3）办理银行转账付款业务，取得银行付款凭证。
4）办理验收手续，取得由固定资产保管部门所填固定资产验收单。
5）根据购买固定资产发货票、银行付款通知、固定资产验收单等原始凭证进行会计处理。

外购和自行建设固定资产的核算

相关知识

5.1.1 固定资产的概念、特征

（1）固定资产的概念

固定资产是指企业为生产商品、提供劳务、出租或经营管理而持有的，使用寿命超过一个会计年度的有形资产。

（2）固定资产的特征

1）企业持有固定资产的目的是生产商品、提供劳务、满足出租或经营管理的需要，而

不是对外出售,这是固定资产区别于商品的一个重要的标志。

2)固定资产的使用期限较长。其使用寿命一般超过一个会计年度,多则几十年、上百年,这一特征表明固定资产的收益期超过1年,它能在1年以上的时间里为企业创造经济利益。

固定资产是生产经营活动主要的劳动资料,企业拥有固定资产的数量和质量在一定程度上表明生产经营规模的大小和技术装备水平的高低。不同的固定资产在经营活动中所起的作用不同,有的直接参与企业的施工生产活动,直接作用于劳动对象;有的在施工生产过程中起辅助作用;有的是企业进行施工活动必要的物资条件,表明该企业的生产能力,对企业的发展起重要的作用。

企业固定资产的种类繁多,为了便于管理,应根据固定资产的定义,结合本企业的具体情况,制定适合本企业的固定资产目录。

5.1.2　固定资产的分类

(1)按经济用途分类

固定资产按经济用途分类,可分为生产经营用固定资产和非生产经营用固定资产。

1)生产经营用固定资产是指在使用中的、直接用于施工生产过程或为生产经营服务的各种固定资产,如生产经营用的房屋、货场、仓库和道路、围墙等建筑物,以及机器、设备、器具、机动车辆、管理用房屋等。

2)非生产经营用固定资产是指在使用中的、不直接服务于施工生产过程和不直接服务于生产经营的各种固定资产,如职工宿舍、食堂、招待所、医院、浴室等用房、设备和其他固定资产等。

固定资产按经济用途分类,可以清楚地反映和监督各类固定资产的组成和变化情况,便于考核和分析企业固定资产的利用情况,促进企业固定资产的合理配备,充分发挥其效用。

(2)按使用情况分类

固定资产按使用情况分类,可分为使用中的固定资产、未使用固定资产和不需用固定资产。

1)使用中的固定资产是指正在使用中的固定资产,包括经营性固定资产和非经营性固定资产。由于季节性经营或修理等原因暂时停止使用的固定资产、经营性出租固定资产和内部替换使用的固定资产属于使用中的固定资产。

2)未使用固定资产是指已完工或已购建的尚未交付使用的新增固定资产,以及由于改建、扩建等原因停用的固定资产,如企业购建的尚未正式使用的固定资产、因经营任务变更停止使用的固定资产等。

3)不需用固定资产是指本企业多余或不适用的,需要调配处理的固定资产。

固定资产按使用情况分类,有利于掌握企业固定资产的使用情况及其比例关系,便于分析固定资产的利用效率、挖掘固定资产的使用潜力、促使企业合理地使用固定资产。

(3)按所有权分类

固定资产按所有权分类,可分为自有固定资产和租入固定资产。

1)自有固定资产是指企业拥有的可自由支配使用的固定资产。一般情况下,除经营性租入固定资产外,企业拥有或控制的固定资产都是企业的自有固定资产。

2)租入固定资产是指企业采用租赁方式从其他单位租入的固定资产。租赁可分为经营性租赁和融资租赁。

固定资产按所有权分类,可以划清自有固定资产和非自有固定资产的界限,反映企业固定资产的实有数额，便于分析和考核自有固定资产和租入固定资产的经济效益。

(4)按经济用途和使用情况综合分类

固定资产按经济用途和使用情况综合分类，可以分为以下七大类：

1)生产经营用固定资产。

2)非生产经营用固定资产。

3)租出固定资产(企业以经营租赁方式出租给外单位使用的固定资产)。

4)不需用固定资产。

5)未使用固定资产。

6)土地(过去已经估价单独入账的土地)。因征地而支付的补偿费，应计入与土地有关的房屋、建筑物的价值内，不单独作为土地价值入账。企业取得的土地使用权应作为无形资产管理，不作为固定资产管理。

7)融资租入固定资产。其是指企业以融资租赁方式租入的固定资产，在租赁期内，应视同自有固定资产进行管理。

固定资产按经济用途和使用情况综合分类，有助于反映企业固定资产的构成情况、使用情况和所有权情况，促使企业合理使用和配备固定资产，充分挖掘固定资产的潜力，不断提高固定资产的利用率。

5.1.3 固定资产的初始计量

企业应当在固定资产取得时根据固定资产的定义和确认条件进行判断和计量。其计量属性包括历史成本、现值、公允价值等，一般情况下，取得、形成的固定资产在确认时，应当按照成本进行初始计量，确定固定资产的初始投资成本。

固定资产的初始成本是指企业购建某项固定资产达到预定可使用状态前所发生的一切合理、必要的支出，也称为原始价值、原始成本、实际成本。其包括买款、运杂费、包装费、安装成本，以及发生的其他费用，如应承担的借款利息、外币借款折算差额，以及应分摊的其他间接费用。

1)外购固定资产的原始价值包括实际支付的价款加上支付的运输费、装卸费、包装费、途中保险费、安装调试费、专业人员服务费及相关税费等。

2)自行建造固定资产的原始价值是指建造该项固定资产达到预定可使用状态前所发生的必要支出。其包括建造过程中的各种材料费、人工费、机械使用费、其他建造费，以及计入建造成本的借款利息支出等。

3)在原有基础上改建、扩建的固定资产的原始价值是指改建、扩建前的原价加上改建、扩建支出减去改建、扩建过程中发生的变价收入后的余额。

4)投资者投入固定资产的原始价值是按照评估价或投资合同、协议约定的价值确定，实际上是按照双方确认的公允价值确认固定资产成本，合同或协议约定价值不公允的除外。

5)接受捐赠固定资产的原始价值的确定有两种方法：其一，若取得相关发票，按照发票票面上记载的金额加上发生的运输费等相关税费来确认其入账价值；其二，若没有取得相关发票，应合理估价入账，在未来收益期间，每年应按照受益金额转入营业外收入。

6)融资租入固定资产，应在租赁开始日，按租赁固定资产的公允价值与最低租赁付款额现值两者中较低者作为租入固定资产的入账价值。将最低租赁付款额作为长期应付款的入账价值，将其差额作为未确认融资费用。

7)盘盈固定资产,若存在活跃市场,按同类或类似固定资产的市场价格减去估计的折旧的差额作为入账价值;否则,按固定资产的预计未来现金流量现值作为入账价值。

以借款购置建造固定资产发生的借款利息或外币折合差额,若在固定资产建造期内发生,计入所购建固定资产的成本当中,若在建造期后发生,一般计入当期费用。企业已入账的固定资产,一般情况下是不得更改的。

5.1.4 固定资产核算设置的账户

(1)"固定资产"账户

"固定资产"账户是用来核算企业固定资产原值增减变动的,属于资产类账户。其借方登记因固定资产增加而增加的固定资产原始价值;贷方登记因固定资产减少而减少的固定资产原始价值,期末,借方余额反映固定资产的原始投资成本。该账户按固定资产的类别和使用部门设置明细账进行明细核算,并设置"固定资产登记簿"和"固定资产卡片",见表5-1~表5-3。

固定资产登记簿按照固定资产的大类和明细开设账页,按使用和保管单位设置专栏、按固定资产增减日期序时登记。期末,结出各部门或各保管单位固定资产增减数和结余情况,并与固定资产总账余额核对相符。

固定资产卡片记载着每项固定资产的详细信息,按每一独立登记对象分别设置,每一对象一张卡片,固定资产卡片一式两份,一份由固定资产保管人或使用人保存;另一份由固定资产管理部门保存,管理部门和保管使用部门应定期核对相符,固定资产卡片随同固定资产实物一并从调出单位转入调入单位。期末,各类固定资产卡片原值的合计数应与固定资产登记簿原值余额相符。

表 5-1 固定资产登记簿

类别: 元

年		记账凭证		摘要	借 方				贷 方				余 额			
月	日	字	号		一项目部	二项目部	…	合计	一项目部	二项目部	…	合计	一项目部	二项目部	…	合计

表 5-2 固定资产卡片(正面)

类别: 序号:

编号		使用单位		预计使用年限	
名称		所在地点		资金来源	
规格		启用时间		折旧率	
技术特征		建造时间		原值	
附属装置				转移记录		
名称	规格	数量	金额	日期	调入单位	保管人

表 5-3　固定资产卡片(背面)

计提折旧				大修理记录				中间停用记录			
年		凭证号数	摘要	金额	年		凭证号数	摘要	金额	年		原因	持续时间
月	日				月	日				月	日		

报废清理记录						
年	月	日	原因	残值收入	清理费用	备注

(2)"在建工程"账户

"在建工程"账户用来核算和反映固定资产购建工程所发生的支出。其包括新建固定资产工程、购入需要安装的固定资产工程、自行建造的固定资产工程、改建扩建工程、建造临时设施、固定资产大修理等。本账户属于资产类账户,其借方登记企业进行各项在建工程的施工所发生的各种支出;贷方登记在建工程完工交付使用时结转的实际成本,期末,借方余额反映尚未完工交付使用的在建工程的实际支出。该账户按工程项目设置明细账进行明细核算。

(3)"工程物资"账户

"工程物资"账户用来核算和反映企业为在建工程而准备的各种物资的实际成本,属于资产类账户。其借方登记企业购入各种工程物资的实际成本;贷方登记在建工程领用的工程物资的实际成本,期末,借方余额反映企业为在建工程准备的各种物资的成本。本账户按"专用材料""专用设备""预付大型设备款""为生产准备的工具及器具"等设置明细账进行明细核算。购入工程物资发生的增值税进项税额不能从销项税额中抵扣,但当工程物资转为原材料时,进项税额可以从销项税额中抵扣。

5.1.5　固定资产增加的核算

(1)购入固定资产的核算

购入固定资产包括购入不需要安装的固定资产和购入需要安装的固定资产。不需要安装的固定资产是指购置的固定资产可以直接交付有关单位或部门使用,购入时应按实际支付的价款计入固定资产的原始价值,借记"固定资产"账户,按支付的增值税借记"应交税费——应交增值税(进项税额)",贷记"银行存款"等账户。购入需要安装的固定资产时,实际支付的价款先由"在建工程"账户进行归集,待安装完毕交付时,再结转为"固定资产"。

(2)自行建造固定资产的核算

自行建造固定资产是指利用自有的人力、物力条件,自行建造房屋及建筑物、各种设施及进行大型机器设备的安装工程,也称自建固定资产。自行建造的固定资产在建造过程中发生的费用应先通过"在建工程"账户归集,待建造完成交付使用时,再将其实际成本结转为"固定资产"。

自行建造固定资产可分为自营和出包两种方式。由于建设方式不同，会计处理也不同。

1) 自营工程的核算。自营工程是指由企业自行组织材料采购、自行组织施工的建安工程。主要通过"在建工程"和"专项物资"两个账户核算。

以自营方式建造的工程，企业按建造该资产达到预定使用状态前发生的必要支出借记"在建工程"账户，贷记相关账户，达到预定可使用状态后结转其建造成本时，借记"固定资产"账户，贷记"在建工程"账户。

所建造的固定资产达到预定可使用状态，但尚未办理竣工决算的，应当自达到预定可使用状态之日起，根据工程预算或者工程实际成本，估价结转为固定资产，并按规定计提固定资产的折旧，待办理竣工决算手续后再作调整。

2) 出包工程的核算。出包工程是指企业通过招标的方式将工程发包给建造商，由建造商组织施工的工程。企业支付给承包单位的工程价款通过"在建工程"账户核算。企业按合同或工程进度预付给承包单位的工程价款，借记"在建工程"账户，贷记"银行存款"账户；按合同或进度补付工程价款时，借记"在建工程"账户，贷记"银行存款"账户；工程完工交付使用时，按实际发生的全部支出，借记"固定资产"账户，贷记"在建工程"账户。

(3) 改建、扩建固定资产的核算

改建、扩建固定资产是指在原有基础上进行的改建和扩建的固定资产。改建、扩建工程也可以采用自营方式或出包方式。其改建、扩建支出通过"在建工程"账户核算。改建、扩建完成后，若该项固定资产的价值较改建、扩建之前有所增加（增加数为改建、扩建支出减去改建、扩建过程中发生的变价收入后的差额），需相应调整"固定资产"账户。

(4) 投资者投入的固定资产

投资者投资转入的固定资产，一方面反映本企业固定资产的增加；另一方面反映投资者投资额的增加。增加的固定资产原值一般按中介机构确定的评估价和投资合同、协议约定的价值确定，但不公允的除外。

(5) 接受捐赠的固定资产

接受捐赠的固定资产形成企业的一种递延收益。若接受捐赠的固定资产有相关的发票单证，应按其发票账单所列金额及企业所负担的相关费用支出为原价；若无发票账单，可参照其市价为原价，在未来收益期间每年按照受益金额转入营业外收入。

(6) 盘盈的固定资产

盘盈的固定资产是指在清查中发现的账外固定资产，按会计前期差错处理，具体核算方法见本项目任务 5.5。

任务实施

根据任务描述 1)，企业取得的原始凭证见表 5-4～表 5-8。

表 5-4 江滨市机动车销售增值税专用发票

开票日期 2019 年 4 月 4 日　　　　发票代码 10033881234　　　　　发票号码 00094321

购货单位	光华建筑工程有限公司	组织机构代码		33447788
车辆类型	轿车	厂牌型号 BH7156AX	产地	北京
发动机号码	9B836789	车辆识别代码		LBSDDKFKF0065634
价税合计	壹拾贰万元整	小写		120 000
销货单位	江滨市汽车贸易有限公司			
开户银行	江滨市工行营业部	账号		0033486511223344
增值税税率或征收率	13%	增值税额	主管税务机关	江滨市国家税务局
不含税价	106 194.69	13 805.31	限乘人数	5

表 5-5 税收通用缴款书

隶属关系：地区　　　　　　　　　　　　　　　　　　　　　滨地缴字 NO478512

注册类型：国有企业　　　　填发日期 2019 年 4 月 4 日　　征收机关：滨海市地税

缴款单位	代 码	0110642334477886	预算单位	编 码	0765
	全 称	光华建筑工程有限公司		名 称	一般营业税
	开 行	江滨市工行营部		级 次	市级
	账 号	00334865333999		收款国库	人民银行中心库

税款所属期　2019 年 4 月　　　税款缴款日期　2019 年 4 月

品目名称	课税数量	计税金额或销售收入	税率或单位税额	已缴或扣除额	实缴金额
车辆购置税	1	106 194.69	10%	2019	10 619.47
金额合计大写		壹万零陆佰壹拾玖元肆角柒分			
缴款单位盖章		税务机关盖章		上列款项已收妥并划转收款单位账	

表 5-6 中国平安保险公司江滨分公司
保险费专用发票(发票联)

2019 年 4 月 4 日

付款人：光华建筑工程有限公司

承保险种：机动车辆保险费

金　额：肆仟贰佰伍拾元整(4 250.00)

第二联 报销凭证

表 5-7 中国建设银行
转账支票存根
VIV：00245206

科　目
对方账户
出票日期　2019 年 4 月 4 日

收款人：江滨市光华建筑工程有限公司
金　额：4 250.00
用　途：保险费

表 5-8 中国建设银行
转账支票存根
VIV：00245207

科　目
对方账户
出票日期　2019 年 4 月 4 日

收款人：江滨市汽车贸易有限公司
金额：120 000.00
用途：购车款

光华建筑公司会计人员根据上述原始凭证表 5-4～表 5-8 作会计分录如下：

  借：固定资产——生产用固定资产   116 886.16
  借：管理费用   4 250.00
  借：应交税费——应交增值税（进项税额）   13 805.31
    贷：银行存款   134 941.47

根据任务描述 2），会计人员应根据取得的增值税专用发票、运输费发票、安装费发票、材料领用单及银行付款凭、固定资产验收单作会计分录如下：

购入塔式起重机时，根据发货票及付款凭证：
  借：在建工程——塔式起重机安装工程   202 000
  借：应交税费——应交增值税（进项税额）   26 260
    贷：银行存款   228 260

领用安装材料时，根据领料单：
  借：在建工程——设备安装工程   2 000
    贷：原材料——主要材料   2 000

支付安装费用时，根据安装费发票：
  借：在建工程——设备安装工程   5 000
  借：应交税费——应交增值税（进项税额）   650
    贷：银行存款   5 650

安装完毕交付使用时，根据固定资产交付使用单：
  借：固定资产——生产用固定资产   209 000
    贷：在建工程——塔式起重机安装工程   209 000

典型任务示例

【例 5-1】 光华建筑公司自行建造小型库房，开出转账支票购入工程用的各种物资，含税价 300 000 元，增值税税率为 13%，建造过程中实际领用工程物资 280 000 元，剩余物资转作企业存货，施工中领用水泥及木材一批，不含税价 80 000 元，自营工程人员发生人工费 150 000 元，企业辅助生产车间为自营工程提供有关劳务支出 30 000 元，工程完工交付使用。

要求：学生以光华建筑公司会计人员的身份对上述业务进行会计处理。

相关会计处理如下：

购入为工程准备的物资时，根据发货票和付款凭证：
  借：工程物资   300 000
    贷：银行存款   300 000

工程领用物资，根据领料单：
  借：在建工程——自营仓库建造   280 000
    贷：工程物资   280 000

工程领用材料，支付工资。根据领料单、工资单等：
  借：在建工程——自营仓库建造   230 000
    贷：原材料——主要材料   80 000
      应付职工薪酬——应付工资   150 000

辅助生产车间提供劳务，根据辅助生产费用分配表：
借：在建工程——自营库房建造　　　　　　　　　　　　　　　30 000
　　贷：生产成本——辅助生产成本　　　　　　　　　　　　　　　30 000
工程完工交付使用时：
借：固定资产——生产用——仓库　　　　　　　　　　　　　　540 000
　　贷：在建工程——自营仓库建造　　　　　　　　　　　　　　540 000
剩余工程物资转作库存材料，根据入库单：
借：原材料——主要材料　　　　　　　　　　　　　　　　　17 699.12
借：应交税费——应交增值税（进项税额）　　　　　　　　　　2 300.88
　　贷：工程物资　　　　　　　　　　　　　　　　　　　　　　20 000

【例 5-2】 光华建筑公司将办公楼建设工程出包给青峰公司承建，按发包工程进度和合同规定向青峰公司结算工程进度款 2 100 000 元，增值税税率为 9%，开出转账支票支付，工程完工决算时，补付工程款 100 000 元，以转账支票支付，办公楼现已达到预定可使用状态。

要求：学生以光华建筑公司会计人员的身份对上述业务进行会计处理。
相关会计处理如下：
按工程进度和合同规定向青峰公司结算进度款时，根据其提供的工程款发票：
借：在建工程——办公楼建设　　　　　　　　　　　　　　2 100 000
借：应交税费——应交增值税（进项税额）　　　　　　　　　　189 000
　　贷：银行存款　　　　　　　　　　　　　　　　　　　　2 289 000
补付工程款时，根据其提供的工程款发票：
借：在建工程——办公楼建设　　　　　　　　　　　　　　　100 000
借：应交税费——应交增值税（进项税额）　　　　　　　　　　　9 000
　　贷：银行存款　　　　　　　　　　　　　　　　　　　　　109 000
办公楼达到预定可使用状态，结转其实际成本时，根据固定资产交付使用清单：
借：固定资产——生产用固定资产　　　　　　　　　　　　2 200 000
　　贷：在建工程——办公楼建设　　　　　　　　　　　　　2 200 000

【例 5-3】 光华建筑公司扩建原办公楼，账面原值为 2 200 000 元，扩建前拆除部分设施回收残料估价 10 000 元入库，工程委托江滨二建公司修建，预付工程款 350 000 元，已通过银行支付。工程完工，江滨二建公司提出工程价款结算账单，结算工程价款 600 000 元，已签字认付，扣除预付工程款后，开出转账支票结清工程余款 250 000 元，工程竣工交付使用。

要求：学生以光华建筑公司会计人员的身份对上述业务进行会计处理。
相关会计处理如下：
办公楼进行改建、扩建或停止使用，应转作未使用固定资产时：
借：固定资产——未使用固定资产　　　　　　　　　　　　2 200 000
　　贷：固定资产——生产用固定资产　　　　　　　　　　　2 200 000
回收残料验收入库时：
借：原材料——其他材料　　　　　　　　　　　　　　　　　 10 000
　　贷：在建工程——办公楼扩建工程　　　　　　　　　　　　 10 000

预付工程款时：
借：预付账款——预付工程款 350 000
　　贷：银行存款 350 000
结算工程价款时：
借：在建工程——办公楼扩建工程 600 000
　　贷：应付账款——应付工程款 600 000
用预付款抵作结算工程价款时：
借：应付账款——应付工程款 350 000
　　贷：预付账款——预付工程款 350 000
结付工程余款时：
借：应付账款——应付工程款 250 000
　　贷：银行存款 250 000
结转在建工程支出时：
借：固定资产——未使用固定资产 590 000（600 000－10 000）
　　贷：在建工程——办公楼扩建工程 590 000
办公楼交付使用时：
借：固定资产——生产用固定资产 2 790 000
　　贷：固定资产——未使用固定资产 2 790 000

【例 5-4】 光华建筑公司收到青峰公司出资的一台设备，该设备的原值为 800 000 元，已提折旧为 250 000 元，经评估该固定资产的价值为 600 000 元。

要求：学生以光华建筑公司会计人员的身份对上述业务进行会计处理。

作会计分录如下：
借：固定资产——生产用固定资产 600 000
　　贷：实收资本——青峰公司 600 000

【例 5-5】 光华建筑公司接受捐赠新的挖掘机一台，发票金额为 340 000 元，增值税税率 13%，企业分 5 年平均确认纳税所得，计算交纳所得税。

要求：学生以光华建筑公司会计人员的身份对上述业务进行会计处理。

收到捐赠的挖掘机时：
借：固定资产——生产用施工机械 350 000
　　贷：递延收益 350 000
企业各年年末结转捐赠收入 70 000 元：
借：递延收益 70 000
　　贷：营业外收入——捐赠利得 70 000

【例 5-6】 光华建筑公司于 2015 年 5 月租入新的塔式起重机 1 台，租期为 6 个月，每月租金为 20 000 元，共 120 000 元，增值税税率为 17%，租金于开始时一次付清，企业开出转账支票支付。

要求：学生以光华建筑公司会计人员的身份对上述业务进行会计处理。

预付租金时，根据租赁费发票及支票存根：
借：待摊费用 120 000
借：应交税费——应交增值税（进项税额） 20 400

贷：银行存款　　　　　　　　　　　　　　　　　　　　140 400
　分6期摊销时：
　　借：工程施工——机械使用费　　　　　　　　　　　　　 20 000
　　贷：待摊费用　　　　　　　　　　　　　　　　　　　　 20 000

归纳总结

　　固定资产是指企业为生产商品、提供劳务、出租或经营管理而持有的，使用寿命超过一个会计年度的有形资产。固定资产按经济用途和使用情况等综合分类，可分为生产经营用固定资产、非生产经营用固定资产、租出固定资产、不需用固定资产、未使用固定资产、土地、融资租入固定资产。

　　取得、形成的固定资产在确认时，应当按照成本进行初始计量，固定资产的初始成本是指企业购建某项固定资产达到预定可使用状态前所发生的一切合理、必要的支出，也称原始价值、原始成本、实际成本。其包括买款、运杂费、包装费、安装成本以及发生的其他费用，如应承担的借款利息、外币借款折算差额，以及应分摊的其他间接费用。从不同途径取得的固定资产其原始成本构成不同，在业务发生时应根据实际情况通过"固定资产""在建工程"等账户归集核算。

实训

　　光华建筑公司于10月发生如下经济业务，增值税税率为13%。
　　1)购入一台办公用汽车，发票价格为220 000元，企业开出转账支票支付。
　　2)购入一台需要安装的施工机械，发票价格为100 000元，发生的运杂费为2 000元，款项已由开户行汇出。该机械委托外单位进行安装，开出6 000元的转账支票一张支付安装费用，安装完毕交付使用。
　　3)采用自营方式建设行政楼一幢，建造中购置专项工程物资800 000元，领用700 000元。以转账方式支付机械租赁费30 000元，应付施工人员工资150 000元，现该工程已完工交付使用，其剩余的专项物资转为原材料。
　　4)采用出包的方式建造厂房，工程出包光明建筑公司施工，签订的合同造价为2 600 000元，按合同规定预付对方30%的工程款，其余款项待工程完工交付时一次结清。
　　5)A投资单位以办公用房屋对光华建筑公司投资，投出单位的固定资产的账面原价为5 600 000元，已提折旧为1 800 000元，经评估机构确认的评估价为3 700 000元，该房屋现已使用。
　　6)对一台在用施工机械进行技术改造，其原价为160 000元，累计折旧为40 000元。在技术改造中回收的旧配件等变价收入6 000元，领用原材料12 000元，负担工资3 000元，用银行存款支付其他各种费用6 000元，工程完工交付使用，经过改造，该固定资产的性能得到了提高。
　　要求：根据上述经济业务，编制会计分录。

任务 5.2　固定资产折旧的核算

任务描述

光华建筑公司有一办公楼原值为 4 000 000 元，预计使用年限为 40 年，预计净残值率为 4%。

要求：学生以公司会计人员的身份对该办公楼计算月折旧率和月折旧额，并进行折旧的会计处理。

任务分析

会计人员参与折旧业务主要包括以下几项工作，并取得相应的原始资料及凭证：
1）针对不同类别的固定资产计算分类折旧率。
2）确定哪些固定资产需要计提折旧，哪些不需要计提折旧，并编制折旧计算表，计算各类固定资产应计提的折旧额。
3）以编制的折旧计算表为依据进行相应的会计处理。

相关知识

5.2.1　固定资产折旧的概念

折旧是固定资产因损耗而磨损的价值。损耗包括有形损耗和无形损耗：固定资产由于使用而发生的损耗称为有形损耗，有形损耗是可见的；由于科学技术的进步和劳动生产率的提高而引起固定资产在价值上的损失称为无形损耗，无形损耗是不可见的。固定资产在使用寿命内，由于损耗而磨损的价值称为折旧。折旧从固定资产的实物中分离出来，转移到承建的工程成本或相关的费用中，最终以折旧费的形式在收入中得到补偿，因此，折旧的过程也是固定资产量价分离的过程。正确确定各期应计提的固定资产折旧，对于维持企业再生产、正确计算工程成本和利润，以及提供固定资产更新的资金来源，具有一定的意义。

5.2.2　固定资产折旧的影响因素

（1）固定资产原价
固定资产原价是指固定资产的初始投资成本，也称为固定资产的原始价值。
（2）固定资产预计净残值
固定资产预计净残值是指假设固定资产预计使用寿命已满，并处于使用寿命终了时的预期状态，企业目前从该资产处置中获得扣除预计处置费用后的金额。净残值不应分摊到固定资产的各服务期间，在计算固定资产应计折旧额时应予以扣除。
（3）固定资产减值准备
固定资产减值准备是指在资产负债表内由于固定资产成本超过其可收回金额产生损失

而预先计提的固定资产减值准备的累计金额。固定资产计提减值准备后,应当在固定资产剩余使用寿命内根据调整后的固定资产账面价值(调整后的固定资产账面价值等于固定资产账面余额减累计折旧和累计减值准备后的金额)和预计净残值重新计算确定折旧率和折旧额。

(4)固定资产使用寿命

固定资产使用寿命是指固定资产的预计使用期限或者固定资产所能生产或提供劳务的数量。确定固定资产的使用寿命应考虑的因素有:①固定资产的预计生产能力或实物产量;②固定资产预计的有形损耗和无形损耗;③法律或者类似规定对固定资产使用的限制等因素。

5.2.3 固定资产折旧的计算方法

(1)平均年限法

平均年限法又称为直线法,是指按固定资产预计使用年限,将固定资产应提折旧额平均分摊到各期的一种折旧方法。其计算公式如下:

$$固定资产年折旧额 = 固定资产原值 \times 固定资产年折旧率$$

$$固定资产年折旧率 = \frac{1-预计净残值率}{固定资产预计使用年限} \times 100\%$$

$$预计净残值率 = \frac{预计净残值}{固定资产原值} \times 100\%$$

$$固定资产年折旧率 = 固定资产月折旧率 \times 12$$

$$固定资产月折旧额 = 固定资产原值 \times 固定资产月折旧率$$

采用此种方法,对于单项固定资产而言,各期折旧额的大小只与原值、残值(或残值率)、预计使用期限有关,各期的折旧额均相等,因此也称为直线法。

平均年限法按固定资产的服务时间计提折旧,能充分反映无形损耗的影响,操作简单、应用范围广,适用于大多数固定资产,但其忽略了固定资产在不同期间使用强度的不均衡所导致的不同期间固定资产有形损耗的差异。

(2)工作量法

工作量法是指按照固定资产预计完成的工作量计算各期应提折旧额的一种方法。其计算公式如下:

$$单位工作量折旧额 = \frac{固定资产原值 - 预计净残值}{固定资产预计总工作量}$$

$$= 固定资产原值 \times \frac{1-预计净残值率}{固定资产预计总工作量}$$

$$某项固定资产月折旧额 = 单位工作量折旧额 \times 该固定资产当月实际完成的工作量$$

固定资产预计工作量的表示方法有多种,对机械设备或运输设备常用行驶里程、工作台班(或台时)表示,常用的工作量法主要有行驶里程法和工作小时法,适合以行驶里程表示工作量的大型运输设备及以工作台班(台时)计量的大型生产设备。

工作量法的优点是简单明了、易于计算、计算准确率高、符合配比原则;其缺点是只重视固定资产有形损耗,把使用作为折旧的唯一因素,忽视了无形损耗对折旧的影响。同时,在实际工作中,固定资产的总工作量往往是很难估计的。因此,其适用于一些容易取得实际工作量资料、特殊类型的固定资产,如大型运输设备、生产设备及大型施工机械等。

使用平均年限法计算各年或各月折旧额相等，称为匀速折旧法，工作量法虽然各年或各月的折旧额不等，但其单位工作量折旧额是固定不变的，因此也称为匀速折旧法。

(3) 双倍余额递减法

双倍余额递减法是指在不考虑固定资产预计净残值的基础上，根据每期期初固定资产账面净值即折余价值和双倍直接法折旧率计算固定资产折旧的一种方法。其计算公式如下：

$$年折旧额 = \frac{2}{折旧的年限} \times 100\%$$

$$年折旧额 = 每年年初固定资产账面净值 \times 年折旧率$$

$$年折旧率 = 月折旧率 \times 12$$

$$月折旧额 = 每月月初固定资产账面净值 \times 月折旧率$$

由于双倍余额递减法计算年折旧率时不考虑预计净残值，应用此种方法进行折旧时必须注意不能使固定资产的折余价值低于预计净残值。为此，特作以下规定：采用双倍余额递减法计提折旧时，在固定资产预计使用期限满的前两年，改按平均年限法计提折旧，即将固定资产期初折余价值扣除预计净残值后的余额除以2平均摊销，作为固定资产到期前最后两年的年折旧额。

(4) 年数总和法

年数总和法是指将固定资产的原价减去预计净残值后的余额乘以一个逐年减递的折旧率计算折旧的一种方法。其计算公式如下：

$$年折旧率 = \frac{尚可使用年限}{预计使用年限的总和} \times 100\% = \frac{预计使用年限 - 已使用年限}{预计使用年限(预计使用年限 + 1)/2}$$

$$年折旧额 = (固定资产原值 - 预计净残值) \times 年折旧率$$

双倍余额递减法和年数总和法，在固定资产使用的早期多提折旧，后期少提折旧，其递减的速度逐年加快，因此也称为加速折旧法。采用加速折旧法计提折旧，加快了折旧的速度，目的是使固定资产在估计耐用年限内更快得到补偿。

企业可以根据具体情况选用上述四种折旧方法之一来计提折旧，折旧方法一经确定，不得随意调整。

上述折旧率是按某一单项固定资产计算的，称为个别折旧率；按分类固定资产计算的折旧率称为分类折旧率；按全部固定资产计算的折旧率称为综合折旧率。其计算公式如下：

$$某类固定资产年折旧率 = \frac{该类固定资产的年折旧额}{该类固定资产原值} \times 100\%$$

$$固定资产综合年折旧率 = \frac{\sum 固定资产原值 \times 各项固定资产年折旧率}{\sum 各项固定资产原值} \times 100\%$$

由个别折旧率计算的折旧额结果比较准确，但计算的工作量偏大，一般适用于单位固定资产数量不多或数量虽多但各月之间变化不大的企业。综合折旧率的工作量虽然不大，但其计算结果不精确，因此，在实际工作中，为提高工作效率、减轻会计人员的工作量、充分体现会计核算重要性，通常采用分类折旧率计算固定资产的折旧额。这种方法虽然减少了会计核算的工作量，但与个别折旧率比较，仍存在折旧额计算结果不精确的问题。

5.2.4 固定资产折旧计提的范围

(1)应计提折旧的固定资产

1)房屋和建筑物。房屋和建筑物无论是否使用，因其自然损耗较大，从入账的次月起计提折旧。

2)在用的机器设备、仪器及试验设备、运输工具、工器具等。

3)季节性和大修理停用的固定资产。

4)融资租入固定资产和以经营租赁方式租出的固定资产。

(2)不应计提折旧的固定资产

1)除房屋建筑物外的未使用、不需用的固定资产。

2)以经营租赁方式租入的固定资产。

3)已提足折旧仍在继续使用的固定资产。固定资产提足折旧后，无论是否继续使用，均不再计提折旧。已提足折旧是指已经提足该项固定资产的应计折旧额。应计折旧额等于应当计提折旧的固定资产的原价扣除其预计净残值后的金额。已计提减值准备的固定资产，还应当扣除已计提的固定资产减值准备累计金额。

4)提前报废的固定资产。提前报废的固定资产不管是否提足折旧，均不再计提折旧。

5)单独作价作为固定资产入账的土地。

(3)注意事项

1)各类固定资产在各月之间，甚至在一个月之内由于新增和报废等原因而有变动时，为了一致起见，固定资产应按月计提折旧，企业一般应根据月初在用固定资产的账面原价和月折旧率按月计提折旧。当月增加的固定资产，当月不提折旧，从下月开始计提；当月减少的固定资产，当月照常提折旧，从下月起不提。

2)已达到预定可使用状态但尚未办理竣工决算的固定资产，应当按照估计价值确定其成本，并计提折旧。但在办理竣工决算后，应再按实际成本调整原暂估价，但不需要调整原已计提折旧额。

3)处于更新改造过程停止使用的固定资产，应将其账面价值转入在建工程，不再计提折旧。更新改造项目达到预定使用状态转为固定资产后再按照调整后的价值重新确定预计尚可使用年限和净值，按企业选用的方法计提折旧。

5.2.5 固定资产折旧的核算方法

"累计折旧"账户用来核算和反映企业固定资产磨损的价值，是固定资产的调整账户。其贷方登记计提的固定资产折旧；借方登记因各种原因减少固定资产而转出的账面已提折旧。期末，贷方余额反映固定资产账面累计折旧额。本账户只进行总分类核算，不进行明细分类核算。如果需要查明某项固定资产的详细情况，可以根据固定资产卡片上所记载的资料进行核算。

企业按规定的折旧方法计提折旧时，应根据固定资产的使用部门和用途，将计提的折旧额计入相关的成本或者费用。施工生产用固定资产，计提的折旧应计入"工程施工"账户；管理部门用固定资产，计提的折旧应计入"管理费用"账户；自有的施工机械，计提的折旧应计入"机械作业"账户；辅助生产车间用固定资产，计提的折旧应计入"生产成本——辅助生产成本"账户；采购保管部门用固定资产，计提的折旧应计入"采购保管费"账户；自行建造固定资产，计提的折旧应计入"在建工程"账户；经营性租出的固定资产，计提的折旧应计入"其他业务成本"账户。

企业在计提折旧时应编制固定资产折旧计算表，作为折旧核算的依据，见表5-9。

表5-9　固定资产折旧计算表

2019年4月30日　　　　　　　　　　　　　　　　　　　　　　　　　　　　　元

固定资产使用部门	固定资产类别	应计折旧的固定资产原价	月分类折旧率/%	月折旧额	受益对象
管理部门	房屋	5 000 000	0.8	4 000	管理费用
	仪器	120 000	1.0	1 200	管理费用
保管部门	库房	800 000	0.8	6 400	采购保管费
辅助生产车间	生产设备	600 000	0.6	3 600	生产成本——辅助生产成本
租出	施工机械	200 000	0.5	1 000	其他业务成本
项目部	施工机械	1 000 000	0.5	5 000	机械作业
合　　计				21 200	

任务实施

根据任务描述，会计人员计算如下：

年折旧率＝(1－4%)/40×100%＝2.4%

月折旧率＝2.4%/12＝0.2%

月折旧额＝4 000 000×0.2%＝8 000(元)

按月计提折旧时，作会计分录如下：

借：管理费用　　　　　　　　　　　　　　　　　　　　　　　　　　8 000

　　贷：累计折旧　　　　　　　　　　　　　　　　　　　　　　　　8 000

典型任务示例

【例5-7】 光华建筑公司的一辆大型塔式起重机账面原值为600 000元，预计总工作台班为1 000台班，预计净残值率为4%，本月共工作30个台班。

要求：学生以公司会计人员的身份计算该大型设备的月折旧额。

计算如下：

单位台班折旧额＝600 000元×(1－4%)/1 000台班＝576元/台班

本月折旧额＝576×30＝17 280(元)

【例5-8】 光华建筑公司的一套电子设备，原值为100 000元，预计使用年限为5年，预计净残值为1 000元。

要求：学生以公司会计人员的身份按双倍余额递减法计算各年折旧额。

计算如下：

双倍直线折旧率＝2/5×100%＝40%

第1年应计提的折旧额＝100 000×40%＝40 000(元)

第2年应计提的折旧额＝(100 000－40 000)×40%＝24 000(元)

第3年应计提的折旧额＝(100 000－40 000－24 000)×40%＝14 400(元)

第 4 年、第 5 年计提的年折旧额＝(100 000－40 000－24 000－14 400－1 000)/2＝10 300(元)

【例 5-9】 光华建筑公司的一套电子设备，原值为 46 000 元，预计使用年限为 5 年，预计净残值为 1 000 元。

要求：学生以公司会计的身份采用年数总和法计算各年折旧额，列表计算见表 5-10。

表 5-10 年数总和法固定资产折旧计算表　　　　　　　　　　　　　　元

年 份	尚可使用年限	原值－净残值	各年折旧率	各年折旧额	累计折旧
第 1 年	5	45 000	5 / 15	15 000	15 000
第 2 年	4	45 000	4 / 15	12 000	27 000
第 3 年	3	45 000	3 / 15	9 000	36 000
第 4 年	2	45 000	2 / 15	6 000	42 000
第 5 年	1	45 000	1 / 15	3 000	45 000

【例 5-10】 光华建筑公司于 4 月份根据固定资产的类别及使用部门计提折旧，编制折旧计算表，见表 5-9，以此为依据，作会计分录如下：

借：采购保管费　　　　　　　　　　　　　　　　6 400
　　管理费用　　　　　　　　　　　　　　　　　5 200
　　工程施工　　　　　　　　　　　　　　　　　5 000
　　生产成本——辅助生产成本　　　　　　　　　3 600
　　其他业务成本　　　　　　　　　　　　　　　1 000
　　贷：累计折旧　　　　　　　　　　　　　　　　　21 200

归纳总结

折旧是固定资产因损耗而磨损的价值。损耗包括有形损耗和无形损耗，在固定资产的使用寿命内，按照确定的方法对应计折旧额进行系统分摊。

折旧的影响因素有固定资产原价、固定资产预计净残值、固定资产减值准备、固定资产使用寿命。折旧的计算方法有平均年限法、工作量法、双倍余额递减法、年数总和法。

固定资产应按月计提折旧，企业一般应根据月初在用固定资产的账面原价和月折旧率按月计提折旧。当月增加的固定资产，当月不提折旧，从下月开始计提；当月减少的固定资产，当月照常提折旧，从下月起不提。固定资产的磨损价值使用"累计折旧"账户核算。固定资产应折旧总额等于应当计提折旧的固定资产原价扣除其预计净残值后的差额。

实 训

光华建筑公司于 10 月 10 日购入一台机械设备，设备原值为 200 000 元，预计使用年限为 4 年，预计残值率为 5%。

要求：分别采用直线法、双倍余额递减法和年数总和法计算每年的折旧额。

任务 5.3　固定资产后续支出的核算

教学目标

任务描述

2019年5月10日,光华建筑公司对现有的一台复印机进行修理,修理过程中发生的修理费用为1 500元,取得增值税专用发票一张,增值税税率为17%,公司开出转账支票支付。

要求:学生以光华建筑公司会计人员的身份对企业固定资产后续支出业务进行会计处理。

任务分析

1)固定资产发生小的故障不能使用后,由使用部门填写报修单上报管理部门,管理部门安排修理,可以内部进行修理,也可以到外单位进行修理。

2)固定资产的修理费支出可以由经办人先行借出,支用后从对方取得维修费发票并由经手人、管理部门负责人和单位领导签字后到财务部门冲账;也可以是经办人先垫付修理费,取得修理费发票签字后到财务部门报销。

3)财务部门根据签字的借款单、维修费发票、付款凭证等进行相应的会计处理。

相关知识

5.3.1　固定资产后续支出的概念及处理原则

固定资产后续支出是指固定资产使用过程中发生的更新改造支出、修理支出等。固定资产投入使用后,由于使用和自然损耗,其各个组成部分的磨损程度是不同的,为了保持固定资产的正常运转、保证施工生产的正常运行,或为了延长固定资产的使用寿命、提高其使用效能,有必要对在用固定资产进行更新改造或维护修理,以提高或维持其使用价值。

固定资产后续支出的处理原则是:与固定资产有关的更新改造等后续支出,符合固定资产确认条件的,应当计入固定资产成本,进行资本化处理。如有被替换的部分,应扣除其账面价值。与固定资产有关的修理费用等后续支出,不符合固定资产确认条件的,应当计入当期损益,进行费用化处理。

5.3.2　费用化的后续支出的处理

固定资产投入使用后,由于磨损及各部件耐用程度不同,其可能导致局部损坏。为了维护固定资产的正常运转和使用,充分发挥其使用效能,企业有必要对固定资产进行维护。

费用化的后续支出是指固定资产日常维护支出,它只是保证固定资产的正常工作状况,一般不产生未来的经济利益,在费用发生时计入当期管理费用。

5.3.3　资本化的后续支出的处理

资本化的后续支出的条件:使流入企业的经济利益超过原先、延长固定资产的使用寿命、使产品质量实质性提高、使产品成本实质性降低。

· 109 ·

在发生资本化的后续支出时,应将该固定资产的原价、已计提的累计折旧和减值准备转销,将固定资产转入在建工程,并停止计提折旧。可资本化的后续支出通过"在建工程"账户核算,在后续支出完工并达到预定可使用状态时,从在建工程转为固定资产,重新确定固定资产原价,并按新的原价、使用年限、预计净残值和折旧方法重新开始计提折旧。

如果可资本化的固定资产后续支出涉及替换原固定资产的某组成部分,应当将被替换部分的账面价值从原固定资产价值中扣除。

以经营租赁方式租入的固定资产发生的改良支出,应予资本化,作为长期待摊费用,在租赁期内进行合理摊销。

任务实施

根据任务描述,会计人员应编制以下会计分录:

借:管理费用　　　　　　　　　　　　　　　　　　　　　　　1 500
借:应交税费——应交增值税(进项税额)　　　　　　　　　　　255
　　贷:银行存款　　　　　　　　　　　　　　　　　　　　　　1 755

典型任务示例

【例5-11】 2019年4月,光华建筑公司将对一库房进行大修理,该库房原值为80万元,已提折旧35万元,大修理支出10万元,修理过程中发生的变价收入为1万元,2016年6月大修完成并交付使用,增值税税率为9%。

要求:学生以光华建筑公司会计人员的身份对企业固定资产后续支出业务进行会计处理。

会计处理如下:

库房转入修理时:

借:在建工程——库房修理工程　　　　　　　　　　　　　　450 000
借:累计折旧　　　　　　　　　　　　　　　　　　　　　　350 000
　　贷:固定资产——生产用固定资产　　　　　　　　　　　800 000

发生改建支出时:

借:在建工程——库房修理工程　　　　　　　　　　　　　　100 000
　　贷:银行存款等　　　　　　　　　　　　　　　　　　　100 000

获得变价收入时:

借:银行存款　　　　　　　　　　　　　　　　　　　　　　 10 000
　　贷:应交税费——应交增值税(销项税额)　　　　　　　　　 900
　　贷:在建工程——库房修理工程　　　　　　　　　　　　　9 100

6月,修理库房交付使用时:

借:固定资产——生产用固定资产　　　　　　　　　　　　　540 900
　　贷:在建工程——库房修理工程　　　　　　　　　　　　540 900

归纳总结

固定资产后续支出是指固定资产使用过程中发生的更新改造支出、修理支出等。与固定资产有关的更新改造等后续支出,符合固定资产确认条件的,应当计入固定资产成本,进行资本化处理。资本化的后续支出的条件：使流入企业的经济利益超过原先，延长固定资产的使用寿命，使产品质量实质性提高，使产品成本实质性降低。

与固定资产有关的修理费用等后续支出，不符合固定资产确认条件的，应当计入当期损益，进行费用化处理。费用化的后续支出指固定资产日常维护支出，它只是保证固定资产的正常工作状况，一般不产生未来的经济利益，在费用发生时计入当期管理费用。

实 训

光华建筑公司10月对一台在用起重机械进行技术改造，其原价为170 000元，累计折旧40 000元。在技术改造中回收的旧配件等变价收入1 000元，领用原材料5 000元，负担工资6 000元，用银行存款支付其他各种费用3 000元，工程完工交付使用，经过改造，该固定资产的性能得到了提高。另外，该公司对一搅拌机进行日常维护保养，共支出300元，以银行存款支付，增值税税率为13%。

要求：根据上述资料，编制会计分录。

任务 5.4　固定资产处置的核算

教学目标

任务描述

光华建筑公司的一座办公楼闲置，经公司研究决定出售，原值为2 800 000元，已提折旧2 500 000元，经双方协商作价1 110 000元（含税价），收到支票一张，已存入开户行，增值税税率为9%，支付给清理人员工资40 000元。

要求：学生以光华建筑公司会计人员的身份对企业固定资产处置业务进行会计处理。

任务分析

企业因出售、报废、毁损、对外投资、非货币资产交换、债务重组等原因而转出的固定资产转入清理，应由领导层研究决定，并出具处置决定的书面文件，企业会计人员要参与以下固定资产处置业务：

1）根据处置决定文件，会计人员将冲减固定资产账面价值和固定资产账面累计折旧。
2）对清理过程中发生的残值收入和清理费用进行核算。
3）将固定资产清理净收益或净损失结转，进行相应的会计处理。

相关知识

5.4.1　固定资产处置的概念及终止确认的条件

固定资产处置包括固定资产的出售、报废、毁损、对外投资、非货币资产交换、债务重组等，也称为固定资产终止确认和计量。其终止确认的条件包括以下几项：

1)该固定资产处于处置状态。
2)该固定资产预期通过使用或处置不能产生经济利益。
上述两个条件的出现使得固定资产已不具备固定资产的定义和确认的条件,因此,应予以终止确认。

5.4.2　固定资产处置的核算方法

(1)"固定资产清理"账户的设置

"固定资产清理"账户用来核算和反映因出售、报废和毁损等原因转入清理的固定资产的价值。其借方登记转入清理的固定资产账面价值、清理过程中应支付的清理费用,以及其他费用及结转的清理净收益;贷方登记固定资产清理的变价收入及责任人、保险公司的赔款、残料收入,以及结转的清理净损失,清理固定资产的净收益或净损失分别自本账户转入"营业外收入"或"营业外支出"账户。结转后本账户无余额,若有,则借方余额反映尚未结转的清理净损失,贷方余额反映尚未结转的清理净收益,年末无余额。

(2)固定资产处置的程序

1)固定资产转入清理。企业由于出售、报废、毁损、对外投资、非货币资产交换、债务重组等原因而转出的固定资产转入清理,应按清理的固定资产的账面价值借记"固定资产清理",按已计提的累计折旧,借记"累计折旧"账户,按已计提的减值准备,借记"固定资产减值准备"账户,按其账面原价,贷记"固定资产"账户。

2)固定资产清理过程中发生的相关税费及其他费用,借记"固定资产清理"账户,贷记"银行存款""应交税费"账户。

3)收回出售固定资产的价款、变价收入、残料价值等,借记"银行存款""原材料"等账户,贷记"固定资产清理""应交税费——应交增值税"等账户。

4)企业收到的应收保险公司或过失人赔偿的损失,应冲减清理支出,借记"银行存款""其他应收款"等账户,贷记"固定资产清理"账户。

5)清理净收益的处理。固定资产清理完成后产生的清理净收益依据固定资产处置的方式不同,分别适用不同的处理方法。

①因丧失使用功能或自然灾害发生毁损等原因而报废清理的利得或损失,应计入"营业外收支"科目;

②因出售转让等原因而产生的固定资产处置利得或损失,计入资产处置收益,产生处置净损失的借记"资产处置损益"科目,贷记"固定资产清理"科目,如为净收益,做相反分录。

任务实施

根据任务描述,会计人员应编制以下会计分录:
将设备转入清理时:
借:固定资产清理　　　　　　　　　　　　　　　　　　　　　　　　　300 000
　　累计折旧　　　　　　　　　　　　　　　　　　　　　　　　　　2 500 000
　　　贷:固定资产——不需用固定资产　　　　　　　　　　　　　　2 800 000
收到出售价款时:
借:银行存款　　　　　　　　　　　　　　　　　　　　　　　　　1 110 000

  贷：固定资产清理   1 000 000

  贷：应交税费——应交增值税（销项税额）   110 000

支付清理人员工资时：

 借：固定资产清理   40 000

  贷：应付职工薪酬——应付工资   40 000

结转清理净收益 660 000 元（1 000 000－300 000－40 000）时：

 借：固定资产清理   660 000

  贷：资产处置损益   660 000

典型任务示例

【例 5-12】 光华建筑公司报废一台机械，账面原值为 100 000 元，已提折旧 80 000 元，报废时残料作价 2 000 元入库，企业用现金支付清理费用 1 000 元。

  要求：学生以光华建筑公司会计人员的身份对企业固定资产处置业务进行会计处理。

账务处理如下：

将机械转入清理时：

 借：固定资产清理   20 000

   累计折旧   80 000

  贷：固定资产——不需用固定资产   100 000

残料作价入库时：

 借：原材料——机械配件   2 000

  贷：固定资产清理   2 000

支付清理费用时：

 借：固定资产清理   1 000

  贷：库存现金   1 000

结转清理净损失 19 000 元（20 000－2 000＋1 000）时：

 借：营业外支出——处置非流动资产净损失   19 000

  贷：固定资产清理   19 000

【例 5-13】 光华建筑公司的一辆汽车因事故毁损，该车账面原价为 140 000 元，已提折旧 80 000 元，应由保险公司赔偿 50 000 元，回收残料出售后获得收入 6 000 元，已存入银行，以现金支付清理费用 2 000 元，按 3％交增值税。

  要求：学生以光华建筑公司会计人员的身份对企业固定资产处置业务进行会计处理。

账务处理如下：

将汽车转入清理时：

 借：固定资产清理   60 000

   累计折旧   80 000

  贷：固定资产——生产经营用固定资产   140 000

应由保险公司赔偿时：

 借：其他应收款——保险公司   50 000

  贷：固定资产清理   50 000

回收残料变价收入时:
借:银行存款 6 180
　　贷:固定资产清理 6 000
　　贷:应交税费——未交增值税 180
支付清理费用时:
借:固定资产清理 2 000
　　贷:库存现金 2 000
结转清理净损失6 000元(60 000-50 000-6 000+2 000)时:
借:营业外支出——非常损失 6 000
　　贷:固定资产清理 6 000

▶ 归纳总结

固定资产处置包括固定资产的出售、报废、毁损、对外投资、非货币资产交换、债务重组等,也称为固定资产终止确认和计量。设置"固定资产清理"账户核算和反映因出售、报废和毁损等原因转入清理的固定资产的价值,清理固定资产的净收益或净损失分别自本账户转入"营业外收入"或"营业外支出"及"资产处置损益"账户,结转后本账户无余额。

▶ 实　训

光华建筑公司于2015年10月发生如下固定资产清理业务,以公司会计人员的身份编制会计分录:

1)10月12日,出售一闲置房屋,原值为1 500 000元,已提折旧1 300 000元,取得价款180 000元,发生清理费用12 000元,应交增值税税率为3%。

2)10月18日,仓库因火灾而报废,原值为280 000元,已提折旧135 000元,报废时发生清理费用4 000元,残料收入为7 000元,已存入银行,应由保险公司赔偿100 000元,由过失人孙忠赔偿20 000元。

任务5.5　固定资产清查与期末计价的核算

教学目标

任务描述

1)光华建筑公司在固定资产清查过程中,发现盘亏一台切断机,其账面原价为3 500元,已提折旧1 500元。

2)光华建筑公司在财产清查中,发现有账外搅拌机一台,按同类设备的市场价格,减去按该项资产的新旧程度估计的价值损耗后的余额为5 000元(假定与其计税基础不存在差异)。该公司适用的所得税税率为25%,按净利润的10%计提法定盈余公积。

要求:学生以光华建筑公司会计人员的身份对企业固定资产清查业务进行会计处理。

任务分析

企业会计人员应参与下列财产清查的工作,并取得相应的原始资料及凭证:
1)成立清查小组,确定清查内容及清查方法,并做好清查准备工作。
2)将清查结果填入盘点表,根据盘点表记入盘盈、盘亏报告。
3)根据盘盈、盘亏报告,进行相应的会计处理。

相关知识

5.5.1 固定资产的清查

(1)固定资产清查的基本知识

固定资产的清查一般可分为日常清查和年度清查两种。按清查的范围可分为全面清查和局部清查,通常将四种清查的方法结合起来。日常清查进行的是局部清查;年度清查进行的是全面清查。企业应定期或不定期地对固定资产进行清查,至少每年清查一次。通常,在年终决算以前组织专人盘点,以保证年终决算的正确性。

在清查过程中,要及时编制"固定资产清查盘点表"(表 5-11),将盘点结果如实填写到报告表中,如果发现有盘盈或盘亏的固定资产,要编制"固定资产盘盈、盘亏报告单"(表 5-12),查明原因,报经批准后,在期末结账前处理完毕。

表 5-11 固定资产清查盘点表

使用(保管)单位: 　　　　　　　　年　　月　　日

固定资产编号	固定资产名称	计量单位	账面结存数	实际结存数	备注

表 5-12 固定资产盘盈、盘亏报告单

年　　月　　日

固定资产编号	固定资产名称	计量单位	盘盈			盘亏			原因
			数量	同类市场价格	估计折旧	数量	原价	累计折旧	

(2)固定资产清查的核算

企业若在清查中发现盘盈或盘亏的固定资产,应及时查明原因,并按管理权限报经审批后进行账务处理。

1)固定资产盘亏。固定资产盘亏指在清查中发现账上有记载而实物缺少的固定资产。盘亏的固定资产的价值,通过"待处理财产损益——待处理非流动资产"账户核算。固定资产盘亏造成的损失,按管理权限报经批准处理时,扣除过失人的赔偿款和保险公司的保险赔偿，净损失计入"营业外支出——盘亏损失"账户。

2）固定资产盘盈。固定资产盘盈是指在清查中发现的账外固定资产，在以前会计期间没有被记载到账上，因此，在会计核算上应作为前期差错处理。在按管理权限报经批准前通过"以前年度损益调整"账户核算。盘盈固定资产入账价值的确定有两种方法，如果同类或类似的固定资产存在活跃市场，按同类或类似固定资产的市场价格，减去估计折旧后的余额入账；否则，按盘盈固定资产的预计未来现金流量的现值入账。

5.5.2　固定资产期末计价

企业应当在资产负债表日对各项资产进行全面检查，判断资产是否存在可能发生减值的现象。固定资产减值是指固定资产发生损毁、技术陈旧或其他原因导致其可收回金额低于账面价值。

在资产负债表日，固定资产可收回金额低于账面价值的，企业应当将该固定资产的账面价值减记至可收回金额，减记的金额确认为减值损失，计入当期损益，同时，计提相应的资产减值准备，借记"资产减值损失——计提的固定资产减值准备"账户，贷记"固定资产减值准备"账户。固定资产减值损失一经确认，在以后会计期间不得转回。

任务实施

根据任务描述1），会计人员应编制以下会计分录：
盘亏固定资产时：
借：待处理财产损溢——待处理非流动资产损溢　　　　2 000
　　累计折旧　　　　　　　　　　　　　　　　　　　1 500
　　　贷：固定资产　　　　　　　　　　　　　　　　　　3 500
报经批准转销时：
借：营业外支出——盘亏损失　　　　　　　　　　　　2 000
　　　贷：待处理财产损溢——待处理非流动资产损溢　　2 000
根据任务描述2），会计人员应编制以下会计分录：
盘盈固定资产时：
借：固定资产　　　　　　　　　　　　　　　　　　　5 000
　　　贷：以前年度损益调整　　　　　　　　　　　　　5 000
确定应交纳的所得税时：
借：以前年度损益调整　　　　　　　　　　　　　　　1 250
　　　贷：应交税费——应交所得税　　　　　　　　　　1 250
结转为留存收益时：
借：以前年度损益调整　　　　　　　　　　　　　　　3 750
　　　贷：盈余公积——法定盈余公积　　　　　　　　　　375
　　　　　利润分配——未分配利润　　　　　　　　　　3 375

典型任务示例

【例5-14】　光华建筑公司在固定资产清查过程中，发现盘亏一台搅拌机，其账面原价为10 000元，已提折旧6 000元。

要求：学生以光华建筑公司会计人员的身份对企业固定资产清查业务进行会计处理。

会计人员应编制以下会计分录：

盘亏固定资产时：

借：待处理财产损溢——待处理非流动资产损溢　　　　　　　　　4 000

　　累计折旧　　　　　　　　　　　　　　　　　　　　　　　　6 000

　　贷：固定资产　　　　　　　　　　　　　　　　　　　　　　10 000

报经批准转销时：

借：营业外支出——盘亏损失　　　　　　　　　　　　　　　　　4 000

　　贷：待处理财产损溢——待处理非流动资产损溢　　　　　　　4 000

【例 5-15】 2014 年 12 月 31 日，光华建筑公司有一台大型设备存在可能发生减值的迹象。经计算，该设备的可收回金额合计为 250 000 元，账面价值为 300 000 元，以前年度末对设备计提过减值准备。

要求：学生以光华建筑公司会计人员的身份对企业固定资产期末计价业务进行会计处理。

会计人员应编制以下会计分录：

借：资产减值损失——计提的固定资产减值准备　　　　　　　　　50 000

　　贷：固定资产减值准备　　　　　　　　　　　　　　　　　　50 000

归纳总结

固定资产的清查一般可分为日常清查和年度清查两种，按清查的范围可分为全面清查和局部清查，通常将四种清查方法结合起来。清查时采用的方法是实地盘点法，将固定资产登记簿或固定资产卡片同实物进行核对。在清查过程中，如果发现有盘盈或盘亏的固定资产，要编制"固定资产盘盈、盘亏报告单"，查明原因，报经批准后，在期末结账前处理完毕。

固定资产减值是指固定资产发生损毁、技术陈旧或其他原因导致其可收回金额低于账面价值。企业应当在资产负债表日对各项资产进行全面检查，判断资产是否存在可能发生减值的现象。固定资产减值损失一经确认，在以后会计期间不得转回。

实　训

光华建筑公司于 10 月 31 日盘点时发现一台盘亏搅拌机，账面原值为 12 000 元，已提折旧 8 000 元，按规定程序报主管部门批准后入账。

要求：根据上述资料，编制会计分录，并登记企业明细账。

项目测验题

项目 6　无形资产的核算

案例:"共和国勋章"获奖人物孙家栋

任务 6.1　无形资产取得的核算

教学目标

任务描述

1)光华建筑公司以 1 000 000 的价格购入一项专利技术,按 6% 的税率交纳了增值税,用银行存款支付。

2)光华建筑公司接受甲公司以一项专利技术作为投入资本,经评估,双方确认该专利技术价值 500 000 元。

要求:学生以光华建筑公司会计人员的身份对无形资产取得业务进行会计处理。

任务分析

为了准确核算公司的无形资产,企业会计人员应完成以下任务:
1)明确无形资产取得的途径、取得时发生的原始凭证。
2)确定无形资产取得的成本。
3)设置"无形资产"账户,对增加的无形资产进行相应的会计处理。

相关知识

6.1.1　无形资产的基本知识

(1)无形资产的概念及特征

无形资产是指企业拥有或者控制的、没有实物形态的、可辨认的非货币性资产。其具有以下特征:

1)不具有实物形态。不具有实物形态是无形资产区别于其他资产的特征之一。无形资产看不见、摸不着,是隐形存在的资产,通常表现为某种权利、某项技术或某种获取高于同行业一般水平的盈利能力,其体现的是一种权力或获得超额利润的能力。某些无形资产的存在需要依赖实物载体(如计算机软件需要存储在光盘中),但是就无形资产本身而言,这并没有改变无形资产本身不具有实物形态的特性。

2)属于非货币性资产。非货币性资产是指企业持有的货币资金和将以固定或可确定的金额收取的资产以外的其他资产,如存货、固定资产等。无形资产区别于货币性资产的主要特征就在于它属于非货币性资产。无形资产由于没有发达的市场交易,一般很难转化为现金，在持有过程中能给企业带来经济利益的情况不确定，不属于以固定或可确定的金额收取的资产，是非货币性资产。另外，无形资产是用于生产商品或提供劳务、出租给他人或为了行政管理而持有的，能在多个生产经营周期内使用，使企业受益，所以它是一种长期资产。

3）具有可辨认性。可辨认性应满足以下两个条件之一：

①能够从企业中分离或者划分出来，并能单独或者与相关合同、资产或负债一起，用于出售、转移、授予许可、租赁或者交换。

②源自合同性权利或其他法定权利，无论这些权利是否可以从企业或其他权利和义务中转移或者分离。

无形资产必须能够单独辨认，如企业持有的专利权、非专利技术、商标权、土地使用权、特许权等。由于商誉是企业整体价值的组成部分，无法与企业自身分离，不具有可辨认性，所以不构成无形资产。

4）由企业拥有或控制并能为其带来经济利益的资源。通常情况下企业拥有或者控制的无形资产应当拥有其所有权并且预期能够为企业带来经济利益。但是某些情况下，如果企业有权获得某项无形资产产生的未来经济利益，并能约束其他方获得这些经济利益，即使企业没有拥有其所有权，也可以认为该企业控制了该无形资产。

(2) 无形资产的内容

无形资产通常包括专利权、非专利技术、商标权、著作权、特许权、土地使用权等。

1）专利权。专利权是指国家专利主管机关依法授予发明创造专利申请人的，其发明创造在法定期限内所享有的专有权利，包括发明专利权、实用新型专利权和外观设计专利权。《中华人民共和国专利法》规定，专利人拥有的专利权受到法律保护。专利权的法律保护具有时间性，发明专利权的期限为20年，实用新型专利权和外观设计专利权的期限为10年，均自申请日起计算。

2）非专利技术。非专利技术也称为专有技术，是指未公开的、在生产经营活动中已采用了的、可以带来经济效益的、不受法律保护的各种技术和诀窍，一般包括工业专有技术、商业贸易专有技术、管理专有技术等。非专利技术用自我保密的方式来维持其独占性，具有经济性、机密性和动态性，不受专利法的保护，没有法律上的有效年限，只有经济上的有效年限。

3）商标权。商标是用以区别商品和服务不同来源的商业性标志，由文字、图形、字母、数字、三维标志、颜色组合或者上述要素的组合构成。商标一经注册登记即为注册商标。商标权是商标专用权的简称，是指商标主管机关依法授予商标所有人，使其注册商标受国家法律保护的专有权。

4）著作权。著作权又称为版权，是指著作权人对其著作依法享有的出版、发行等方面的专有权利。其包括两个方面的权利，即精神权利（人身权利）和经济权利（财产权利）。前者包括作品署名、发表权、修改权和保护作品完整权；后者包括复制权、发行权、出租权、展览权、表演权、放映权、广播权、信息网络传播权、摄制权、改编权、翻译权、汇编权，以及应当由著作权人享有的其他权利。

5）特许权。特许权又称为经营特许权、专营权，是指企业在某一地区经营或销售某种特定商品的权利，或是一家企业接受另一家企业使用其商标、商号、技术秘密等的权利。其通常有两种形式，一种是由政府机构授权，准许企业使用或在一定地区享有经营某种业务的特权,如水、电、邮电通信等专营权、烟草专卖权等;另一种是企业间依照签订的合同,有限期或无限期使用另一家企业的某些权利,如连锁店分店使用总店的名称等。

6)土地使用权。土地使用权是指国家准许某企业在一定期间内对国有土地享有开发、利用、经营的权利。根据《中华人民共和国土地管理法》的规定,我国土地实行公有制,任何单位和个人不得侵占、买卖或者以其他形式非法转让。企业取得土地使用权的方式大致有行政划拨取得、外购取得(例如,以缴纳土地出让金的方式取得)及投资者投资取得几种。通常情况下,作为投资性房地产或者作为固定资产核算的土地,按照投资性房地产或者固定资产核算;以缴纳土地出让金等方式外购的土地使用权、以投资者投入等方式取得的土地使用权,作为无形资产核算。

6.1.2 无形资产的初始计量与账户的设置

无形资产在取得时按取得时的实际成本计量,即以取得无形资产并使之达到预定用途发生的全部支出作为无形资产的成本。

企业应设置"无形资产"账户,核算持有的无形资产成本,该账户是资产类账户。其借方登记增加的无形资产的成本,贷方登记减少的无形资产的成本,期末,借方余额反映结存的无形资产账面价值。本账户按无形资产的项目设置明细账进行明细核算。

6.1.3 无形资产取得的核算方法

(1)外购无形资产的核算

外购无形资产的实际成本包括购买价款、相关税费,以及直接归属于使该项资产达到预定用途所发生的其他支出。无形资产已经达到预定用途以后发生的费用,以及为引入新产品宣传发生的广告费、管理费用等间接费用,均不应计入无形资产的初始成本。

(2)投资者投入无形资产的核算

投资者投入的无形资产应当按照投资评估值或合同、协议约定的价值作为无形资产的取得成本,但合同或协议约定价值不公允的除外。倘若投资合同或协议约定价值不公允,应按无形资产的公允价值作为其初始成本入账。

(3)自行开发无形资产的核算

自行开发的无形资产,其成本包括自企业进入开发阶段至达到预定用途前所发生的符合资本化确认条件的支出总额,但对于以前研究期间已经费用化的支出不再调整。企业自行进行的项目研发,可分为研究阶段和开发阶段两个阶段。

1)研究阶段是指为获取新技术和知识等进行的有计划的调查,研究阶段是探索性的,为进一步开发活动进行资料及相关方面的准备,已进行的研究活动将来是否会转入开发、开发后是否会形成无形资产等均具有较大的不确定性。因此,将内部研究开发项目研究阶段的支出,在发生时计入当期损益,全部费用化。

2)开发阶段是指在进行商业性生产或使用前,将研究成果或其他知识应用于某项计划或设计,以生产出新的或具有实质性改进的材料、装置、产品等。在开发阶段,很大程度上已经具备形成一项新产品或新技术的基本条件,开发阶段的特点在于开发更具有针对性,并且形成成果的可能性较大。在开发阶段发生的支出,符合资本化条件的确认为无形资产,否则计入当期损益。若无法区分研究阶段的支出和开发阶段的支出，应当将发生的研发支出全部费用化，计入当期损益(管理费用)。

企业内部研究开发项目开发支出必须同时满足下列条件，才能计入为无形资产成本，否则应当计入当期损益。

①完成该无形资产以使其能够使用或出售，在技术上具有可行性。

②具有完成该无形资产并使用或出售的意图。

③无形资产产生经济利益的方式，包括能够证明运用该无形资产生产的产品存在市场或无形资产自身存在市场，无形资产将在内部使用的，应当证明其有用性。

④有足够的技术、财务资源和其他资源支持，以完成该无形资产的开发，并有能力使用或出售该无形资产。

⑤归属于该无形资产开发阶段的支出能够可靠地计量。

为核算企业研究与开发无形资产时发生的各项支出，企业应设置"研发支出"账户，该账户属于成本类账户，借方登记研发过程中发生的费用化支出及资本化支出，贷方登记研发完成后形成的无形资产的成本及转销的研发中的费用化支出，期末，借方余额反映企业未形成无形资产的资本化支出。本账户按"费用化支出"和"资本化支出"设置明细账进行明细核算。

企业自行开发无形资产的研发支出，满足资本化条件的，借记"研发支出——资本化支出"账户，贷记"银行存款"等相关账户；不满足资本化条件的，借记"研发支出——费用化支出"账户，贷记"银行存款"等相关账户。

企业研发项目形成无形资产的，借记"无形资产"账户，贷记"研发支出——资本化支出"账户。期末，应将研发支出账户归集的费用化金额借记"管理费用"账户，贷记"研发支出——费用化支出"账户。

任务实施

根据任务描述1)，会计人员应编制以下会计分录：
根据无形资产取得的发票及付款凭证，作会计分录如下：

借：无形资产——专利权　　　　　　　　　　　　　　　　1 000 000
借：应交税费——应交增值税(进项税额)　　　　　　　　　　60 000
　　贷：银行存款　　　　　　　　　　　　　　　　　　　1 060 000

根据任务描述2)，会计人员应编制以下会计分录：

借：无形资产——专利技术　　　　　　　　　　　　　　　500 000
　　贷：实收资本　　　　　　　　　　　　　　　　　　　500 000

典型任务示例

【例6-1】 光华建筑公司自行研发一项技术，截至2018年12月31日，发生研发支出合计80 000元。从2019年1月1日开始进入开发阶段，发生研发支出30 000元，假定符合开发支出资本化的条件。2019年12月31日，该项研发活动结束并开发出一项非专利技术。

要求：学生以公司会计人员的身份为上述经济业务编制会计分录。

编制会计分录如下：
2018年发生研发支出时：
借：研发支出——费用化支出　　　　　　　　　　　　　80 000
　　贷：银行存款等　　　　　　　　　　　　　　　　　　　　80 000
年末研发支出费用计入当期损益时：
借：管理费用　　　　　　　　　　　　　　　　　　　　80 000
　　贷：研发支出——费用化支出　　　　　　　　　　　　　　80 000
2019年，发生满足资本化确认条件的开发支出时：
借：研发支出——资本化支出　　　　　　　　　　　　　30 000
　　贷：银行存款等　　　　　　　　　　　　　　　　　　　　30 000
年末该技术研发完成并形成无形资产时：
借：无形资产　　　　　　　　　　　　　　　　　　　　30 000
　　贷：研发支出——资本化支出　　　　　　　　　　　　　　30 000

归纳总结

无形资产是指企业拥有或者控制的、没有实物形态的、可辨认的非货币性资产。其包括专利权、商标权、著作权、土地使用权、非专利技术等。无形资产由企业拥有或者控制，并能为其带来未来经济利益，它本身不具有实物形态，是可辨认的非货币性资产。

无形资产可分为自创的无形资产、外购的无形资产等，这些无形资产初始计量应以成本计量。企业研发无形资产，可分为研究阶段和开发阶段，研究阶段的支出应计入当期损益；开发阶段的支出，符合资本化条件的，列入无形资产成本，否则，计入当期损益，如果无法区分研究阶段和开发阶段支出，则全部计入当期损益。

拓展提高

(1)通过非货币性资产交换取得的无形资产的核算

非货币性资产交换具有商业实质且公允价值能够可靠计量的，在发生补价的情况下，支付补价方应当以换出资产的公允价值加上支付的补价（即换入无形资产的公允价值）和应支付的相关税费，作为换入无形资产的成本；收到补价方，应当以换入无形资产的公允价值（或换出资产的公允价值减去补价）和应支付的相关税费，作为换入无形资产的成本。企业通过上述方式取得的无形资产，账务处理类同于固定资产的账务处理。

(2)通过债务重组取得的无形资产的核算

通过债务重组取得的无形资产，是指企业作为债权人取得的债务人用于偿还债务的非现金资产，且企业作为无形资产管理的资产。通过债务重组取得的无形资产成本，应当以其公允价值入账。

(3)通过政府补助取得的无形资产的核算

通过政府补助取得的无形资产成本，应当按照公允价值计量，公允价值不能可靠取得的，按照名义金额计量。通过这一形式取得的无形资产，按其公允价值或名义金额，借记

"无形资产"账户,贷记"递延收益"账户。

(4)土地使用权处理的核算

通常,企业取得的土地使用权,应当按照取得时所支付的价款及相关税费确认为无形资产。土地使用权用于自行开发建造厂房等地上建筑物时,土地使用权的账面价值不与地上建筑物合并计算其成本,而仍作为无形资产进行核算,土地使用权与地上建筑物分别进行摊销和提取折旧。但下列情况除外:

1)房地产开发企业取得的土地使用权用于建造对外出售的房屋建筑物,相关的土地使用权应当计入所建造的房屋建筑物成本。

2)企业外购的房屋建筑物,实际支付的价款中包括土地以及建筑物的价值,则应当对支付的价款按照合理的方法(例如,按公允价值比例)在土地和地上建筑物之间进行分配;如果确实无法在地上建筑物与土地使用权之间进行合理分配,应当全部作为固定资产,按照固定资产确认和计量的规定进行处理。

企业改变土地使用权的用途,将其用于出租或增值目的时,应将其转为投资性房地产。

(5)企业合并中取得的无形资产的核算

企业合并中取得的无形资产,按照企业合并的分类,分别作如下处理:

1)同一控制下吸收合并,按照被合并企业无形资产的账面价值确认为取得时的初始成本;同一控制下控股合并,合并方在合并日编制合并报表时,应当按照被合并方无形资产的账面价值作为合并基础。

2)非同一控制下的企业合并,购买方取得的无形资产应以其在购买日的公允价值计量,包括:

①被购买企业原已确认的无形资产。

②被购买企业原未确认的无形资产,但其公允价值能够可靠计量,购买方应在购买日将其独立于商誉,确认为一项无形资产。

▶ 实 训

光华建筑公司自行研究开发一项专利技术,2019年1月1日,该项研发活动进入开发阶段,以银行存款支付开发费用360万元,其中,满足资本化条件的为180万元。7月1日,开发活动结束,并按法律程序申请取得专利权,供企业行政管理部门使用。该项专利权有效期为10年,采用直线法摊销。12月1日,该公司将该项专利权转让,实际取得价款为220万元,增值税税率为6%,款项已存入银行。

要求:以公司会计人员的身份对上述业务进行相应的账务处理。

任务6.2 无形资产摊销与处置的核算

任务描述

1)2019年5月1日,光华建筑公司外购得一项专利权,价款为600 000万元,增值税税率为6%,款项已通过银行支付,该专利权的使用寿命为10年。假定无净残值,按直线法摊销。

2)2019年8月30日，光华建筑公司将任务描述1)中的专利权出售，取得收入含税价742 000元；按6%交纳增值税。

3)2019年12月31日，市场上某项技术生产的产品销售对光华建筑公司产生重大不利影响。公司外购的类似专利技术的账面价值为80 000元，剩余摊销年限为2年，经减值测试，该专利技术的可收回金额为50 000元。假定不考虑其他相关因素。

要求：学生以光华建筑公司会计人员的身份对企业的无形资产业务进行会计处理。

任务分析

企业会计人员对发生的无形资产摊销与处置业务，应完成以下工作：
1)确定无形资产的使用寿命，确定摊销期，计算摊销额。
2)设置"累计摊销"账户，对计提的摊销额进行会计处理。
3)使用"无形资产""累计摊销""无形资产减值准备"等账户，对无形资产处置的过程及处置损益进行相应的会计处理。

相关知识

6.2.1 无形资产摊销的核算

(1)无形资产使用寿命的确定

企业的无形资产属于长期资产，能在较长的时间里给企业带来经济利益。但无形资产通常也有一定的有效期限，它所具有的价值权利或特权会终结或消失，因此，企业应当于取得无形资产时分析判断其使用寿命。

无形资产的使用寿命是有限的，应当估计该使用寿命的年限或者构成使用寿命的产量等类似计量单位的数量，其应摊销金额应当在使用寿命内系统合理摊销；无法预见无形资产为企业带来经济利益期限的，应当视为使用寿命不确定的无形资产，使用寿命不确定的无形资产不应摊销，但应在每个会计期间进行减值测试，其测试方法按照判断资产减值的原则进行处理，如经测试，表明已经发生减值，应计提相应的减值准备。

企业估计无形资产的使用寿命时应考虑以下因素：
1)运用该资产生产的产品通常的寿命周期、可获得的类似资产使用寿命的信息。
2)技术、工艺等方面的现阶段情况及对未来发展趋势的估计。
3)该资产生产的产品或提供的服务的市场需求情况。
4)现在或潜在的竞争者预期将采取的行动。
5)为维持该资产带来经济利益能力的预期维护支出，以及企业预计支付有关支出的能力。
6)资产控制期限的相关法律规定或类似限制，如特许使用期、租赁期等。
7)与企业持有其他资产使用寿命的关联性等。

源自合同性权利或其他法定权利取得的无形资产，其使用寿命不应超过合同性权利或其他法定权利的期限。但如果企业使用该资产预期的使用期限短于合同性权利或其他法定权利规定的期限，则应当按照企业预期使用的期限确定其使用寿命。如果合同性权利或其他法定权利能够在到期时因续约等原因延续，当有证据表明企业续约不需要付出重大成本时，续约期应当计入使用寿命。

若没有明确的合同或法律规定无形资产的使用寿命，企业应当综合各方面情况，如聘请相关专家进行论证、与同行业的情况进行比较，以及参考企业的历史经验等，来确定无形资产为企业带来未来经济利益的期限。如果经过努力，仍无法合理确定无形资产为企业带来经济利益的期限，将该无形资产作为使用寿命不确定的无形资产。

企业至少应当于每年年度终了，对无形资产的使用寿命及摊销方法进行复核，如果有证据表明其为寿命有限的无形资产，应改变其摊销年限及摊销方法，并按照会计估计变更进行处理。对于使用寿命不确定的无形资产，如果有证据表明其为使用寿命有限的无形资产，应当估计其使用寿命，并按规定进行摊销。

（2）无形资产摊销的核算

使用寿命有限的无形资产，应在预计的使用寿命内采用系统合理的方法，将无形资产的价值分期摊入各受益期间。

1）账户的设置

企业应设置"累计摊销"账户，该账户是"无形资产"账户的备抵账户，核算企业对使用寿命有限的无形资产计提的累计摊销额，其借方登记处置无形资产时转销的账面已提摊销额，贷方登记使用寿命有限期的无形资产计提的摊销额，期末，贷方余额反映企业无形资产的账面累计摊销额。本账户按无形资产项目进行明细核算。

2）应摊销金额

无形资产的应摊销金额为其成本扣除预计残值后的金额。已计提减值准备的无形资产，还应扣除已计提的减值准备累计金额。

3）摊销期

无形资产的摊销期是自其可供使用（即其达到预定用途）时起至不再作为无形资产确认时止。当月增加的无形资产，当月开始摊销；当月减少的无形资产，当月不再摊销。

4）摊销方法

无形资产摊销时可以采用直线法、生产总量法等多种方法，要能够反映与该无形资产有关的经济利益的预期实现方式，并一致运用于不同会计期间。无法可靠预期实现方式的，采用直线法摊销。所谓直线法，是指按照无形资产应摊销价值总额和预计使用寿命平均摊销无形资产的方法。

5）残值的确定

无形资产的残值一般为零。除非有第三方承诺在无形资产使用寿命结束时，愿意以一定的价格购买该项无形资产，或者可以根据活跃市场得到无形资产预计残值信息，并且该市场在无形资产使用寿命结束时还很可能存在。

6）摊销的账务处理

使用寿命有限的无形资产应当在其使用寿命内摊销。摊销时，应当考虑该项无形资产所服务的对象，并以此为基础将其摊销价值计入相关资产的成本或者当期损益。借记"管理费用""工程施工""其他业务成本"等账户，贷记"累计摊销"账户。

6.2.2 无形资产处置的核算

无形资产的处置，主要是指无形资产的出售、对外出租，或者在无形资产无法为企业带来未来经济利益时，对其予以终止确认并转销。

(1) 无形资产的出售

企业出售某项无形资产，表明企业放弃无形资产的所有权，应将所取得的价款与该无形资产账面价值的差额作为资产处置利得或损失(营业外收入或营业外支出)，与固定资产处置性质相同。

出售无形资产时，应按实际收到的金额，借记"银行存款"等账户；按已计提的累计摊销，借记"累计摊销"账户；原已计提减值准备的，借记"无形资产减值准备"账户；按适用税率计提增值税，贷记"应交税费——应交增值税(销项税额)"账户；按其账面余额，贷记"无形资产"账户；按其差额，贷记或借记"资产处置损益"账户。

(2) 无形资产的出租

无形资产的出租是指企业以收取租金的方式将其所拥有的无形资产的使用权让渡给他人而取得的租金收入，借记"银行存款"等账户，贷记"其他业务收入"账户；按适用税率计提增值税，贷记"应交税费——应交增值税(销项税额)"账户；摊销出租无形资产的成本及发生与转让有关的各种费用支出时，借记"其他业务成本"账户，贷记"累计摊销"账户。

(3) 无形资产的报废

如果无形资产预期不能为企业带来未来经济利益，已被其他新技术所替代或超过法律保护期，此时，该项无形资产已经不符合无形资产的定义，应将其报废并予以转销，其账面价值转作当期损益。转销时，应按已计提的累计摊销，借记"累计摊销"账户；按其账面余额，贷记"无形资产"账户。按其差额，借记"营业外支出——处置非流动资产损失"账户，已计提减值准备的，还应同时结转"无形资产减值准备"。

6.2.3 无形资产的减值

无形资产在资产负债表日存在可能发生减值的迹象时，其可收回金额低于账面价值的，企业应当将该无形资产的账面价值减记至可收回金额，减记的金额确认为减值损失，计入当期损益，同时，计提相应的资产减值准备。按应减记的金额，借记"资产减值损失——计提的无形资产减值准备"账户，贷记"无形资产减值准备"账户。

无形资产减值损失一经确认，在以后会计期间不得转回。

任务实施

根据任务描述1)，会计人员应编制以下会计分录：
会计处理如下：
取得无形资产时：

借：无形资产——专利权	600 000
借：应交税费——应交增值税(进项税额)	36 000
贷：银行存款	636 000

按月摊销时，月摊销额=600 000/(10×12)=5 000(元)

借：管理费用——无形资产摊销	5 000
贷：累计摊销	5 000

根据任务描述2)，会计人员应编制以下会计分录：

借：银行存款	742 000	
累计摊销	20 000	
贷：无形资产——专利权		600 000
应交税费——应交增值税(未交增值税)		42 000
资产处置损益		80 000

根据任务描述3)，会计人员应编制以下会计分录：

在资产负债表日，该专利权的账面价值为80 000元，可收回金额为50 000元，可收回金额低于其账面价值30 000元，应计提减值准备。

借：资产减值损失——计提的无形资产减值准备	30 000	
贷：无形资产减值准备		30 000

典型任务示例

【例6-2】 2019年6月1日，光华建筑公司购入商标的使用权一项，购入含税价值254 400元，增值税税率为6%。开出转账支票支付，该使用权的有效期为10年，年末摊销无形资产。

要求：学生以企业会计人员的身份为企业进行相应的会计处理。

购入无形资产时，根据发货票及转账凭证作分录如下：

借：无形资产——商标权	240 000	
借：应交税费——应交增值税(进项税额)	14 400	
贷：银行存款		254 400

年末摊销无形资产价值时作分录如下：

借：管理费用——无形资产摊销	14 000	
贷：累计摊销		14 000

【例6-3】 假设2019年7月1日，光华建筑公司向某公司转让【例6-2】中的商标的使用权，转让期为5年，每半年收取一次使用费，收取使用费含税价为31 800元，增值税税率为6%。

要求：学生以企业会计人员的身份为企业进行相应的会计处理。

取得专利使用费时：

借：银行存款	31 800	
贷：其他业务收入		30 000
应交税费——应交增值税(销项税额)		1 800

年末结转成本时：

借：其他业务成本	12 000	
贷：累计摊销		12 000

【例6-4】 2019年12月31日，光华建筑公司拥有一项专利技术(价值1 000 000元)，预计使用期限为10年，采用直线法进行摊销，现已经摊销8年。根据市场调查，用该专利技术生产的产品已没有市场，其预期无法再为企业带来任何经济利益，应当予以转销。该专利技术转销时，其成本为1 000 000元，未计提减值准备，该项非专利技术的残值为零。假定不考虑其他相关因素。

要求：学生以企业会计人员的身份为企业进行相应的会计处理。

借：累计摊销　　　　　　　　　　　　　　　　　　　800 000
　　营业外支出——处置非流动资产损失　　　　　　　200 000
　　贷：无形资产——专利权　　　　　　　　　　　　　　1 000 000

拓展提高

企业应当按照无形资产的类别在附注中披露与无形资产有关的下列信息：
1）无形资产的期初和期末账面余额、累计摊销额及减值准备累计金额。
2）使用寿命有限的无形资产，其使用寿命的估计情况；使用寿命不确定的无形资产，其使用寿命不确定的判断依据。
3）无形资产的摊销方法。
4）用于担保的无形资产账面价值、当期摊销额等情况。
5）计入当期损益和确认为无形资产的研究开发支出金额。

归纳总结

寿命有限的无形资产，应进行摊销，当月增加的无形资产，当月开始摊销；当月减少的无形资产，当月不再摊销。摊销方法可以采用直线法、生产总量法等。

使用寿命不确定的无形资产，不应进行摊销，但是应每年进行减值测试。

无形资产的处置主要是指无形资产的出售、对外出租，或者在无形资产无法为企业带来未来经济利益时，对其予以终止确认并转销。

无形资产在资产负债表日存在可能发生减值的迹象时，其可收回金额低于账面价值的，企业应当将该无形资产的账面价值减记至可收回金额。无形资产减值损失一经确认，在以后会计期间不得转回。

实　训

1）光华建筑公司于2019年6月1日从甲企业购入一项专利权，买价为50万元，增值税税率为6%，以银行存款支付。该专利预计使用寿命为10年，假定光华建筑公司于年末计提无形资产摊销，无净残值，按直线法摊销。2019年12月31日，光华建筑公司将上项专利权出售给乙企业，取得收入50万元并存入银行。

2）2019年6月1日，光华建筑公司外购一项无形资产，实际支付的价款为58.5万元。该无形资产可供使用时起至不再作为无形资产确认时止的年限为5年。2019年12月31日，经公司分析，该项无形资产可能发生减值，光华建筑公司估计其可收回金额为36万元。

要求：以企业会计人员的身份对上述经济业务进行相应的会计处理。

项目测验题

项目 7　其他非流动资产的核算

任务 7.1　临时设施的核算

案例：国家会计学院校训——"不做假账"

教学目标

任务描述

1)光华建筑公司购买一幢活动房屋作为施工管理办公用房，价值 80 000 元，增值税为 10 400 元，开出转账支票一张。

2)光华建筑公司在现场搭建一临时仓库，领用原材料不含税价 50 000 元，发生人工费 3 000 元，以现金支付其他建造费用 1 000 元，搭建完成交付使用。

3)任务描述 1)中的办公用房的预计净残值率为 5%，预计工期为 20 个月，计算月摊销额并对临时办公用房的摊销业务进行会计处理。

4)上述办公用房在使用 20 个月后，因工程完工后转入清理，清理中回收的残料估价 500 元入库，发生清理人员的工资 2 000 元。

要求：学生以光华建筑公司会计人员的身份对企业有关临时设施业务进行会计处理。

任务分析

企业会计人员在组织临时设施购建、使用、拆除核算时应做的工作包括以下几项：

1)设置"临时设施"和"在建工程"账户。

2)购置的临时设施应取得发货票，支付价款、运费、安装等相关费用则要取得相关的银行支付凭证，根据相关的原始凭证将上述支出记入"临时设施"账户。

3)自行建造的临时设施要取得在建造过程中所发生的各种原始凭证，包括领料单、工资表及其他支出凭证，记入"在建工程"账户。

4)购建活动完成后要办理临时设施验收手续，由"在建工程"转为"临时设施"。

5)临时设施的实际成本在施工期间应进行摊销，其摊销的价值计入承建的工程的成本。

6)随着工程的使用，在工程竣工前，应将临时设施通过固定资产清理进行清理，清理净损益转为营业外收支处理。

相关知识

7.1.1　临时设施的概念

临时设施是指施工企业为了保证施工生产和管理工作的正常进行，而在施工现场建造

· 129 ·

的生产和生活用的各种临时性简易设施，是施工企业特有的一种资产。

临时设施的搭建主要是因为建筑产品的固定性，使得施工生产具有流动性，所以，企业在进入施工现场时需要解决施工生产和生活等问题，才能保证施工生产和管理的顺利进行。工程完工后，这些临时设施就失去了原来的作用，需要拆除或进行其他处理。

临时设施包括施工现场临时作业棚、机具棚、材料库、休息室、办公室、化灰池、储水池、临时供水、供电、供热、排水和管道线路、临时道路、临时宿舍、食堂等。

7.1.2 临时设施购建的核算

为了核算和反映临时设施的成本情况，企业应设置"临时设施"账户。

"临时设施"账户用于核算临时设施购建成本，是资产类账户。其借方登记企业购置和建造临时设施的实际成本；贷方登记出售、拆除、报废的临时设施的实际成本，期末，借方余额反映企业临时设施的账面价值。该账户按临时设施的种类设置明细账进行明细核算。

企业购置临时设施发生的各项购置支出，计入临时设施的成本，借记"临时设施"账户，贷记"银行存款"等账户。通过建筑安装完成的临时设施，建设期间发生的各项建造费用，先通过"在建工程"账户归集，建造完成交付使用时，将其建造成本从"在建工程"账户转入"临时设施"账户。

7.1.3 临时设施摊销的核算

"临时设施摊销"账户是用于核算临时设施的摊销价值的账户，是资产类账户的调整账户。其贷方登记按月计提的临时设施摊销额；借方登记因出售、报废、拆除或其他原因减少的临时设施而转销的累计摊销额，期末，贷方余额反映临时设施的累计摊销额。本账户不进行明细分类核算。

临时设施是为建筑工程提供生产和服务的，临时设施在工程项目交付使用后即拆除，所以，企业购建的临时设施的成本应逐渐地转移到受益的工程成本中去，即将临时设施的价值采用摊销的方法分期计入各受益的工程成本，一般情况下采用的摊销方法是按照临时设施的预计使用期限或工程的受益期限平均摊销，其原理与固定资产折旧的平均年限法相同。按月摊销时，借记"工程施工"账户，贷记"临时设施摊销"账户。

7.1.4 临时设施清理的核算

企业出售、拆除、报废的临时设施时，应转入清理，其价值通过"固定资产清理——临时设施清理"账户核算，核算方法与固定资产清理相同，清理的净损益转入"营业外支出"或"营业外收入"账户。

任务实施

根据任务描述1)，会计人员应编制以下会计分录：
借：临时设施　　　　　　　　　　　　　　　　　　　　　　　　　　　80 000
借：应交税费——应交增值税（进项税额）　　　　　　　　　　　　　　10 400

贷：银行存款　　　　　　　　　　　　　　　　　　　　　　　90 400
根据任务描述2），会计人员应编制以下会计分录：
借：在建工程——临时仓库工程　　　　　　　　　　　　　　　 54 000
　　贷：原材料——主要材料　　　　　　　　　　　　　　　　　 50 000
　　贷：应付职工薪酬——应付工资　　　　　　　　　　　　　　　3 000
　　贷：库存现金　　　　　　　　　　　　　　　　　　　　　　　1 000
借：临时设施——仓库　　　　　　　　　　　　　　　　　　　　54 000
　　贷：在建工程　　　　　　　　　　　　　　　　　　　　　　 54 000
根据任务描述3），会计人员应编制以下会计分录：
月摊销额＝80 000×(1－5%)/20＝3 800(元)
借：工程施工　　　　　　　　　　　　　　　　　　　　　　　　 3 800
　　贷：临时设施摊销　　　　　　　　　　　　　　　　　　　　　3 800
根据任务描述4），会计人员应编制以下会计分录：
借：固定资产清理——临时设施清理　　　　　　　　　　　　　　 4 000
借：临时设施摊销　　　　　　　　　　　　　　　　　　　　　　76 000
　　贷：临时设施　　　　　　　　　　　　　　　　　　　　　　 80 000
收到残料时：
借：原材料——其他材料　　　　　　　　　　　　　　　　　　　　 500
　　贷：固定资产清理——临时设施清理　　　　　　　　　　　　　　500
发生清理费时：
借：固定资产清理——临时设施清理　　　　　　　　　　　　　　 2 000
　　贷：应付职工薪酬　　　　　　　　　　　　　　　　　　　　　2 000
结转清理后净损失时：
借：营业外支出　　　　　　　　　　　　　　　　　　　　　　　 5 500
　　贷：固定资产清理——临时设施清理　　　　　　　　　　　　 5 500

典型任务示例

【例7-1】 光华建筑公司在施工现场搭建临时民工宿舍，领用材料的计划成本为20 000元，材料成本差异率为2%，应付搭建人员的工资为20 000元，以银行存款支付其他费用15 000元，搭建完工后随即交付使用。

要求：学生以光华建筑公司会计人员的身份对上述业务进行会计处理。
搭建过程中发生各种费用，根据领料单、工程分配表及其他凭证：
借：在建工程——临时宿舍　　　　　　　　　　　　　　　　　　55 400
　　贷：原材料　　　　　　　　　　　　　　　　　　　　　　　 20 000
　　　　材料成本差异——主要材料　　　　　　　　　　　　　　　　400
　　　　应付职工薪酬　　　　　　　　　　　　　　　　　　　　 20 000
　　　　银行存款　　　　　　　　　　　　　　　　　　　　　　 15 000
临时设施搭建完工交付使用，根据交付使用清单：
借：临时设施——临时宿舍　　　　　　　　　　　　　　　　　　55 400

贷：在建工程——临时宿舍　　　　　　　　　　　　　　　　　　　　　55 400

【例7-2】【例7-1】中的宿舍需拆除，临时宿舍账面累计已摊销额为50 000元，支付拆除人员工资2 600元，收回残料变价收入不含税价1 000元，增值税税率为2%，已验收入库，清理工作结束，相关的会计处理如下：

将拆除的临时设施转入清理，注销其原值和累计已提摊销额时：
　　借：固定资产清理——临时设施清理　　　　　　　　　　　　　　　　　5 400
　　　　临时设施摊销　　　　　　　　　　　　　　　　　　　　　　　　　50 000
　　　贷：临时设施——临时宿舍　　　　　　　　　　　　　　　　　　　　55 400
分配拆除人员工资时：
　　借：固定资产清理——临时设施清理　　　　　　　　　　　　　　　　　2 600
　　　贷：应付职工薪酬　　　　　　　　　　　　　　　　　　　　　　　　2 600
残料验收入库时：
　　借：现金　　　　　　　　　　　　　　　　　　　　　　　　　　　　　1 020
　　　贷：固定资产清理——临时设施清理　　　　　　　　　　　　　　　　1 000
　　　贷：应交税费——未交增值税　　　　　　　　　　　　　　　　　　　　20
结转清理后净损失时：
　　借：营业外支出——处置临时设施净损失　　　　　　　　　　　　　　　7 000
　　　贷：固定资产清理——临时设施清理　　　　　　　　　　　　　　　　7 000

归纳总结

　　临时设施是建筑企业特有的一种资产，临时设施是指施工企业为了保证施工生产和管理工作的正常进行，而在施工现场建造的生产和生活用的各种临时性简易设施。其核算内容与固定资产相近，包括购建、摊销、清理等，通过设置"临时设施""临时设施摊销""固定资产清理"三个账户核算。

实　训

　　光华建筑公司10月发生如下经济业务：
　　1）10月20日，以银行存款117 000元购入简易房一幢(含税价)，增值税税率为13%，作为新开工现场临时指挥部，工程施工期自当年的11月起至第二年的10月止，共12个月。
　　2）12个月后工程完工，拆除该临时设施，发生人工费2 000元。
　　要求：以企业会计人员的身份对上述经济业务编制会计分录。

任务7.2　其他长期资产的核算

教学目标

任务描述

　　4月1日，光华建筑公司以经营租赁的方式租入施工机械一台，租赁期限为5年，该机械尚可使用年限为10年。为了提高生产效率，公司于租赁时对租赁机械进行了改良，并支出了144 000元的改良费用。假定不考虑其他相关因素。

要求：学生以光华建筑公司会计人员的身份对租赁业务进行会计处理。

任务分析

会计人员为完成对其他长期资产的核算业务，应完成以下工作：
1）设置"长期待摊费用"总账账户及明细账户，掌握其使用方法。
2）根据租赁协议、银行进账单的收账通知等原始凭证进行固定资产修理及改良支出等业务的会计处理。

相关知识

7.2.1 长期待摊费用

长期待摊费用是指企业已经发生但应由本期和以后各期负担的分摊期限在1年以上的各项费用，如以经营租赁方式租入的固定资产发生的改良支出等。企业应设置"长期待摊费用"账户核算固定资产发生的改良支出等费用。其借方登记企业发生的长期待摊费用；贷方登记摊销的长期待摊费用，期末，借方余额反映企业尚未摊销的长期待摊费用。

企业发生的长期待摊费用，借记"长期待摊费用"账户，贷记"银行存款""原材料"等账户。摊销长期待摊费用，借记"管理费用""销售费用"等账户，贷记"长期待摊费用"账户。

长期待摊费用应当单独核算，在费用项目的受益期限内分期平均摊销。

如果长期待摊费用项目不能使以后会计期间受益，应当将尚未摊销的该项目的摊余价值全部转入当期损益。

7.2.2 其他长期资产

其他长期资产一般包括国家批准储备的特种物资、银行冻结存款，以及涉及诉讼的财产等。其他长期资产可以根据资产的性质及特点单独设置相关账户核算。

（1）储备物资

储备物资是指企业由于特殊原因经国家批准在正常范围之外储备指定用途的物资。特准储备物资虽然在表现形式上具有存货的某些特征，但由于其是为了应对自然灾害、战争等特殊需要而进行的储备，不能作为存货管理，而是属于其他资产。

（2）冻结存款、冻结物资

银行冻结存款和冻结物资是指人民法院对被执行人的银行存款和物资等财产实施强制执行的冻结措施时形成的资产。银行存款被冻结后，不再具有货币资金的支付手段功能，因此，应将其确认为其他资产；冻结物资被冻结后不能正常处置，因此，也应将其确认为其他资产。

(3)涉及诉讼的财产

涉及诉讼的财产是指企业为其他单位担保或因所有权问题未最后落实而发生的诉讼中涉及的财产,主要指已经被查封、冻结、扣押的资产。

任务实施

根据任务描述,会计人员应编制以下会计分录:
发生改良支出时:
借:长期待摊费用　　　　　　　　　　　　　　　　　　　　　144 000
　　贷:银行存款　　　　　　　　　　　　　　　　　　　　　　144 000
月摊销额=144 000/(5×12)=2 400(元/年),每月摊销时:
借:管理费用　　　　　　　　　　　　　　　　　　　　　　　2 400
　　贷:长期待摊费用　　　　　　　　　　　　　　　　　　　　2 400

典型任务示例

【例7-3】 7月,公司从外单位租入一活动房,租期为5年。合同约定,在使用期内,承租单位可以对其进行装饰装修,费用由承租方自己承担。现公司决定委托北方室内装饰装修公司对其进行内部装修,公司预付对方工程款10 000元,其余工程款在工程完成后一次支付,工程于9月末完工,发生工程款50 000元,补付余款40 000元。

要求:学生以公司会计人员的身份对上述业务进行相应的会计处理。
预付工程款时,作会计分录如下:
借:预付账款——北方室内装饰装修公司　　　　　　　　　　　10 000
　　贷:银行存款　　　　　　　　　　　　　　　　　　　　　　10 000
工程完工时,结转预付账款,作会计分录如下:
借:长期待摊费用　　　　　　　　　　　　　　　　　　　　　50 000
　　贷:预付账款——北方室内装饰装修公司　　　　　　　　　　50 000
补付工程余款时,作会计分录如下:
借:预付账款——北方室内装饰装修公司　　　　　　　　　　　40 000
　　贷:银行存款　　　　　　　　　　　　　　　　　　　　　　40 000
每年摊销时:
借:管理费用　　　　　　　　　　　　　　　　　　　　　　　10 000
　　贷:长期待摊费用　　　　　　　　　　　　　　　　　　　　10 000

归纳总结

长期待摊费用是指企业已经发生但应由本期和以后各期负担的分摊期限在1年以上的各项费用,如以经营租赁方式租入的固定资产发生的改良支出等。长期待摊费用应当单独核算,在费用项目的受益期限内分期平均摊销。其他长期资产一般包括国家批准储备的特种物资、银行冻结存款以及涉及诉讼的财产等。其他长期资产可以根据资产的性质及特点单独设置相关账户核算。

实训

光华建筑公司的原材料仓库进行大修理,采用自营方式,共发生大修理支出 120 000 元,该仓库的大修理间隔期为 5 年,修理完成交付使用。

要求:以企业会计人员的身份为上述经济业务编制会计分录。

项目测验题

项目8 往来结算的核算

案例：季布"一诺千金"使他免遭祸殃

任务8.1 应收账款的核算

教学目标

任务描述

1）2019年5月2日，光华建筑公司按合同规定结算当月工程价款1 000 000元，开出增值税专用发票（表8-1）并转交给建设单位，款项尚未收到。

表8-1 江滨市增值税专用发票

发 票 联

开票日期　2019年5月2日

收款单位	名称	光华建筑工程有限公司			纳税人登记号																
	地址				开户银行及账户																
应税货物或劳务名称		计量单位	数量	单价	金　　额									税　　额							
					百	十	万	千	百	十	元	角	分	十	万	千	百	十	元	角	分
工程款						1	0	0	0	0	0	0	0	¥	9	0	0	0	0	0	0
合计（大写）			壹佰零玖万元整											税率				9%			
付款单位			金光建设							开户银行账号											

货单位盖章　　　　　　　　　　　　收款人吴天　　　　　　　　　　　　开票人何伟

2）2019年5月5日，光华建筑公司收到金光建设单位签发的800 000元转账支票一张，开具收款收据一张，见表8-2，填写进账单将支票存入银行。

表8-2 专用收款收据

收款日期　2019年5月5日

付款单位（付款人）	金光建设	收款单位（领款人）	光华建筑工程公司			收款项目				第
人民币（大写）	捌拾万元整		百	十	万	千	百	十	元	角	分	结算方式	三联收款单位收款凭据
			¥	8	0	0	0	0	0	0	0		
事由	前欠工程款											经办部门	
												经办人员	
上述款项照数收讫无误。收款单位财务章			会计主管		稽　核			出　纳				交款人	

要求：学生以光华建筑公司会计人员的身份对上述业务进行会计处理。

任务分析

对于企业的应收款项业务，会计人员为完成应收款的发生与收回工作，应做到以下几点：

1）设置"应收账款"的总账及明细账。

2）与建设单位办理工程价款时，委托税务机关代开取得建筑业发票，审核后交与建设单位。根据留存的发票联记账。

3）与购货单位办理价款结算时，应给对方开具销售发票，根据企业留存的发票联记账。

4）收回价款时，应开具收款收据，并根据银行进账单及收款收据编制记账凭证并登记明细账及总账。

应收账款的形成与收回业务的核算

相关知识

8.1.1 应收账款的基本知识

（1）应收账款的概念

应收账款是指建筑企业由于承建工程而向建设单位收取的工程价款及随同工程价款一并收取的列入营业收入的其他款项，以及因销售产品、材料或提供劳务作业等应向购货单位或接受劳务作业单位收取的款项，包括代垫的运杂费等。

应收账款是企业和客户之间由于购销活动形成的具有流动性质的债权，不包括非购销活动形成的债权，如应收职工个人的赔偿款、应收的债券利息等，不包括本企业支付的各类存出保证金，也不包括采用递延方式收取的合同或协议价款。

（2）应收账款的确认与计价

应收账款的会计处理应明确以下两点，即应收账款的入账时间和入账价值。

1）应收账款的入账时间。应收账款是由于赊销业务而产生的，因此，其入账时间与确认主营业务收入的入账时间是一致的，在收入实现时入账。

2）应收账款的入账价值。应收账款在发生时应根据历史成本计量属性计价，即按照交易实际发生额计价入账，包括发票金额和代购货单位垫付的运杂费两个部分。有折扣条件时，还应考虑销售折扣因素。

（3）销售折扣

销售折扣包括商业折扣和现金折扣两种。

1）商业折扣是企业在销售商品或提供劳务时，从价目单的报价中扣减部分款项，以扣减后的金额作为发票价格。这种方法主要是为了鼓励客户购入商品，在标价上给予扣除，避免经常更改价目单，其表示方法是用百分数来表示，如九折、八五折等。当有商业折扣时，应收账款，并应按扣除商业折扣后的实际金额入账。

2）现金折扣是企业为了鼓励客户在一定期限内及时偿还货款而从发票价格中让渡给顾客一定数额的款项。这种方法主要是为了鼓励客户及早支付货款，其表示方法为"2/10，1/20，n/30"，意思是如果在10天之内付款，可享受2%的现金折扣；如果超过10天而在20天之内付款，则可享受1%的现金折扣；如果超过20天，则需要全额付款，不享受现金折扣。采用现金折扣形式，对于销货方而言，有利于提前收回货款，加速资金周转。对于客户而言，由于提前支付货款也可以获取一定的收益，当有现金折扣时，应收账款的入账价值有两种确认方法，一是按扣除现金折扣之前的金额入账，即总价法，销货方把给予客户的现金折扣视为融资的理财费用，计入财务费用；二是按扣除现金折扣之后的金额入账，即净值法，由于客户超过折扣期付款而多收取的金额，作为理财收益，冲减财务费用。我国一般采用总价法核算。

8.1.2 应收账款的核算方法

为了核算和监督应收账款的增减变动和节余情况，企业应设置"应收账款"账户，该账户属于资产类账户。其借方登记企业与建设单位、购货单位或接受劳务作业单位办理价款结算时应向对方收取的工程款、销货款和劳务作业款；贷方登记企业已经收回或已转销的应收账款及改用商业汇票结算的应收账款，期末，借方余额反映企业尚未收回的各种应收账款。

本账户应按"应收工程款"和"应收销货款"设置明细账，并按发包单位、购货单位或接受劳务作业单位进行明细分类核算。

任务实施

根据任务描述1)，会计人员根据建筑业发票作会计分录如下：
借：应收账款——应收工程款（金光建设单位） 　　　　　　　　　1 090 000
　　贷：工程结算 　　　　　　　　　　　　　　　　　　　　　　1 000 000
　　贷：应交税费——应交增值税（销项税额） 　　　　　　　　　　90 000

根据任务描述2)，会计人员根据银行盖章返回的进账单及收款收据，作会计分录如下：
借：银行存款 　　　　　　　　　　　　　　　　　　　　　　　　800 000
　　贷：应收账款——应收工程款（金光建设单位） 　　　　　　　800 000

典型任务示例

【例8-1】 4月30日，光华建筑公司因承建住宅楼，月末按合同规定结算当月工程价款2 000 000元，公司向建设单位提供了含税2 180 000元的增值税专用发票一张，款项尚未收到。

要求：学生以光华建筑公司会计人员的身份对上述业务进行会计处理。
借：应收账款——应收工程款（某建设单位） 　　　　　　　　　2 180 000
　　贷：工程结算 　　　　　　　　　　　　　　　　　　　　　　2 000 000
　　应：应交税费——应交增值税（销项税额） 　　　　　　　　　180 000

【例8-2】 5月2日，光华建筑公司收到建设单位签发的2 180 000元转账支票一张，存入银行。

要求：学生以光华建筑公司会计人员的身份对上述业务进行会计处理。
借：银行存款 　　　　　　　　　　　　　　　　　　　　　　　　2 180 000
　　贷：应收账款——应收工程款（某建设单位） 　　　　　　　　2 180 000

【例8-3】 若【例8-1】中有现金折扣，条件为"2/10，1/20，$n/30$"，5月15日收到建设单位拨付的全部工程款。

要求：学生以光华建筑公司会计人员的身份对上述业务进行会计处理。

5月15日，建设单位在折扣期内付款，享受到1%的折扣，会计分录如下：

借：银行存款　　　　　　　　　　　　　　　　　　　　　2 160 800
借：财务费用　　　　　　　　　　　　　　　　　　　　　　　20 000
　　贷：应收账款——应收销货款（某建设单位）　　　　　　2 180 000

归纳总结

应收账款是企业对外销售商品、提供劳务形成的尚未收回的被购货单位和接受劳务单位所占用的本企业资金。应收账款是由于赊销业务而产生的，因此，其入账时间与确认主营业务收入的入账时间是一致的，在收入实现时入账。应收账款在发生时应根据历史成本计价，有折扣条件的应收账款的计价要考虑折扣，应设置"应收账款"账户核算应收账款的发生与收回数。

实训

光华建筑公司于2015年10月份发生如下经济业务：

1)10月18日，收到开户银行转来的收款通知，收到嘉恒公司转来的前欠工程款200 000元。

2)10月31日，本月实际完成工程价款1 800 000元，现已开出增值税专用发票，增值税税率为9%，交建设单位绿景家园，款项尚未收到。

要求：为上述经济业务编制会计分录。

任务8.2　应收票据的核算

教学目标

任务描述

1)2019年5月28日，光华建筑公司与A公司办理当月工程价款结算，开出545 000元（含税）增值税专用发票一张，收到承兑期限为一个月的不带息商业承兑汇票一张。

2)6月28日，光华建筑公司持有A公司开出的545 000元的商业承兑票据到期，连同进账单送存银行。

3)6月28日，若上述票据到期，A公司无力偿还票款。

4)8月1日，光华建筑公司销售构件一批，货款为150 000元，收到B公司开出的为期3个月、票面利率为3%的银行承兑汇票一张，适用增值税税率为9%。

5)根据任务描述4)，9月30日，计提票据利息。

6)根据任务描述4)、任务描述5)，11月1日，票据到期收回款项。

7)4月1日，光华建筑公司将出票日为2月1日、面值为150 000元、年利率为10%、期限为3个月的银行承兑汇票向银行贴现，贴现率为12%。

要求：学生以光华建筑公司会计人员的身份对上述业务进行会计处理。

任务分析

对于企业的应收票据业务,会计人员为完成应收票据的取得与款项收回工作,主要应做以下几项工作:

1)设置"应收票据"的总账、明细账及备查簿。
2)收到商业汇票时要在备查簿进行登记,并以复印的商业汇票为依据进行会计处理。
3)带息票据应及时计提利息,并进行会计处理。
4)票据到期时,应到开户银行办理托收手续,并进行会计处理。
5)票据背书贴现时,应到贴现银行办理贴现手续,计算贴现收入,并进行会计处理。

相关知识

8.2.1 应收票据的基本知识

(1)应收票据的概念及分类

应收票据是指企业采用商业汇票结算方式销售产品、材料、提供劳务所收到的商业汇票。按是否带息,其分为带息票据和不带息票据。不带息商业汇票指汇票到期时,承兑人只需按票面面值向收款人或被背书人支付款项,票据的到期值等于票据的面值;带息商业汇票指汇票到期时,承兑人按票面面值加上应计利息向收款人或被背书人支付款项,票据的到期值等于票据的面值与票据利息之和。目前,我国采用的主要是不带息商业汇票。另外,票据按是否带有追索权又可分为带追索权的票据和不带追索权的票据。

(2)应收票据的确认与计量

企业因销售活动而取得的应收票据,不论其是否带息,一律按票据的面值计价,并于会计中期和年度终了,按票据的票面利率计提利息。一方面增加应收票据的票面价值;另一方面冲减财务费用。

8.2.2 应收票据的核算方法

(1)设置的账户

为了反映和监督应收票据的取得、转让及票据到期收回的情况,企业应设置"应收票据"账户,该账户属于资产类账户。其借方登记取得的商业汇票的面值和期末计提的票据利息;贷方登记到期收回或向银行贴现的应收票据的票面余额,期末,借方余额反映尚未到期的应收票据的面值和应计利息的金额。企业按开出、承兑商业汇票的单位设置明细账进行明细核算,并设置"应收票据备查簿",逐笔登记每一票据的票面金额、票面利率、票据的票号、付款人、承兑人、背书人的姓名或单位名称,到期日、背书转让日、贴现日、贴现利率、贴现净额、到期收回金额、退票情况、到期结清等详细信息。

(2)取得商业汇票的核算

企业因销售活动而收到的商业汇票,不管是否计息,均按票据面值借记"应收票据"账户,贷记相关收入账户。

(3)商业汇票到期收回的核算

1)票据期限。商业汇票到期日有"月数"和"天数"两种表示方法。按"月数"表示时，票据到期日按次月对日确定，月末签发的票据，不论月份大小，以到期月份的月末那一天为到期日。如5月2日签发的期限为3个月的商业汇票，到期日为8月2日，5月31日签发的1个月的商业汇票，到期日为6月30日，若期限为2个月，则到期日为7月31日。按"天数"表示时，按票据实际经历的天数计算，出票日和到期日只能算其中的一天，即"算首不算尾，算尾不算首"。如5月30日签发的60天的商业汇票，其到期日为7月29日(2+30+29)。

2)票据到期值。带息票据的票面利率一般以年利率表示，年利率转换成月利率除以12，转换成日利率除以360。票据利息及到期值的计算公式如下：

票据利息＝票面值×票面利率×票据期限

票据到期值＝票面值＋票据利息

3)商业汇票到期收回的核算。不带息商业汇票到期收回款项时，借记"银行存款"账户，贷记"应收票据"账户。带息票据到期收回款项时，按收到的本息和，借记"银行存款"账户，按票面价值贷记"应收票据"账户，按其差额贷记"财务费用"账户。

商业承兑汇票到期，承兑人违约拒付或无力偿还票款，收款企业应将到期票据的票面金额自"应收票据"账户转入"应收账款"账户。

跨年度的带息商业汇票，年末应按票面利率计提票据利息，借记"应收票据"账户，贷记"财务费用"账户。

(4)应收票据的贴现

贴现是指持票人以未到期的票据向银行融通资金的一种行为。企业持有的商业汇票在到期前，如急需资金周转，可以持未到期的商业票据向其开户银行申请贴现，获取所需资金。贴现企业需填写贴现凭证，见表8-3。该凭证一式五联，第一联银行作为贴现付出传票；第二联银行作为贴现申请单位收入传票；第三联银行作为贴现利息收入传票；第四联是银行给贴现申请单位的收账通知；第五联银行会计部门按到期日排列保管，到期日作为贴现收入凭证。

表8-3 贴现凭证（收款通知）

填写日期 2019 年 4 月 1 日　　　　　　　　　　4

贴现汇票	种　类	银行承兑汇票		233 号		申请人	全　称	光华建筑工程有限公司									此联是银行给贴现申请人的收账通知
	发票日	2019 年 2 月 1 日					账　号	666666888888									
	到期日	2019 年 5 月 1 日					开户银行	江滨建行营业部									
	汇票承兑人（或银行）名称	江滨市商混凝土公司		账号	3333366666		开户银行	江滨工行办事处									
	汇票金额	壹拾万元整						百	十	万	千	百	十	元	角	分	
								¥	1	0	0	0	0	0	0	0	
	月贴现率	12%	贴现利息	十	万	千	百	十	元	角	分	实付贴现金额	百	十	万	千	百	十	元	角	分
				¥		1	0	2	5	0	0		¥		1	0	1	4	7	5	0	0
上述款项已入你单位账户． 2019 年 6 月 1 日							备注										

通过贴现，银行从票据到期值中扣除按银行贴现率计算的贴现利息，将余额付给持票人，作为银行对企业的短期贷款。贴现值的计算公式如下：

$$票据的到期值＝票面值＋票据利息$$
$$贴现息＝票据到期值×贴现率×贴现期$$
$$贴现净额＝票据到期值－贴现息$$

式中，贴现期是指贴现日至到期日的实际天数，贴现日和到期日只能算一个。

贴现时，按扣除贴现息后的净额，借记"银行存款"账户，按贴现息部分，借记"财务费用"账户，按应收票据的面值，贷记"应收票据"账户，如为带息票据，按实际收到的金额，借记"银行存款"账户，按应收票据的账面价值，贷记"应收票据"账户，按其差额，借记或贷记"财务费用"账户。

如果已贴现的商业汇票到期，承兑人的银行账户不足以支付，贴现银行会将已贴现的商业汇票退回申请贴现企业，同时，从贴现企业的账户中将票据款划回。此时，贴现企业应按票据本息转为应收账款，借记"应收账款"账户，贷记"银行存款"账户。如果申请贴现企业的银行存款账户余额不足，银行将作为逾期贷款处理，贴现企业应借记"应收账款"账户，贷记"短期借款"账户。

任务实施

根据任务描述1)，会计人员应编制以下会计分录：
根据发票、商业承兑汇票的复印件等原始凭证，作会计分录如下：

借：应收票据——商业承兑汇票　　　　　　　　　　　　　　545 000
　　贷：应交税费——应交增值税（销项税额）　　　　　　　 45 000
　　贷：工程结算　　　　　　　　　　　　　　　　　　　　500 000

根据任务描述2)，会计人员应编制以下会计分录：
根据进账单，作会计分录如下：

借：银行存款　　　　　　　　　　　　　　　　　　　　　545 000
　　贷：应收票据——商业承兑汇票　　　　　　　　　　　545 000

根据任务描述3)，会计人员应编制以下会计分录：
公司将到期票据的票面金额转入"应收账款"账户，作会计分录如下：

借：应收账款——A公司　　　　　　　　　　　　　　　　545 000
　　贷：应收票据——商业承兑汇票　　　　　　　　　　　545 000

根据任务描述4)，会计人员应编制以下会计分录：

借：应收票据——银行承兑汇票　　　　　　　　　　　　　163 500
　　贷：其他业务收入　　　　　　　　　　　　　　　　　150 000
　　贷：应交税费——应交增值税（销项税额）　　　　　　 13 500

根据任务描述5)，会计人员应编制以下会计分录：
票据利息＝163 500×3‰×2/12＝817.50(元)

借：应收票据　　　　　　　　　　　　　　　　　　　　　817.50
　　贷：财务费用　　　　　　　　　　　　　　　　　　　817.50

根据任务描述6)，会计人员应编制以下会计分录票据到期收回金额＝163 500×(1＋3‰×3/12)＝164 726.25(元)，作会计分录如下：
借：银行存款　　　　　　　　　　　　　　　　　　　　　164 726.25
　　贷：应收票据　　　　　　　　　　　　　　　　　　　　163 500
　　贷：财务费用　　　　　　　　　　　　　　　　　　　　1 226.25
根据任务描述7)，会计人员应编制以下会计分录：
票据到期值＝150 000×(1＋10‰×3/12)＝153 750(元)
贴现息＝153 750×12‰×1/12＝1 537.50(元)
贴现净额＝153 750－1 537.50＝152 212.50(元)
借：银行存款　　　　　　　　　　　　　　　　　　　　　152 212.50
借：财务费用　　　　　　　　　　　　　　　　　　　　　1 537.50
　　贷：应收票据——银行承兑汇票　　　　　　　　　　　153 750

典型任务示例

【例8-4】 5月10日，光华建筑公司收到明明建材公司开出的票面值为120 000元、年利率为3%、期限为1个月的商业承兑汇票，抵前欠工程款。

要求：学生以光华建筑公司会计人员的身份对上述业务进行会计处理。

根据汇票的复印件等原始凭证，作会计分录如下：
借：应收票据——商业承兑汇票　　　　　　　　　　　　　120 000
　　贷：应收账款——明明建材公司　　　　　　　　　　　120 000

【例8-5】 根据【例8-4】，6月10日，光华建筑公司持有的明明建材公司开出的票据现已到期，填写进账单连同票据送存开户行，收回价款。

要求：学生以光华建筑公司会计人员的身份对上述业务进行会计处理。

作会计分录如下：
借：银行存款　　　　　　　　　　　　　　　　　　　　　120 300
　　贷：财务费用　　　　　　　　　　　　　　　　　　　　300
　　贷：应收票据——商业承兑汇票　　　　　　　　　　　120 000

【例8-6】 4月1日，光华建筑公司将出票日为2月1日、面值为100 000元、期限为3个月的无息银行承兑汇票向银行贴现，贴现率为12%。

要求：学生以光华建筑公司会计人员的身份计算贴现息和贴现净额并进行会计处理。

票据到期值＝100 000元
贴现息＝100 000×12‰×1/12＝1 000(元)
贴现净额＝100 000－1 000＝99 000(元)
借：银行存款　　　　　　　　　　　　　　　　　　　　　99 000
借：财务费用　　　　　　　　　　　　　　　　　　　　　1 000
　　贷：应收票据——银行承兑汇票　　　　　　　　　　　100 000

归纳总结

应收票据是企业采用商业汇票结算方式时，因销售商品而收到的商业汇票，包括银行承兑汇票和商业承兑汇票。应收票据按其是否带息分为带息票据和不带息票据，企业持有的商业汇票在到期前，如急需资金周转，可以持未到期的商业汇票向其开户银行申请贴现，获取所需资金。企业应设置"应收票据"账户核算和监督应收票据的取得、转让及票据到期收回的情况。

实 训

光华建筑公司于10月发生如下业务：

1）10月17日，收到AC公司一张面值为100 000元、期限为1个月的商业承兑汇票，用以抵偿其前欠工程款。

2）10月24日，公司7月25日收到的两个月的面值为50 000元的以AA集团开出的无息商业承兑汇票现已到期，送交开户行，款项已收回。

3）10月24日AA集团开出的商业承兑汇票到期但因账面没有资金而被银行退回。

要求：学生以会计人员的身份为上述经济业务编制记账凭证。

任务8.3 预付账款的核算

教学目标

任务描述

1）4月1日，光华建筑公司与美好佳公司签订了分包合同，按合同规定预付工程款300 000元，预付备料款100 000元，开出转账支票支付。

2）4月30日，光华建筑公司与美好佳公司办理了分包价款结算，收到550 000元的分包工程的增值税专用发票一张（含税价），增值税税率为9%，扣回当月预付的工程款300 000元及预付的备料款100 000元。

3）5月初，光华建筑公司开出转账支票补付上月所欠美好佳公司的工程款150 000元。

要求：学生以光华建筑公司会计人员的身份对上述业务进行会计处理。

任务分析

会计人员为完成预付账款的形成与抵扣工作，主要应做以下几项工作：

1）设置"预付账款"的总账及明细账。
2）预付款发生时以对方开具的收款收据及合同为依据，编制会计凭证并登记入账。
3）办理价款结算时，以对方提供的发票联记载的金额作为预付账款的抵扣额，编制记账凭证并登记入账。
4）补付差额时，根据对方提供的收款收据编制记账凭证并登记入账。

相关知识

8.3.1 预付账款的基本知识

预付账款是指企业按照合同规定预付给工程分包单位的工程款和备料款，以及按照购销合同的规定，预付给供应单位的购货款。

预付账款因支付款项在先，使用产品或享受服务在后，形成了企业的一项短期债权，主要包括预付给分包单位的工程款和备料款及预付给销货单位的购货款。

8.3.2 预付账款的核算方法

(1)设置的账户

企业应设置"预付账款"账户，反映款项预付、应付、补付的全过程，该账户属于资产类账户。其借方登记按合同规定预付的款项和补付的款项；贷方登记收到采购货物时按发票金额冲销的预付款数和因预付款多余而退回的款项，期末，借方余额反映企业实际预付的款项，若为贷方余额，反映企业尚未补付的款项。本账户按预付分包单位款和预付供应单位款进行明细核算，并按供货单位或分包单位设置明细账。

如果企业的预付款项不多，可不设本账户，将预付的款项通过"应付账款"账户核算，直接记入借方，但编制会计报表时要按"预付账款"和"应付账款"账户分别列示。

(2)预付分包单位款的核算

按照分包合同的规定，总包单位要向分包单位预付工程款和备料款，预付时，借记"预付账款"账户，贷记"银行存款"等账户。按工程进度结算已完分包单位工程价款时，按对方提供的分包工程款发票记载的金额借记"工程施工"账户，贷记"预付账款"账户。补付工程款时，借记"预付账款"账户，贷记"银行存款"账户。

(3)预付供应单位款的核算

企业购入货物或接受劳务活动，要按照购货合同的规定预付一部分货款，预付时，按预付的金额借记"预付账款"账户，贷记"银行存款"等账户；收到货物或接受劳务后，按对方提供的销货发票记载的金额，借记"材料采购"等账户，贷记"预付账款"账户；补付货款时，借记"预付账款"账户，贷记"银行存款"账户。

任务实施

根据任务描述1)，会计人员根据对方开具的收款收据及支票存根，作会计分录如下：

借：预付账款——预付分包单位款(美好佳公司)——工程款　　　300 000
　　预付账款——预付分包单位款(美好佳公司)——备料款　　　100 000
　　　贷：银行存款　　　　　　　　　　　　　　　　　　　　400 000

根据任务描述2)，会计人员应编制以下会计分录：

借：工程施工　　　　　　　　　　　　　　　　　　　　　　504 587.16
借：应交税费——应交增值税(进项税额)　　　　　　　　　　 45 412.84
　　　贷：预付账款——预付分包单位款(美好佳公司)　　　　　150 000
　　　　　预付账款——预付分包单位款(美好佳公司)——工程款　300 000
　　　　　预付账款——预付分包单位款(美好佳公司)——备料款　100 000

根据任务描述3)，会计人员应编制以下会计分录：

借：预付账款——预付分包单位款(美好佳公司)　　　　　　　150 000
　　　贷：银行存款　　　　　　　　　　　　　　　　　　　　150 000

典型任务示例

【例 8-7】 光华建筑公司与 MK 公司签订了购入 500 吨水泥的购销合同,单价为 300 元/吨,按合同规定,预付 20%的货款 30 000 元,以转账支票支付。

要求:学生以光华建筑公司会计人员的身份对上述业务进行会计处理。

根据对方开出的收款收据和转账支票存根,作会计分录如下:

借:预付账款——MK 公司　　　　　　　　　　　　　　30 000
　　贷:银行存款　　　　　　　　　　　　　　　　　　　　30 000

【例 8-8】 根据【例 8-7】,光华建筑公司收到 MK 公司的 500 吨水泥,价款为 150 000 元,增值税税率为 13%,验收无误入库。

要求:学生以光华建筑公司会计人员的身份对上述业务进行会计处理。

根据其开出的增值税普通销货发票,作会计分录如下:

借:原材料——水泥　　　　　　　　　　　　　　　　150 000
借:应交税费——应交增值税(进项税额)　　　　　　　 19 500
　　贷:预付账款——MK 公司　　　　　　　　　　　　　169 500

【例 8-9】 根据【例 8-8】,光华建筑公司通过银行转账支付余款。

要求:学生以光华建筑公司会计人员的身份对上述业务进行会计处理。

根据对方开出的收款收据和转账支票存根,作会计分录如下:

借:预付账款——MK 公司　　　　　　　　　　　　　 139 500
　　贷:银行存款　　　　　　　　　　　　　　　　　　　 139 500

归纳总结

预付账款是企业购买材料、物资和接受劳务供应而按合同规定事先支付给供货单位的款项。预付账款因支付款项在先,使用产品或享受服务在后,形成了企业的一项短期债权,主要包括预付给分包单位的工程款、备料款和预付给销货单位的购货款。企业应设置"预付账款"账户核算预付账款的发生与收回数。企业预付账款不多时,可将预付账款通过"应付账款"账户核算。

实　训

光华建筑公司于 10 月发生如下经济业务:

1)10 月 12 日,从北平钢材市场购入钢材一批,根据合同规定预付购货款 50 000 元,开出转账支票支付。

2)10 月 16 日,从北平钢材市场购入的钢材已收到,钢材款为 120 000 元,增值税税率为 13%,开出转账支票支付余款。

要求:为光华建筑公司的上述业务编制记账凭证。

任务 8.4　其他应收款的核算

教学目标

任务描述

1)4月8日，光华建筑公司为职工张林垫付医药费5 000元，现金支付。
2)根据任务描述1)，4月28日，收到张林交来的为其垫付的医药费现金5 000元。
3)4月23日，光华建筑公司行政科刘林出差，借差旅费5 000元，现金支付。
4)4月30日，刘林出差归来，填写差旅费报销单4 500元报销。
5)若行政科实行的定额备用金制度，刘林出差归来报销差旅费4 500元。
6)若行政科实行的定额备用金制度，4月30日，行政科退回不需用的定额备用金。
要求：学生以光华建筑公司会计人员的身份对上述业务进行会计处理。

任务分析

会计人员为完成其他应收款的发生与收回工作，主要应做以下几项工作：
1)掌握其他应收款与应收账款的区别，设置"其他应收款"的总账及明细账。
2)审核发生的原始凭证是否属于其他应收款范畴，根据原始凭证编制会计凭证并登记入账。
3)对收到的款项，审核判断其是否属于其他应收款的收回，根据原始凭证编制记账凭证并登记入账。

相关知识

8.4.1　其他应收款的基本知识

其他应收款是指企业发生的除应收账款、应收票据、预付账款以外的非购销活动产生的各种应收、暂付款。其主要包括以下几项：

(1)应收的各种赔款、罚款。各种赔款、罚款是指因职工的过失而给企业造成了损失，应向职工本人收取的赔款、罚款或因企业财产遭受意外灾害发生了损失，而应向保险公司或相关单位收取的赔款。

(2)存出保证金。存出保证金是指租入包装物支付的租金。

(3)备用金。备用金是指企业用于零星开支、零星采购、出差差旅费等用途的款项。

(4)应向职工收取的各种垫付款项。垫付款项包括为职工垫付的水电费、医药费、租金等。

(5)预付账款的转入。预付账款的转入是指款项预付后，因对方不能履约而无法收到其提供的产品或劳务，而转作其他应收款的预付账款。

(6)其他各种应收及暂付款。

8.4.2　其他应收款的核算方法

(1)设置的账户

为了反映和监督企业其他应收款的增减变动及期末结存情况，应设置"其他应收款"账户，该账户属于资产类账户。其借方登记由于非购销活动而发生的各种其他应收及暂付款；贷方登记其他应收及暂付款的收回数，期末，借方余额反映尚未收回的各种其他应收及暂付款，若为贷方余额，表示多收的款项。本账户按其他应收款的种类设明细账。

(2)其他应收款的核算

企业发生各种应收及暂付款项时，借记"其他应收款"账户，贷记"银行存款"或"库存现金"账户；收回或转销其他应收及暂付款时，借记"银行存款"或"库存现金"账户，贷记"其他应收款"账户。

8.4.3　备用金

(1)备用金的基本知识

备用金是指支付给非独立核算的内部单位(包括职能科室、施工单位)或个人备作零星采购、零星开支或差旅费等使用的款项。这些款项是占用在流通过程中的结算资金，企业应制定相应的借款报销制度，并指定专人负责。备用金一般采用先借后用，用后报销的原则。预借时应填制"借款单"，经有关负责人审批后予以借款；备用金必须按规定的用途和开支标准使用，不得转借他人或挪作他用；备用金支用后，应在规定期限内填制报销单，并附费用支出的原始凭证办理报销，多余款项应同时交回。前账未清，不能再继续借支。对经常使用备用金的内部单位和部门，可实行定额备用金制度，以简化核算手续，一次拨付现金，支用后持支出的原始凭证向财务部门报销，按报销金额支付现金补足余额。

(2)备用金的核算

企业应设置"备用金"账户核算和监督备用金的领用和报销情况，该账户属于资产类账户。其借方登记预支的备用金数额；贷方登记报销或收回的备用金数额，期末，借方余额表示尚未报销或收回的备用金数额。本账户应按借用备用金的单位或个人设置明细账进行明细核算；不设置"备用金"账户的企业可以用"其他应收款"账户核算。

任务实施

根据任务描述1)，会计人员应编制以下会计分录：
借：其他应收款——张林　　　　　　　　　　　　　　　　　5 000
　　贷：库存现金　　　　　　　　　　　　　　　　　　　　　5 000

根据任务描述2)，会计人员应编制以下会计分录：
借：库存现金　　　　　　　　　　　　　　　　　　　　　　5 000
　　贷：其他应收款——张林　　　　　　　　　　　　　　　　5 000

根据任务描述3)，会计人员应编制以下会计分录：
借：备用金——刘林　　　　　　　　　　　　　　　　　　　5 000
　　贷：库存现金　　　　　　　　　　　　　　　　　　　　　5 000

根据任务描述4)，会计人员应编制以下会计分录：

借：管理费用——差旅费 4 500
　　库存现金 500
　　　贷：备用金——刘林 5 000
根据任务描述5），会计人员应编制以下会计分录：
借：管理费用——差旅费 4 500
　　　贷：库存现金 4 500
根据任务描述6），会计人员应编制以下会计分录：
借：库存现金 5 000
　　　贷：备用金——行政科 5 000

典型任务示例

【例8-10】 光华建筑公司购入电气材料一批，验收入库时发现短缺4 000元（不含税），增值税税率为13%，经查是由于运输单位的原因造成的，应收运输单位赔偿款。

要求：学生以光华建筑公司会计人员的身份对上述业务进行会计处理。

借：其他应收款——运输单位 4 520
　　　贷：材料采购——主要材料 4 520

【例8-11】 根据【例8-10】，收到运输单位交来的转账支票一张，是材料赔偿款4 680元。

要求：学生以光华建筑公司会计人员的身份对上述业务进行会计处理。

借：银行存款 4 520
　　　贷：其他应收款——运输单位 4 520

【例8-12】 5月3日，光华建筑公司对行政科实行定额备用金制度，核定定额为5 000元，开出现金支票支付。

要求：学生以光华建筑公司会计人员的身份对上述业务进行会计处理。

根据借款单及支票存根，作会计分录如下：

借：备用金——行政科 5 000
　　　贷：银行存款 5 000

【例8-13】 4月23日，光华建筑公司行政科报销购买办公用品支出现金500元，经审核予以报销，补足其定额。

要求：学生以光华建筑公司会计人员的身份对上述业务进行会计处理。

根据购货发票，作会计分录如下：

借：管理费用——办公费用 500
　　　贷：库存现金 500

归纳总结

其他应收款是指企业除应收票据、应收账款、预付账款等购销活动外的其他各种应收、暂付款项。其包括各种赔款、罚款、存出保证金、备用金、应向职工收取的各种垫付款项等，企业应设置"其他应收款"账户来核算和监督其他应收款的增减变动及期末结存情况。

备用金是指支付给非独立核算的内部单位（包括职能科室、施工单位）或个人备作零星采购、零星开支或差旅费等使用的款项，企业可以设置"备用金"账户核算备用金的发生与冲销数，可以不设置该账户，用"其他应收款"账户来核算备用金。

▶ 实 训

光华建筑公司 10 月份发生如下经济业务：
1）10 月 25 日，员工王丰违规操作导致工程质量不合格，经研究决定对其实施罚款 2 000 元，处罚通知单已下发。
2）10 月 27 日，从当月工资中扣回王丰的罚款 2 000 元。
3）10 月 11 日，行政科李东出差借差旅费 3 000 元，开出现金支票一张。
4）10 月 26 日，李东出差回来，报销差旅费 2 650 元，余款返回，冲销原借款。
要求：为光华建筑公司发生的上述业务编制记账凭证。

任务 8.5　坏账损失的核算

教学目标

任务描述

光华建筑公司的坏账核算采用备抵法，按年末应收账款余额百分比法计提坏账准备，确定的计提比例为 1‰。2016 年年末的应收账款余额为 500 000 元。2017 年 A 公司所欠的 2 000 元账款已超过 3 年，确认为坏账，2017 年年末，公司应收账款余额为 400 000 元。2018 年 B 公司破产，所欠 20 000 元账款有 10 000 元无法收回，确认为坏账，年末公司应收账款余额为 300 000 元。2019 年 A 公司所欠的 2 000 元账款又收回，年末应收账款余额为 350 000 元。
要求：学生以光华建筑公司会计人员的身份对上述业务分年度进行会计处理。

任务分析

会计人员为完成坏账的核算工作，主要应做以下几项工作：
1）设置"坏账准备"账户。
2）根据企业实际情况选择一个适合自己单位特点的坏账估计方法。
3）期末估计坏账损失，计提坏账准备，编制会计凭证，登记账簿。
4）对发生的坏账，编制会计凭证，登记账簿。
5）对以前年度发生的坏账以后年度又收回数，编制会计凭证，登记账簿。

相关知识

8.5.1　坏账的基本知识

（1）坏账的概念
坏账是指企业无法收回或收回的可能性极小的应收账款。由发生坏账而造成的损失，称为坏账损失。

(2)坏账损失的确认

企业确认坏账时,应遵循财务报告的目标和会计核算的基本原则,分析各应收账款的特性、金额的大小、信用期限、债务人的信誉和当时的经营情况等因素。一般来讲,企业的应收账款符合下列条件之一的,应确认为坏账。

1)债务人死亡,以其遗产清偿后仍然无法收回。

2)债务人破产,以其破产财产清偿后仍然无法收回。

3)债务人较长时期内未履行其偿债义务,并有足够的证据表明无法收回或收回的可能性极小。

已确认为坏账的应收账款,并不意味着企业放弃了追索权,一旦重新收回,应及时入账。

(3)坏账损失的核算方法

企业坏账损失的核算方法一般有直接转销法和备抵法两种。

1)直接转销法是指企业在实际发生坏账时,确认为坏账损失,计入期间费用,同时注销应收账款,又称为一次转销法。

直接转销法的优点是账务处理简单、数据真实,不需要建立坏账准备金,易于理解;其缺点是不符合收入与费用配比的原则,即坏账损失是计入应收款项不能收回的当期,而不是应收款项发生的当期,且核销手续繁杂,致使企业发生大量陈账、呆账、长年挂账,得不到处理,造成了虚增利润,也夸大了前期资产负债表上应收账款的可实现价值。

2)备抵法是指为了合理计量资产价值,考虑到应收账款发生坏账的可能性,在资产负债表日,根据谨慎性原则,按期估计坏账损失计入当期损益,形成坏账准备。当实际发生坏账时,在冲销应收款项的同时转销计提的坏账准备,这一方法符合会计的稳健原则。

备抵法的优点是可以将估计不能收回的应收款项所引起的损失列为当期费用,收入和与之相关的坏账损失计入同一期损益,这避免了企业虚盈实亏,消除了虚列应收款项的现象,应收款项的数额接近实际情况;其缺点是计算比较烦琐。

采用这种方法,企业在资产负债表日应按期估计坏账损失。估计方法有应收款项余额百分比法、账龄分析法和赊销百分比法。

1)应收款项余额百分比法。应收款项余额百分比法是根据企业会计期末应收款项余额和估计的坏账提取率来估计坏账损失,计提坏账准备金的方法。此方法将坏账损失的估计数与应收款项的账面余额相联系。其计算公式如下:

本期应计提的坏账准备＝期末应计提坏账的应收款项余额×坏账计提率

2)账龄分析法。账龄分析法是根据应收账款入账时间的长短来估计坏账损失的方法。账龄是指客户所欠账款的时间,虽然应收账款能否收回以及能收回多少,不一定完全取决于应收账款的入账时间,但一般情况下,账龄长短与发生坏账的可能性是一致的,应收账款拖欠的时间越长,客户的信用级别越低,发生坏账的可能性就越大。采用账龄分析法,应先将企业应收账款按账龄长短进行分段排列,确定各账龄段上的坏账估计比例,分别计算应提取的坏账准备金,汇总后即为期末应有的坏账准备金余额。其计算公式如下:

本期应计提的坏账准备 $= \sum$(期末某账龄段应收款项余额×该账龄段坏账估计比例)

3)赊销百分比法。赊销百分比法是根据当期赊销总金额的一定百分比估计坏账,以确定坏账准备金的方法。其计算公式如下:

本期末应计提的坏账准备＝本期实现赊销收入金额×估计坏账百分比

坏账准备提取的方法由企业自行确定，一经确定，应按要求备案，不得随意变更。如需变更，应当在当年会计报表附注中予以说明。

企业的预付账款如有确凿证据表明其不符合预付账款性质，或者因供货单位破产、撤销等原因已无望收到所购货物，应当将原计入预付账款的金额转入其他应收款，并按规定计提坏账准备。

企业持有的未到期的应收票据，如有确凿证据证明不能够收回或收回的可能性不大，应将其账面余额转入应收账款，并应计提相应的坏账准备。

8.5.2 坏账的核算方法

(1)设置的账户

采用备抵法核算坏账损失，应设置"坏账准备"账户和"信用减值损失"账户。

1)"坏账准备"账户。该账户是资产类的备抵调整账户，在资产负债表中作为"应收账款"的减项，反映和监督应收款项发生坏账而计提的坏账准备及其转销情况。其贷方登记当期计提的坏账准备及以前会计期间已注销的坏账以后又收回数；借方登记实际发生坏账冲减的坏账准备金数，期末，贷方余额反映已计提但尚未转销的坏账准备，期末，借方余额反映企业以前会计期间少计提的坏账准备金数额。本账户可按应收款项的类别设置明细账。

结合企业应收账款账面余额情况，当期应提取的坏账准备按下式计算：

当期应提取的坏账准备＝按当期应收款项计算的应提取坏账准备金额－"坏账准备"账户贷方余额

当期按应收款项计算应提坏账准备金额大于"坏账准备"账户的贷方余额，应按其差额提取坏账准备；如果当期按应收款项计算应提坏账准备金额小于"坏账准备"账户的贷方余额，应按其差额冲减已计提的坏账准备；若"坏账准备"为借方余额，则应按应提数与借方余额之和来计提本期坏账准备。

2)"信用减值损失"账户。"信用减值损失"账户核算企业计提应收款项减值准备所形成的损失。其借方登记计提的损失；贷方登记已计提损失的转销数，该账户期末余额转入"本年利润"账户，结转后本账户无余额。本账户是损益类账户。

(2)坏账损失的核算

企业提取坏账准备时，本期应提取的坏账准备大于其账面余额的，应按其差额提取，借记"信用减值损失"账户，贷记"坏账准备"账户；否则作相反分录。

当应收款项确认为坏账时，企业应按实际坏账损失转销坏账准备金，借记"坏账准备"账户，贷记"应收账款""其他应收款"等账户。

对已经确认为坏账的应收款项以后又收回时，应同时作两笔分录，借记"应收账款""其他应收款"等账户，贷记"坏账准备"账户；同时，借记"银行存款"账户，贷记"应收账款""其他应收款"等账户。

任务实施

根据任务描述，会计人员应编制以下会计分录：

2016 年年末提取坏账准备：
 借：信用减值损失   5 000
  贷：坏账准备   5 000

2017 年冲销坏账：
 借：坏账准备   2 000
  贷：应收账款——A 公司   2 000

年末计提坏账准备：

提取前的"坏账准备"账户贷方余额为 3 000 元，按年末应收账款余额估计坏账损失为 4 000 元，则本年应提取坏账准备数为 1 000 元，提取后"坏账准备"账户贷方余额为 4 000 元。

 借：资产减值损失   1 000
  贷：坏账准备   1 000

2018 年冲减坏账：
 借：坏账准备   10 000
  贷：应收账款——B 公司   10 000

年末计提坏账准备：

提取前的"坏账准备"账户为借方余额 6 000 元，按年末应收账款余额估计坏账损失为 3 000 元，则本年应提取坏账准备数为 9 000 元，提取后"坏账准备"账户贷方余额为 3 000 元。

 借：信用减值损失   9 000
  贷：坏账准备   9 000

2019 年，A 公司 2 000 元坏账又收回。
 借：应收账款——A 公司   2 000
  贷：坏账准备   2 000
 借：银行存款   2 000
  贷：应收账款——A 公司   2 000

年末计提坏账准备：

提取坏账前"坏账准备"账户贷方余额为 5 000 元，按年末应收账款余额计提的坏账准备为贷方 3 500 元，则年末实际应提的坏账为 -1 500 元。

 借：信用减值损失   1 500
  贷：坏账准备   1 500

典型任务示例

【例 8-14】 光华建筑公司的坏账核算采用备抵法，按年末应收账款余额百分比法计提坏账准备，估计确定的计提比例为 1%。第一年年末的应收账款余额为 800 000 元。第二年公司所欠的 5 000 元账款已超过 3 年，确认为坏账。第二年年末，公司应收账款余额为 600 000 元。第三年乙公司破产，所欠 10 000 元账款无法收回，确认为坏账。甲公司所欠的 5 000 元账款又收回，第三年年末，公司应收账款余额为 500 000 元。

要求：学生以光华建筑公司会计人员的身份进行会计处理。

第一年年末提取坏账准备：

借：信用减值损失　　　　　　　　　　　　　　　　　　　　　　　　8 000
　　　　贷：坏账准备　　　　　　　　　　　　　　　　　　　　　　　　　　8 000
第二年冲销坏账：
　　借：坏账准备　　　　　　　　　　　　　　　　　　　　　　　　　　　5 000
　　　　贷：应收账款——甲公司　　　　　　　　　　　　　　　　　　　　　5 000
第二年年末，计提坏账准备：
　　提取前的"坏账准备"账户贷方余额为3 000元，按年末应收账款余额估计坏账损失为6 000元，则本年应提取坏账准备数为3 000元，提取后"坏账准备"账户贷方余额为6 000元。
　　借：信用减值损失　　　　　　　　　　　　　　　　　　　　　　　　3 000
　　　　贷：坏账准备　　　　　　　　　　　　　　　　　　　　　　　　　　3 000
第三年冲减坏账：
　　借：坏账准备　　　　　　　　　　　　　　　　　　　　　　　　　　 10 000
　　　　贷：应收账款——乙公司　　　　　　　　　　　　　　　　　　　　 10 000
第二年确认的坏账又收回：
　　借：应收账款——甲公司　　　　　　　　　　　　　　　　　　　　　　5 000
　　　　贷：坏账准备　　　　　　　　　　　　　　　　　　　　　　　　　　5 000
　　借：银行存款　　　　　　　　　　　　　　　　　　　　　　　　　　　5 000
　　　　贷：应收账款——甲公司　　　　　　　　　　　　　　　　　　　　　5 000
第三年年末，计提坏账准备：
　　提取前的"坏账准备"账户贷方余额为1 000元，按年末应收账款余额估计坏账损失为5 000元，则本年应提取坏账准备数为4 000元，提取后"坏账准备"账户贷方余额为4 000元。
　　借：信用减值损失　　　　　　　　　　　　　　　　　　　　　　　　4 000
　　　　贷：坏账准备　　　　　　　　　　　　　　　　　　　　　　　　　　4 000

归纳总结

　　坏账是指企业无法收回或收回的可能性极小的应收账款。由于发生坏账而造成的损失，称为坏账损失。坏账损失的核算有直接转销法和备抵法。
　　备抵法是按期估计可能产生的坏账损失，并列入当期费用，形成企业的坏账准备，实际发生坏账时再冲销坏账准备和应收账款的处理方法。
　　估计坏账损失的方法有应收账款余额百分比法、账龄分析法和赊销百分比法。

实　训

　　光华建筑公司按照应收账款余额的1‰提取坏账准备。第一年年末的应收账款余额为8 000 000元，预收甲单位账款期末余额为2 000 000元；第二年发生坏账5 000元，其中，甲单位2 000元，乙单位3 000元，年末应收账款期末余额为10 000 000元，预收甲单位账款期末余额为300 000；第三年，已冲销的上年乙单位的应收账款20 000元又收回，期末应收账款余额为1 100 000元。
　　要求：以企业会计人员的身份对上述资料进行相关的会计核算。

任务8.6 应付账款的核算

教学目标

任务描述

1)4月3日,光华建筑公司向YY公司购入材料一批,价款为20 000元,增值税为2 600元,对方代垫运杂费为800元。材料已到并验收入库,款项尚未支付。

2)5月20日,支付上述货款。

3)若任务描述2)付款条件为"2/10,n/20"。4月10日购货单位付款。

4)若任务描述3)付款条件不变,4月30日购货单位付款。

5)光华建筑公司将部分工程分包给D公司,按合同规定应支付分包工程款380 000元,D公司委托税务机关开具分包工程增值税专用发票交与光华建筑公司,税率为9%,款项尚未支付。

要求:学生以光华建筑公司会计人员的身份对上述业务进行会计处理。

任务分析

会计人员为完成应收款的发生与收回工作,主要应做以下几项工作:

1)设置"应收账款"的总账及明细账。

2)与分包单位办理工程价款时,要取得税务机关代开的建筑业发票,审核后记账。

3)与购货单位办理价款结算时,要给对方开具销售发票,根据企业留存的发票联记账。

4)收回价款时,要开具收款收据,并根据银行进账单及收款收据编制记账凭证并登记明细账及总账。

相关知识

8.6.1 应付账款的基本知识

(1)应付账款的概念

应付账款是指企业因购买材料、商品或接受劳务而应付给供应单位或提供劳务单位的款项,以及因工程分包而应付给分包单位的工程价款。应付账款是购销活动中由于取得物资与支付货款在时间上不一致而产生的一项流动负债。

(2)应付账款的确认与计量

1)应付账款的入账时间。应付账款的入账时间应以所购物资的所有权转移,或接受劳务已发生为标志。在实际工作中一般作如下处理:

①在货物和发票账单同时到达的情况下,其意味着取得了该项货物的产权,应在确认资产的同时确认负债。在实际工作中,应付账款一般待货物验收入库后,才按发票账单登记入账。这样做主要是为了确认所购入的物资是否在质量、数量和品种上与合同上订明的条件相符,以免因先入账而在验收入库时发现购入物资错、漏、破损等问题而再进行调账。

②在物资和发票账单不是同时到达的情况下,应分两种情况处理:在发票账单已到、

物资未到、款项未付的情况下，直接根据发票账单的材料物资价款和运杂费，记入有关材料物资的成本和"应付账款"；在物资已到、发票账单未到也无法确定实际成本的情况下，应付供应单位的债务已经成立，在月度终了，为在资产负债表上客观反映企业所拥有的资产和承担的债务，需要按照所购材料物资和应付债务估计入账，下月初用红字予以冲回，待发票账单到达时，按正常的购料业务处理。

2）应付账款的入账金额。应付账款一般按购货发票上记载的应付金额计价入账，而不是按到期应付金额的现值入账。

当有信用条件存在时，应分两种情况处理：若是商业折扣，应付账款的入账金额为扣除商业折扣后的净值；若是现金折扣，应付账款的入账金额为折扣前的总价，因提前付款而享受的折扣计入财务费用。

8.6.2 应付账款的核算方法

企业对应付账款的核算，应设置以下账户：

1）"应付账款"账户是为了反映和监督应付款项发生与偿还情况而设置的，属于负债类账户。其贷方登记企业购入材料、商品、接受劳务或因分包工程应付而未付的款项；借方登记已付的或开出、承兑商业汇票抵付的应付账款，期末，贷方余额反映企业尚未支付的应付账款余额。本账户可按债权人设置明细账，进行明细核算，也可设置"应付购货款"和"应付工程款"两个明细账户，并按供应单位和分包单位设置明细账，进行明细核算。

2）企业采购材料物资或接受劳务供应，应按从对方取得的增值税专用发票上的买价借记"材料采购"或"原材料"等账户，按票面记载的增值税额借记"应交税费——应交增值税（进项税额）"账户，贷记本账户。

3）企业与分包单位结算分包工程价款时，根据分包单位提供的增值税专用发票（表 8-4）借记"工程施工"等账户，按票面记载的增值税额借记"应交税费——应交增值税（进项税额）"账户，贷记本账户。

表 8-4 江滨市增值税专用发票
发 票 联

开票日期　2019 年 4 月 18 日

付款单位	名称	光华建筑工程有限公司									纳税人登记号									②报销凭证
	地址										开户银行及账户									
货物或应税劳务名称	计量单位	数量	单价	金　额								税　额								
				十	万	千	百	十	元	角	分	十	万	千	百	十	元	角	分	
基础工程款					3	8	0	0	0	0	0		¥	3	4	2	0	0	0	
合计（大写）		肆拾壹万肆仟贰佰元整										税　率				9%				
收款单位		D建筑工程有限公司										开户银行账号								

单位盖章：　　　　　　　　收款人：孙力　　　　　　　　开票人：李飞

企业支付应付款时，根据对方开出的收款收据及付款凭证，借记"应付账款"账户，贷记"银行存款"账户。

企业开出、承兑商业汇票抵付应付账款，借记"应付账款"账户，贷记"应付票据"账户。

由于债权单位撤销或其他原因而无法支付的应付账款，直接转入资本公积，借记"应付账款"账户，贷记"资本公积"账户。

任务实施

根据任务描述1），会计人员应编制以下会计分录：

4月3日购入材料时，根据对方开出的发票及收料单作会计分录如下：

借：原材料	20 800
借：应交税费——应交增值税（进项税额）	2 600
贷：应付账款——YY公司	23 400

根据任务描述2），会计人员应编制以下会计分录：

借：应付账款——YY公司	23 400
贷：银行存款	23 400

根据任务描述3），会计人员应编制以下会计分录：

借：应付账款——YY公司	23 400
贷：银行存款	23 000
贷：财务费用	400

根据任务描述4），会计人员应编制以下会计分录：

借：应付账款——YY公司	23 400
贷：银行存款	23 400

根据任务描述5），会计人员应编制以下会计分录：

借：工程施工	380 000
借：应交税费——应交增值税（进项税额）	34 200
贷：应付账款——D公司	414 200

典型任务示例

【例8-15】 4月11日，光华建筑公司向B公司赊购原材料一批，发票中注明的买价为100 000元，增值税税率为13%，原材料已经入库。付款条件为"2/10，1/20，$n/30$"。该企业采用总价法进行核算。

要求：学生以光华建筑公司会计人员的身份对上述业务进行会计处理。

4月11日购入原材料时，根据发票及收料单按总价入账作会计分录如下：

借：原材料	100 000
借：应交税费——应交增值税（进项税额）	1 300
贷：应付账款——B企业	113 000

4月19日支付货款时，根据收款收据及付款凭证作会计分录如下：

借：应付账款——B企业	113 000
贷：银行存款	111 000
财务费用	2 000

如企业4月25日支付货款，则企业作会计分录如下：

借：应付账款——B企业	113 000

　　　　贷：银行存款　　　　　　　　　　　　　　　　　　　112 000
　　　　　　财务费用　　　　　　　　　　　　　　　　　　　　1 000
　　如企业5月5日支付货款，则企业丧失折扣优惠作会计分录如下：
　　借：应付账款——B企业　　　　　　　　　　　　　　　113 000
　　　　贷：银行存款　　　　　　　　　　　　　　　　　　　113 000

归纳总结

　　应付账款是指企业因购买材料、商品或接受劳务而应付给供应单位或提供劳务单位的款项，以及因工程分包而应付给分包单位的工程价款。其是买卖双方在购销活动中由于取得物资与支付货款在时间上不一致而产生的负债。应付账款一般按购货发票上记载的应付金额计价入账，当有信用条件存在时，应分情况处理：若是商业折扣，应付账款的入账金额为扣除商业折扣后的净值；若是现金折扣，应付账款的入账金额为折扣前的总价，因提前付款而享受的折扣计入财务费用。

实训

　　光华建筑公司于10—12月发生如下经济业务：
　　1）10月3日，光华建筑公司向A企业购入甲材料一批，价款为50 000元，增值税税率为13%，对方代垫运杂费为700元。材料已到并验收入库，款项尚未支付。
　　2）10月4日，向B公司赊购乙材料一批，发票中注明的买价为200 000元，增值税税率为13%，乙材料已经入库。付款条件为(2/10，1/20，n/30)。该企业采用总价法进行核算。
　　3）12月9日，开出转账支票偿还前欠的材料价款。
　　4）12月10日，支付前欠A企业货款50 000元。
　　5）光华建筑公司将已接工程的部分工程分包给A建筑公司进行施工，按合同规定应支付分包工程款100 000元，12月11日，A建筑公司开出工程价款结算单，光华建筑公司已经签字认可，款项尚未支付。
　　要求：学生以企业会计人员的身份为上述业务编制记账凭证。

任务8.7　应付票据的核算

教学目标

任务描述

　　1）光华建筑公司因购买木材给AA公司签发一张面值为200 000元的无息商业承兑汇票(含税价，增值税税率为13%)，为期6个月。
　　2）若上述票据到期，通过银行转账支付票款200 000元。
　　3）若上述票据的票面利率为6%，到期支付时一次性列作财务费用。
　　4）若上述无息票据到期，单位无款，不能支付。
　　5）若上述AA公司的票据为银行承兑汇票，到期不能支付，支付罚款1 000元。

要求：学生以光华建筑公司会计人员的身份对上述业务进行会计处理。

任务分析

会计人员为完成应收票据的取得与款项收回工作，主要应做好以下几项工作：
1)设置"应付票据"的总账、明细账及备查簿。
2)能签发或委托银行办理商业承兑汇票和银行承兑汇票业务。
3)能办理以汇票作为支付手段购入货物的会计处理、计息的会计处理。
4)票据到期时，应到开户银行办理承兑手续，并根据付款凭证进行会计处理。

相关知识

8.7.1 应付票据的基本知识

(1)应付票据的概念

应付票据是指由出票人出票，委托付款人在指定日期无条件支付确定的金额给收款人或者持票人的票据。

应付票据与应付账款不同，虽然都是由交易引起的流动负债，但应付账款是尚未结清的债务，而应付票据是一种期票，也是延期付款的证明，有承诺的票据作为凭据。根据银行支付结算办法的规定，商业汇票的期限最长不超过 6 个月。因此，应付票据属于企业的一项流动负债。

(2)应付票据的分类

1)应付票据按是否带息可分为带息票据与不带息票据。带息票据在票面上标明票面利率，到期值等于票面值加利息。票据到期时，除支付票面金额外，还支付利息。不带息票据到期时只需按票据的票面金额付款，不需另付利息。

2)根据承兑人的不同，应付票据分为商业承兑汇票和银行承兑汇票。

(3)应付票据的计量

无论是带息应付票据还是不带息应付票据，企业在开出商业票据时通常都按应付票据的面值入账。

8.7.2 应付票据的核算方法

为了核算和反映企业购买材料、商品和接受劳务供应等开出、承兑的商业汇票，应设置"应付票据"账户。该账户贷方登记企业签发、承兑商业汇票的面值及带息票据计算的应付利息；借方登记票据到期支付的款项或票据到期无力支付而转为应付账款的款项等，期末，贷方余额反映企业持有尚未到期的应付票据的本息。本账户可按债权人设置明细账，进行明细核算。

企业应当设置"应付票据备查簿"。详细登记每一应付票据的种类、号数、签发日期、到期日、票面利率、票面金额、合同交易号、收款人姓名或单位名称，以及付款日期和金额等资料。应付票据到期结算时，应在备查簿内逐笔注销。

企业开出、承兑商业汇票或以承兑汇票采购材料或抵付应付账款时，根据增值税专用发票、商业汇票的存根联，借记"材料采购""原材料""应付账款"等账户，借记"应交税费——应交增值税（进项税额）"账户，贷记"应付票据"账户。

支付银行承兑汇票的手续费时，根据银行的结算凭证，借记"财务费用"账户，贷记"银行存款"账户。

企业开出的带息商业汇票，应于期末计提应付利息，借记"财务费用"账户，贷记"应付票据"账户。票据到期支付本息时，按票据账面余额，借记"应付票据"账户，按未计的利息，借记"财务费用"账户，按实际支付的金额，贷记"银行存款"账户。

应付票据到期，支付票据金额时，根据银行支付到期汇票的付款通知联，借记"应付票据"，贷记"银行存款"。若企业无力支付票款，按应付票据的账面余额，借记"应付票据"账户，贷记"应付账款"账户。带息应付票据转入"应付账款"账户核算后，期末不再计提利息。若有罚款，计入"营业外支出"账户。

任务实施

根据任务描述1），会计人员应编制以下会计分录：
开出商业承兑汇票时：
借：材料采购——主要材料　　　　　　　　　　　　　176 991.15
借：应交税费——应交增值税（进项税额）　　　　　　 23 008.85
　　贷：应付票据——商业承兑汇票（AA公司）　　　　200 000

根据任务描述2），会计人员应编制以下会计分录：
借：应付票据——商业承兑汇票（AA公司）　　　　　200 000
　　贷：银行存款　　　　　　　　　　　　　　　　　200 000

根据任务描述3），会计人员应编制以下会计分录：
借：财务费用　　　　　　　　　　　　　　　　　　　 6 000
　　应付票据——商业承兑汇票（AA公司）　　　　　200 000
　　贷：银行存款　　　　　　　　　　　　　　　　　206 000

根据任务描述4），会计人员应编制以下会计分录：
借：应付票据——商业承兑汇票（AA公司）　　　　　200 000
　　贷：应付账款——A公司　　　　　　　　　　　　200 000

根据任务描述5），会计人员应编制以下会计分录：
借：应付票据——商业承兑汇票（AA公司）　　　　　200 000
　　贷：短期借款　　　　　　　　　　　　　　　　　200 000
借：营业外支出——罚款　　　　　　　　　　　　　　 1 000
　　贷：银行存款　　　　　　　　　　　　　　　　　 1 000

典型任务示例

【例8-16】 光华建筑公司委托银行签发无息的银行承兑汇票一张，面值为100 000元，期限为3个月（含税价，增值税税率为13%），付给AA公司用于购买钢材。

要求：学生以光华建筑公司会计人员的身份进行会计处理。

开出承兑汇票时：

借：材料采购——主要材料　　　　　　　　　　　　　　　　　　88 495.58
借：应交税费——应交增值税(进项税额)　　　　　　　　　　　11 504.42
　　贷：应付票据——银行承兑汇票(AA公司)　　　　　　　　　　100 000

【例8-17】　3个月后，上述票据到期，通过银行转账支付票据款。
要求：学生以光华建筑公司会计人员的身份进行会计处理。
借：应付票据——银行承兑汇票(AA公司)　　　　　　　　　　100 000
　　贷：银行存款　　　　　　　　　　　　　　　　　　　　　　100 000

【例8-18】　光华建筑公司签发带息的商业承兑汇票一张，面值为200 000元，期限为6个月(含税价，增值税税率为13%)，付给AA公司用于购买水泥。票据的票面利率为6%，票据利息在到期支付时一次性列作财务费用。
要求：学生以光华建筑公司会计人员的身份进行会计处理。
开出商业承兑汇票时：
借：材料采购——主要材料　　　　　　　　　　　　　　　　　176 991.15
借：应交税费——应交增值税(进项税额)　　　　　　　　　　　23 008.85
　　贷：应付票据——商业承兑汇票(AA公司)　　　　　　　　　200 000
票据到期支付款项时：
借：财务费用　　　　　　　　　　　　　　　　　　　　　　　6 000
　　应付票据——商业承兑汇票(AA公司)　　　　　　　　　　　200 000
　　贷：银行存款　　　　　　　　　　　　　　　　　　　　　　206 000

【例8-19】　光华建筑公司委托银行签发一张面值为50 000元的银行承兑汇票一张，用于抵付前欠A公司的款项。
要求：学生以光华建筑公司会计人员的身份进行会计处理。
借：应付账款——A公司　　　　　　　　　　　　　　　　　　50 000
　　贷：应付票据——商业承兑汇票(A公司)　　　　　　　　　　50 000

归纳总结

应付票据是指由出票人出票，委托付款人在指定日期无条件支付确定的金额给收款人或者持票人的票据。应付票据是一种期票，是延期付款的证明，有承诺的票据作为凭据。商业汇票的期限最长不超过6个月，应付票据属于企业的一项流动负债。应设置"应付票据"账户，核算和反映企业购买材料、商品和接受劳务供应等开出、承兑的商业汇票。

实训

1)光华建筑公司开出一张期限为3个月的无息商业承兑汇票，金额为60 000元(不含税，增值税税率为13%)，用于支付购买主材款。3个月后票据到期，光华建筑公司予以承兑。假设3个月后公司无力支付票据款项。
要求：以企业会计人员的身份为企业进行相应的会计处理。

2)光华建筑公司委托银行开出一张面值为80 000元的银行承兑汇票(不含税，增值税税率为13%），票面利率为6%，期限为3个月，用于抵付前欠货款。按月计提利息，票据到期公司及时承兑。

要求：以企业会计人员的身份为企业进行相应的会计处理。

任务 8.8 预收账款的核算

教学目标

任务描述

1）4月3日，光华建筑公司收到建设单位DN公司拨来抵作备料款的钢材100 000元、商品混凝土100 000元。

2）4月15日，建设单位DN公司向光华建筑公司预付当月工程款300 000元，款已收到并存入银行。

3）4月30日，经建设单位DN公司、监理单位签证，光华建筑公司当月已完工程款800 000元，增值税税率为9%，并已开具增值税专用发票一张。

4）4月30日，从当月已完工程价款中扣还预收备料款200 000元，扣还预收工程款300 000元，余款已收到并存入银行。

要求：学生以光华建筑公司会计人员的身份对上述业务进行会计处理。

任务分析

会计人员为完成预收账款的形成与抵扣工作，主要应做以下几项工作：

1）设置"预收账款"的总账及明细账。

2）预收账款发生时，根据企业开具的收款收据及合同，编制会计凭证并登记入账。

3）月末在办理当月工程价款结算时，根据给对方提供的建筑业发票联记载的金额作为当期应向建设单位收取的工程价款，编制记账凭证并登记入账。

4）月初预收的账款要从当期应收账款中扣除，编制记账凭证并登记入账。

相关知识

8.8.1 预收账款的基本知识

预收账款是指企业按照工程合同规定向发包单位预收的工程款和备料款，以及按购销合同规定向供货单位与接受劳务单位预收的销货款。其主要包括预收备料款、预收工程款、预收销货款等。

预收账款是交易双方按协议规定，由购货方预先支付一部分货款给供应方或接受劳务方而发生的一项负债，需要以后以支付产品或提供劳务作抵偿，在未交付产品或提供劳务之前，其构成企业的一项流动负债。

8.8.2 预收账款的核算方法

为了反映预收账款的发生及偿付情况，企业应设置"预收账款"账户进行核算。其贷方登记向发包单位预收的工程款、备料款和向购货单位预收的销货款，借方登记与发包单位结算已完工程价款时，从应收工程款中扣还的预收工程款和备料款，以及销售实现时从应收账款中扣还的预收销货款，期末，贷方余额表示企业预收的尚未结算扣还的各种预收款项。本账户按发包单位和购货单位设置明细账户，进行明细核算。也可下设"预收备料款""预收工程款"和"预收销货款"明细账户，并按发包单位和购货单位进行明细核算。

如果企业预收账款较少，也可将预收款作为应收账款的减项，反映在"应收账款"账户的贷方，待发生应收账款时，再在"应收账款"账户进行结算。

企业按规定预收的工程款和备料款及预收的销货款，以及收到发包单位拨入抵作备料款的材料时，根据企业开出的收款收据、调拨单(表 8-5)等，借记"银行存款""原材料"等账户，贷记"预收账款"账户。

表 8-5　物资调拨单

调入单位：光华建筑工程有限公司　　　　2019 年 4 月 13 日

类别		编号		工程名称		节能减排厂房		③转拨入单位代发票
名称	框架规格	单位		数量		单价	金额	
				应拨	实拨			
混凝土	C20	m³			500	400	200 000	
合计					500	400	200 000	
拨出单位盖章				拨入单位盖章				

企业与发包单位结算已完工程价款，以为建设单位开具的工程款发票为依据，借记"应收账款"账户，贷记"工程结算"或"主营业务收入"账户；企业与购货单位结算销货款时，根据企业开出的销售发票，借记"应收账款"账户，贷记"其他业务收入"账户。

从应收款中扣还预收款时，借记"预收账款"账户，贷记"应收账款"账户。

任务实施

根据任务描述 1)，会计人员应编制以下会计分录：
借：原材料　　　　　　　　　　　　　　　　　　　　　　　　200 000
　　贷：预收账款——预收备料款(DN 公司)　　　　　　　　　　200 000
根据任务描述 2)，会计人员应编制以下会计分录：
借：银行存款　　　　　　　　　　　　　　　　　　　　　　　300 000
　　贷：预收账款——预收工程款(DN 公司)　　　　　　　　　　300 000
根据任务描述 3)，会计人员应编制以下会计分录：
借：应收账款——DN 公司　　　　　　　　　　　　　　　　　872 000
　　贷：工程结算　　　　　　　　　　　　　　　　　　　　　 800 000
　　贷：应交税费——应交增值税(销项税额)　　　　　　　　　　72 000
根据任务描述 4)，会计人员应编制以下会计分录：
借：银行存款　　　　　　　　　　　　　　　　　　　　　　　372 000
　　预收账款——预收备料款(DN 公司)　　　　　　　　　　　 200 000

　　　　预收账款——预收工程款(DN公司)　　　　　　　　　　　　　300 000
　　　　贷：应收账款——DN公司　　　　　　　　　　　　　　　　　872 000

典型任务示例

【例 8-20】 光华建筑公司向发包单位 EF 公司预收工程款 150 000 元，款项存入银行。
要求：学生以光华建筑公司会计人员的身份对上述业务进行会计处理。
会计人员根据进账单及收款收据作如下会计分录：
　　借：银行存款　　　　　　　　　　　　　　　　　　　　　　　150 000
　　　　贷：预收账款——预收工程款(EF公司)　　　　　　　　　　　　150 000

【例 8-21】 根据【例 8-20】，光华建筑公司与 EF 公司及监理公司月末结算当月工程款 500 000 元，增值税税率为 9%。
要求：学生以光华建筑公司会计人员的身份对上述业务进行会计处理。
企业有关会计处理如下：
结算工程款时：
　　借：应收账款——应收工程款(EF公司)　　　　　　　　　　　　545 000
　　　　贷：工程结算　　　　　　　　　　　　　　　　　　　　　500 000
　　　　贷：应交税费——应交增值税(销项税额)　　　　　　　　　　45 000
扣还预收账款时：
　　借：预收账款——预收工程款(EF公司)　　　　　　　　　　　　150 000
　　　　贷：应收账款——应收工程款(EF公司)　　　　　　　　　　　150 000

归纳总结

　　预收账款是指企业按照工程合同规定向发包单位预收的工程款和备料款，以及按购销合同规定向供货单位与接受劳务单位预收的销货款。其主要包括预收备料款、预收工程款、预收销货款等。预收账款是交易双方按协议规定，由购货方预先支付一部分货款给供应方或接受劳务方而发生的一项负债，需要以后以支付产品或提供劳务作抵偿，在未交付产品或提供劳务之前，其构成企业的一项流动负债。企业应设置"预收账款"账户核算预收账款的发生及偿付情况。

实训

　　光华建筑公司 10 月发生如下经济业务：
　　1) 10 月 13 日，光华建筑公司收到发包单位甲公司拨来抵作备料款的材料 50 000 元。
　　2) 10 月 15 日，光华建筑公司根据"工程价值预支账单"向发包单位甲公司预收工程款 100 000 元。
　　3) 10 月 31 日，光华建筑公司填制"工程价款结算账单"，经发包单位签证，结算本期已完工程款 480 000 元，增值税税率为 9%，扣还预收备料款、预收工程款余款存入银行。
　　要求：以企业会计人员的身份为企业进行相应的会计处理。

任务8.9 其他应付款的核算

任务描述

1)4月3日,光华建筑公司因销售业务,收到ABC公司的包装物押金1 000元。
2)4月12日,ABC公司归还包装物,光华建筑公司退还押金现金1 000元。
要求:学生以光华建筑公司会计人员的身份对上述业务进行会计处理。

任务分析

会计人员为完成其他应付款的发生与收回工作,主要应做以下几项工作:
1)掌握其他应付款与应付账款的区别,设置"其他应付款"的总账及明细账。
2)审核取得的原始凭证是否属于其他应付款的业务,根据原始凭证登记入账。
3)对收到的款项,审核其是否属于其他应付款的收回,根据原始凭证登记入账。

相关知识

8.9.1 其他应付款的基本知识

其他应付款是指企业除应付账款、应付票据、预收账款、应付职工薪酬、应付股利、应付利息外的其他各种应付、暂收单位或个人的款项。其包括应付经营租入固定资产和包装物租金,职工未按期领取的工资,存入保证金(如收入包装物押金等),应付、暂收所属单位、个人的款项,其他应付、暂收款项。

8.9.2 其他应付款的核算方法

为了核算其他各项应付、暂收的款项,设置"其他应付款"账户。其贷方登记实际发生的应付及暂收款;借方登记支付的应付及暂收款,期末,贷方余额反映企业应付而未付的其他应付款项。本账户可按其他应付款的项目和单位(或个人)设置明细账,进行明细核算。

任务实施

根据任务描述1),会计人员应编制以下会计分录:
收取押金时,根据收款收据作会计分录如下:
借:库存现金　　　　　　　　　　　　　　　　　　　　　　　　1 000
　　贷:其他应付款——押金(ABC公司)　　　　　　　　　　　　　　1 000
根据任务描述2),会计人员应编制以下会计分录:
借:其他应付款——押金(ABC公司)　　　　　　　　　　　　　　1 000
　　贷:库存现金　　　　　　　　　　　　　　　　　　　　　　　　1 000

典型任务示例

【例 8-22】 光华建筑公司于年初租入 MK 公司的一办公用房，每月租金为 10 000 元，按季支付，每季末企业以银行存款支付应付租金。2016 年 3 月 31 日，公司计提该租金，并开出转账支票支付该款项。

要求：以企业会计人员的身份对上述业务进行会计处理。

第一、二、三月月末企业计提租金时的会计处理如下：

借：管理费用　　　　　　　　　　　　　　　　　10 000
　　贷：其他应付款——MK 公司　　　　　　　　　　　10 000

3 月 31 日支付租金时的会计处理如下：

借：其他应付款——MK 公司　　　　　　　　　　30 000
　　贷：银行存款　　　　　　　　　　　　　　　　　30 000

归纳总结

其他应付款是指企业除应付账款、应付票据、预收账款、应付职工薪酬、应付股利、内部往来和应付利息以外的其他各种应付、暂收单位或个人的款项。其包括应付租入固定资产和包装物的租金、存入保证金等。企业应设置"其他应付款"账户核算其他各项应付、暂收的款项的发生与收回。

实训

光华建筑公司 10 月发生如下经济业务：

1) 10 月 8 日，公司因违约，向对方单位支付违约金 30 000 元，开出转账支票支付。
2) 10 月 20 日，经查溢余的 500 元现金是因少付职工陈明工资造成的，应给予支付。

要求：以企业会计人员的身份对上述经济业务进行相应的账务处理。

项目测验题

项目 9　职工薪酬的核算

案例：中国现代会计之父——潘序伦

任务 9.1　应付工资的核算

教学目标

任务描述

1) 4月30日，光华建筑公司会计人员根据人力资源部门编制的工资结算汇总表(表9-1)，签发现金支票，提取现金，发放工资。

表 9-1　工资结算汇总表

编制单位：光华建筑工程有限公司　　　　4月30日　　　　　　　　　　　　　元

人员类别	计时工资	计件工资	……	应付工资	代扣款项	实发工资
工程施工人员	略	略	……	210 000	10 000	200 000
项目部管理人员	略	略	……	35 000	5 000	30 000
辅助生产人员	略	略	……	10 000		10 000
物资供应人员	略	略	……	5 000		5 000
行政管理人员	略	略	……	25 000	5 000	20 000
机械作业人员	略	略	……	10 000		10 000
合　　计	略	略	……	295 000	20 000	275 000

编制部门：人力资源部　　　　　编制人：刘宁　　　　　　部门负责人：陈江

2) 出纳人员收到刘丽的未领取工资3 000元。
3) 月末会计人员根据工程结算汇总表编制工资分配表，分配本月工资。

要求：学生以光华建筑公司会计人员的身份对上述业务进行会计处理。

任务分析

企业会计人员在工资的发放与分配环节，应做好以下工作：

1) 核对工程结算汇总表，确认应付工资总额、实发工资总额及代扣税金及款项。
2) 根据实发工资总额，签发现金支票，提取现金，并进行会计处理。
3) 根据工程结算汇总表，发放工资，并进行会计处理。
4) 月末编制工资分配表，并进行工资分配的核算。
5) 登记应付职工薪酬明细账及总账。

工资支付与分配的核算

相关知识

9.1.1　职工薪酬的基本知识

(1) 职工薪酬的概念

职工薪酬是指企业为获得职工提供的服务而给予职工的各种形式的报酬及其他相关支

· 167 ·

出。这里的职工包括三类人员：一是与企业订立劳动合同的所有人员，含全职、兼职和临时职工；二是未与企业订立劳动合同但由企业正式任命的人员，如董事会、监事会成员；三是在企业的计划和控制下，虽未与企业订立劳动合同或未由其正式任命，但为其提供与职工类似服务的人员，如劳务用工合同人员。

(2) 职工薪酬的内容

1) 工资、奖金、津贴和补贴。工资、奖金、津贴和补贴是企业支付给职工的劳动报酬总额，也称为工资总额。它是企业应付给职工个人的劳动报酬，是企业生产费用的组成部分，也是职工薪酬核算的主要内容。其包括以下几项：

①计时工资。计时工资是根据每个职工的工资等级、工资标准、出勤情况及其他有关规定计算的工资。

②计件工资。计件工资是按照职工生产合格产品的数量和计价单价计算的工资。

③奖金。奖金是指支付给职工的超额报酬和增收节支的劳动报酬。

④津贴和补贴。津贴和补贴是指为了补偿职工特殊或额外的劳动消耗和因其他特殊原因支付给职工的津贴，以及为了保证职工工资水平不受物价影响支付给职工的物价补贴。

⑤加班加点工资。加班加点工资是指按国家规定支付的加班工资和加点工资。

⑥特殊情况下支付的工资。特殊情况下支付的工资是指根据国家法律、法规和政策规定，对因病假、工伤、产假、计划生育假、婚丧假、探亲假、定期休假、停工学习、执行国家或社会义务等原因，按规定支付给职工的工资。

除计时工资和计件工资外，工资性津贴、各种经常性奖金和特殊情况下支付的工资项目的发放标准，国家均有统一的规定，按规定执行即可，应付工资的计算公式如下：

应付工资＝计时工资＋计件工资＋工资性津贴＋经常性奖金－事、病假应扣工资

实发工资＝应付工资－代扣款项

2) 福利费（职工福利费和非货币性福利）。职工福利费主要是指用于企业内部的食堂、浴室、医务室等福利机构的经费支出、人员的工资、职工生活困难补助、未实行医疗统筹企业的职工医疗费用及其他福利支出等，也称为货币性福利。非货币性福利是指企业以自己的产品或外购商品发放给职工作为福利，企业提供给职工无偿使用自己拥有的资产或租赁资产，如提供给高层管理者使用的住房及车辆，或向职工提供企业支付了一定补贴的商品或服务等。

3) 五险一金。"五险"是指企业按照国家及地方政府或企业年金计划规定的基准和比例计算，向社会保险机构缴纳的养老保险费、失业保险费、工伤保险费、生育保险费和医疗保险费，除工伤保险费和生育保险由企业统一上缴外，其他险种均由企业和职工个人分别负担。"一金"是指住房公积金，是企业按照《住房公积金管理条例》规定的基准和比例计算，向住房公积金管理机构缴存的住房公积金，由企业和职工个人分别负担。

4) 工会经费和教育经费。工会经费和教育经费是指由工会组织的企业按规定应提取的工会经费，以及应由企业负担的用于职工接受教育的各种培训费用。

5) 因解除与职工的劳动关系而给予的补偿。因解除与职工的劳动关系而给予的补偿是指由于分离办社会职能、实施主辅分离、重组、改组等原因，企业在职工劳动合同尚未到期之前解除与职工的劳动关系，或者为鼓励职工自愿接受裁减而提出补偿建议的计划中给予职工的经济补偿。

6)其他与获得职工提供的服务相关的支出。其他与获得职工提供的服务相关的支出是指除上述薪酬外的其他为获得职工提供的服务而给予的薪酬。

(3)工资核算的原始凭证

企业职工薪酬计算的原始凭证主要有考勤记录、工程施工任务单、工资卡、扣款通知单、工资单、工资结算汇总表等。

1)考勤记录。考勤记录是登记职工出勤情况的记录。它是分析、考核职工出勤等工作时间利用情况的原始记录,也是计算职工工资的主要依据。它由考勤人员根据职工出勤、缺勤等情况逐日登记,月末加以统计,并上报人事、劳资部门作为计算工资的依据。

2)工程施工任务单。工程施工任务单是施工企业安排工人执行工作任务,并据以验收的书面凭证,用来登记施工生产耗用的工日及完成的实物数量,是计算计件工资和工程成本的依据。

3)工资卡。工资卡是反映职工就职、离职、调动、工资级别调整和工资津贴变动等情况的卡片,是计算职工标准工资的原始凭证。该卡是每月计算职工工资的基本依据之一。

4)扣款通知单。扣款通知单是财会部门据以从应付工资中代扣各种款项,计算职工实发工资的依据。每月计算和发放工资以前,各有关部门应将扣款通知单送交财会部门,作为代扣款项的依据。

5)工资单。工资单也称为工资结算单,一般按工作班组和职能部门分别编制,每月一张。其内容包括每个职工的应付工资、根据有关扣款通知单填列的代扣款项和实发工资以及领款人签章栏等。工资单既是工资结算的凭证,又是支付工资的收据。通常一式三份,一份由劳动工资部门存查;一份按每个职工裁成"工资条"和工资一起发给职工;一份由职工签收后作为会计部门结算和支付工资的凭证。其格式见表9-2。

6)工资结算汇总表。工资结算汇总表是根据各个班组和部门的"工资结算单"编制的,汇总反映企业各单位、各部门的应付工资。其格式见表9-2。

表 9-2 工资结算单

钢筋班　　　　　　　　　　　2016年4月28日　　　　　　　　　　　　　　　　元

班组成员	计时工资	计件工资	加班工资	补贴	奖金	病假工资	工伤工资	应付工资	代扣款项		实发工资	签字
									税金	水电费		
张力												
李刚												
刘伟												
小计												

9.1.2 工资费用的核算

(1)账户的设置

为了核算和反映企业根据有关规定应付给职工的各种薪酬、福利及保险费的增减变动,需要设置"应付职工薪酬"账户,企业当月发生的职工薪酬无论是否在当月支付,均应通过"应付职工薪酬"账户核算。其贷方登记企业月末已分配计入有关成本费用项目的职工薪酬的数额;借方登记向职工支付工资、奖金、津贴、福利费、代扣的各种款项、上交工会经费和支付职工教育经费用于职工培训的款项，以及按照国家有关规定缴纳的社会保险费和住房公积金、企业以其自产产品发放给职工的福利以及转出待领工资，期末，贷方余额反映企业应付未付的职工薪酬。

企业可按"工资""职工福利""社会保险费""住房公积金""工会经费""职工教育经费""非货币性福利""辞退福利""股份支付"等设置明细账，进行明细核算。

(2) 工资的核算

每月发放职工薪酬前，企业人力资源部门应根据职工录用、考勤、调动、工资级别、津贴变动等情况按部门编制"工资结算单"，财会部门在转来的"工资结算单"的基础上编制"工资结算汇总表"，出纳人员根据"工资结算汇总表"中的实发金额总数签发现金支票，向银行提取现金。

发放工资时，一方面，根据"工资结算单"上职工盖章签收的实付工资额支付现金；另一方面，结转代扣款项。月末根据"工资结算汇总表"资料，进行本月工资分配的核算。

(3) 工资分配的核算

建筑企业应付的职工工资，是生产经营活动的耗费，不论当月是否已经支付，都应按不同人员类别和提供服务的受益对象，将本月发生的应付工资总额分配记入有关成本、费用账户。

1) 直接从事建筑安装工程施工的施工生产人员的工资记入"工程施工——人工费"账户。

2) 组织建筑安装工程施工的施工生产管理人员的工资记入"工程施工——间接费用"账户。

3) 辅助生产人员的工资记入"生产成本——辅助生产成本"账户。

4) 施工机械作业人员的工资记入"机械作业"账户。

5) 材料供应部门人员的工资记入"采购保管费"账户。

6) 企业行政管理部门人员的工资记入"管理费用"账户。

7) 由在建工程负担的工资，记入"在建工程"账户。

8) 因解除与职工的劳动关系而给予的补偿，记入"管理费用"账户。

任务实施

根据任务描述 1)，会计人员应编制以下会计分录：

签发现金支票提取现金：

借：库存现金 275 000
　　贷：银行存款 275 000

以现金支付职工工资：

借：应付职工薪酬——工资 275 000
　　贷：库存现金 275 000

将代扣职工个人水电费予以转账：

借：应付职工薪酬——工资 20 000
　　贷：其他应付款——水电费 20 000

根据任务描述 2)，会计人员应编制以下会计分录：

借：库存现金 3 000

贷：其他应付款——应付工资（刘丽）　　　　　　　　　　　　　　　　3 000

根据任务描述3)，会计人员应编制工资分配表（表9-3），分配本月工资。

根据表9-3，作会计分录如下：

借：工程施工——人工费　　　　　　　　　　　　　　　　　　210 000
　　工程施工——间接费用　　　　　　　　　　　　　　　　　　35 000
　　生产成本——辅助生产　　　　　　　　　　　　　　　　　　10 000
　　采购保管费　　　　　　　　　　　　　　　　　　　　　　　5 000
　　管理费用　　　　　　　　　　　　　　　　　　　　　　　　25 000
　　机械作业　　　　　　　　　　　　　　　　　　　　　　　　10 000
　　贷：应付职工薪酬——应付工资　　　　　　　　　　　　　　295 000

表9-3　工资分配表

2016年4月30日　　　　　　　　　　　　　　　　　　　　　　　　　　　元

受益对象＼人员类别	工程施工人员	现场管理人员	辅助生产人员	物资供应人员	行政管理人员	机械作业人员	合计
工程施工——人工费	210 000						210 000
工程施工——间接费用		35 000					35 000
生产成本——辅助生产			10 000				10 000
采购保管费				5 000			5 000
管理费用					25 000		25 000
机械作业						10 000	10 000
合计	210 000	35 000	10 000	5 000	25 000	10 000	295 000

典型任务示例

【例9-1】 4月30日，出纳人员开出现金支票提取现金200 000元备发工资。

要求：学生以光华建筑公司会计人员的身份对上述业务进行会计处理。

根据现金支票存根，作会计分录如下：

借：库存现金　　　　　　　　　　　　　　　　　　　　　　　200 000
　　贷：银行存款　　　　　　　　　　　　　　　　　　　　　200 000

【例9-2】 4月30日，用现金发放职工工资200 000元。

要求：学生以光华建筑公司会计人员的身份对上述业务进行会计处理。

根据工资结算表，作会计分录如下：

借：应付职工薪酬——应付工资　　　　　　　　　　　　　　　200 000
　　贷：库存现金　　　　　　　　　　　　　　　　　　　　　200 000

【例9-3】 4月30日，工资结算汇总表中代扣的个人所得税为5 000元，代扣的水费为2 000元。

要求：学生以光华建筑公司会计人员的身份对上述业务进行会计处理。

根据工资结算表，作会计分录如下：

借：应付职工薪酬——应付工资　　　　　　　　　　　　　　　　7 000

贷：应交税费——个人所得税　　　　　　　　　　　　　　　　　5 000
　　　　贷：其他应付款　　　　　　　　　　　　　　　　　　　　　2 000

【例9-4】 4月30日分配工资：其中，A工程施工人员82 000元，B工程施工人员72 000元，项目部管理人员41 000元，公司行政管理人员12 000元。

要求：学生以光华建筑公司会计人员的身份对上述业务进行会计处理。

根据工资分配表，作会计分录如下：
　　借：工程施工——A工程　　　　　　　　　　　　　　　　　　82 000
　　　　工程施工——B工程　　　　　　　　　　　　　　　　　　72 000
　　　　工程施工——间接费用　　　　　　　　　　　　　　　　　41 000
　　　　管理费用　　　　　　　　　　　　　　　　　　　　　　　12 000
　　　　贷：应付职工薪酬——应付工资　　　　　　　　　　　　　207 000

▶ 归纳总结

职工薪酬是指企业为获得职工提供的服务所给予的各种形式的报酬以及其他相关支出。职工薪酬不仅包括企业一定时期支付给全体职工的劳动报酬总额，也包括按照工资的一定比例计算，并计入成本费用的其他相关支出。其包括工资、奖金、津贴和补贴、福利费、五险一金、工会经费和教育经费、因解除与职工的劳动关系而给予的补偿、其他与获得职工提供的服务相关的支出。工资核算的原始凭证主要有考勤记录、工程施工任务单、工资卡、扣款通知单、工资单、工资结算汇总表等。工资的发放与分配，使用"应付职工薪酬"账户核算。

▶ 实　训

光华建筑公司10月发生如下经济业务：
1）10月26日，出纳人员开出现金支票提取现金200 000元备发工资。
2）10月26日，用现金发放职工工资200 000元。
3）10月26日，代扣行政管理人员个人水电费10 000元。
4）10月31日，分配工资费用：工程施工人员140 000元，项目部管理人员30 000元，行政管理人员20 000元，销售部门人员10 000元。

要求：以会计人员的身份，对上述经济业务进行相关的会计处理。

任务9.2　工资附加费及社会保险费的核算

教学目标

任务描述

1）4月2日，光华建筑公司用现金支付职工生活困难补助费10 000元。
2）4月30日，光华建筑公司向技术人员提供的租赁车辆，本月应计提租金5 000元。
3）4月30日，根据任务9.1中表9-1的资料，编制职工福利费计提表，并计提职工福利费。

4)4月30日，根据任务9.1中的表9-3，按国家规定分别以2％、1.5％的比例计提工会经费和职工教育经费。

5)5月10日，通过银行转账上交工会经费5 900元，通过银行转账支付职工培训费2 000元。

6)5月10日，通过银行转账支付由企业负担的养老保险40 000元、失业保险10 000元、医疗保险20 000元、工伤保险2 000元、生育保险1 800元、住房公积金25 000元。

要求：学生以光华建筑公司会计人员的身份对上述业务进行会计处理。

任务分析

企业会计人员在工资附加费及社会保险费的计提与上交支出环节，应做好以下工作：

1)对日常发生的工资及附加支出业务取得原始凭证，并以此为依据进行会计处理。
2)编制工资附加费计提表，并进行相关的会计处理。
3)计算五险一金，并编制五险一金计提表，进行会计处理。
4)上交五险一金，并进行会计处理。

相关知识

9.2.1 福利费的核算

(1)职工福利费

职工福利费也称为货币性福利费，按工资总额的14％提取。其主要用于职工的医药费(包括职工参加医疗保险所缴纳的医疗保险费)，医护人员的工资，医务经费，职工因公负伤赴外地就医的路费，职工生活困难补助，职工浴室、理发室、幼儿园人员的工资等。

职工福利费也应按人员类别分别计提，借记各受益对象，贷记"应付职工薪酬——应付福利费"账户，因其是从工资总额中提取的，应计入的各受益对象原则上与工资分配的受益对象一致，即工资分配借记哪个账户，职工福利费分配也借记对应账户。职工福利费使用时，借记"应付职工薪酬——应付福利费"账户，贷记"银行存款"等账户。

(2)非货币性福利费

非货币性福利费是企业以其自产产品作为非货币性福利发放给职工所产生的，应当根据受益对象，按照该产品的公允价值，计入相关资产或当期损益；用于无偿向职工提供住房等固定资产使用的，租赁住房等资产供职工无偿使用的，当发生时，作为企业的一项流动负债，通过"应付职工薪酬——非货币性福利"账户核算。

无偿向职工提供住房等固定资产使用的，按应计提的折旧额，借记"管理费用""生产成本""工程施工"等账户，贷记"应付职工薪酬"；同时，借记"应付职工薪酬"账户，贷记"累计折旧"账户。

9.2.2 工会经费和职工教育经费的核算

工会经费是工会用于组织活动的经费。按现行制度规定，企业根据工资总额的 2% 提取并拨交工会使用。提取的工会经费，应列作管理费用，借记"管理费用"账户，贷记"应付职工薪酬——工会经费"账户。

职工教育经费是按工资总额的 1.5% 计算提取的，是用于职工教育，提高技能等活动方面的经费。提取的职工教育经费，应列作管理费用，借记"管理费用"账户，贷记"应付职工薪酬——职工教育经费"账户。

将提取的工会经费和职工教育经费交付有关部门使用时，应借记"应付职工薪酬——工会经费"和"应付职工薪酬——职工教育经费"账户，贷记"银行存款"或"库存现金"账户。

9.2.3 "五险一金"的核算

(1) "五险一金"的内容

1) 养老保险。养老保险是指国家和社会根据法律和法规，为解决劳动者在达到国家规定的解除劳动义务的劳动年龄界限，或因年老丧失劳动能力退出劳动岗位后的基本生活而建立的一种社会保险制度。我国的养老保险由三个部分组成：第一部分是基本养老保险；第二部分是企业补充养老保险；第三部分是个人储蓄性养老保险。

2) 失业保险。失业保险是指国家通过立法强制实行的，由社会集中建立基金，对因失业而暂时中断生活来源的劳动者提供物质帮助的制度。它是社会保障体系的重要组成部分，是社会保险的主要项目之一。失业保险基金由四部分组成：第一部分是城镇企业事业单位、城镇企业事业单位职工缴纳的失业保险费；第二部分是失业保险基金的利息；第三部分是财政补贴；第四部分是依法纳入失业保险基金的其他资金。

3) 医疗保险。医疗保险是由国家强制实施的一项社会福利事业，是社会为保障劳动者基本医疗需求的社会医疗保险制度。它有两层基本含义：一是基本医疗保险水平要与社会生产力发展水平相适应，要和财政、企业和个人的承受能力相适应；二是用比较低廉的费用，获得比较优质的医疗服务，能够保障职工基本医疗需求的社会医疗保险制度。当人们生病或受到伤害后，由国家或社会给予一种物质帮助。

4) 工伤保险。工伤保险是社会保险制度中的重要组成部分，是国家和社会为在生产、工作中遭受事故伤害和患职业性疾病的劳动者及亲属提供医疗救治、生活保障、经济补偿、医疗和职业康复等物质帮助的一种社会保障制度。我国 2003 年颁布的《工伤保险条例》规定：用人单位应当按时缴纳工伤保险费。职工个人不缴纳工伤保险费。用人单位缴纳工伤保险费的数额为本单位职工工资总额乘以单位缴费费率之积。工伤保险费根据"以支定收、收支平衡"的原则确定费率。

5) 生育保险。生育保险是通过国家立法规定，在劳动者因生育子女而导致劳动力暂时中断时，由国家和社会及时给予物质帮助的一项社会保险制度。我国生育保险待遇主要包括两项：一是生育津贴，用于保障女职工产假期间的基本生活需要；二是生育医疗待遇，用于保障女职工怀孕、分娩期间，以及职工实施节育手术时的基本医疗保健需要。职工个人不缴纳生育保险费。

养老保险、医疗保险和失业保险，这三种险是由用人单位和个人共同缴纳保险费。工伤保险和生育保险完全是由用人单位承担的，个人不需要缴纳。

6) 住房公积金。住房公积金是指国家机关、国有企业、城镇集体企业、外商投资企业、城镇私营企业及其他城镇企业、事业单位(以下简称单位)及其在职职工缴存的长期住房储备金。《住房公积金管理条例》规定：职工个人缴存的住房公积金和职工所在单位为职工缴存的住房公积金，属于职工个人所有。职工住房公积金的月缴存额为职工本人上一年度月平均工资乘以职工住房公积金缴存比例。单位为职工缴存的住房公积金的月缴存额为职工本人上一年度月平均工资乘以单位住房公积金缴存比例。有条件的城市，可以适当提高缴存比例。职工个人缴存的住房公积金，由所在单位每月从其工资中代扣、代缴。

(2) "五险一金"的核算

企业应按照有关规定计提"五险一金"，并按要求进行核算。"五险一金"以工资总额为基础进行计提，计提比例参照有关规定分别是：

养老保险：单位16%，个人8%。
医疗保险：单位6%，个人2%。
失业保险：单位2%，个人1%。
工伤保险：单位1%，个人不需要缴纳。
生育保险：单位1%，个人不需要缴纳。
住房公积金：职工和单位住房公积金的缴存比例不超过职工月平均工资的12%。

"五险一金"是构成企业职工薪酬的内容，需要通过"应付职工薪酬——社会保险费"账户核算。

任务实施

根据任务描述1)，会计人员应编制以下会计分录：

借：应付职工薪酬——职工福利费　　　　　　　　　　　　　　　10 000
　　贷：库存现金　　　　　　　　　　　　　　　　　　　　　　　10 000

根据任务描述2)，会计人员应编制以下会计分录：

借：管理费用——固定资产使用费　　　　　　　　　　　　　　　5 000
　　贷：应付职工薪酬——非货币性福利　　　　　　　　　　　　　5 000

根据任务描述3)，会计人员编制的职工福利费计提表见表9-4。

表 9-4　职工福利费计提表

2016 年 4 月 30 日

账户名称	人员类别	应付工资总额/元	计提比例	计提金额/元
工程施工——人工费	工程施工人员	210 000	14%	29 400
工程施工——间接费用	现场管理人员	35 000	14%	4 900
生产成本——辅助生产	辅助生产人员	10 000	14%	1 400
采购保管费	物资供应人员	5 000	14%	700

续表

账户名称	人员类别	应付工资总额/元	计提比例	计提金额/元
管理费用	行政管理人员	25 000	14%	3 500
机械作业	机械作业人员	10 000	14%	1 400
合　计		295 000	14%	41 300

根据表9-4，作会计分录如下：

借：工程施工——人工费　　　　　　　　　　　　　　29 400
　　工程施工——间接费用　　　　　　　　　　　　　　4 900
　　生产成本——辅助生产成本　　　　　　　　　　　　1 400
　　采购保管费　　　　　　　　　　　　　　　　　　　　700
　　管理费用　　　　　　　　　　　　　　　　　　　　3 500
　　机械作业　　　　　　　　　　　　　　　　　　　　1 400
　　贷：应付职工薪酬——职工福利费　　　　　　　　41 300

根据任务描述4），会计人员应编制以下会计分录：

借：管理费用——工会经费　　　　　　　　　　　　　　5 900
　　管理费用——职工教育经费　　　　　　　　　　　　4 425
　　贷：应付职工薪酬——工会经费　　　　　　　　　　5 900
　　　　应付职工薪酬——职工教育经费　　　　　　　　4 425

根据任务描述5），会计人员应编制以下会计分录：

上交工会经费时，根据缴费凭证：

借：应付职工薪酬——工会经费　　　　　　　　　　　　5 900
　　贷：银行存款　　　　　　　　　　　　　　　　　　5 900

支付职工培训费2 000元时，根据相关原始凭证：

借：应付职工薪酬——职工教育经费　　　　　　　　　　2 000
　　贷：银行存款　　　　　　　　　　　　　　　　　　2 000

根据任务描述6），会计人员应编制以下会计分录：

借：应付职工薪酬——社会保险金——养老保险　　　　40 000
　　应付职工薪酬——社会保险金——失业保险　　　　10 000
　　应付职工薪酬——社会保险金——工伤保险　　　　 2 000
　　应付职工薪酬——社会保险金——生育保险　　　　 1 800
　　应付职工薪酬——社会保险金——医疗保险　　　　20 000
　　应付职工薪酬——住房公积金　　　　　　　　　　25 000
　　贷：银行存款　　　　　　　　　　　　　　　　　98 800

典型任务示例

【例9-5】　光华建筑公司按表9-5资料计提五险一金。

要求：以会计人员的身份，计提应由企业负担的社会保险金及住房公积金，并进行相关的账务处理。

表 9-5　五险一金计算表　　　　　　　　　　　　　　　　　　　　元

人员类别	应付工资	养老保险		失业保险		医疗保险		工伤保险 1%	生育保险 1%	住房公积金	
		单位 16%	个人 8%	单位 2%	个人 1%	单位 6%	个人 2%			单位 5%	个人 5%
工程施工人员	210 000	33 600	16 800	4 200	2 100	12 600	4 200	2 100	2 100	10 500	10 500
项目部管理人员	35 000	5 600	2 800	700	350	2 100	700	350	350	1 750	1 750
辅助生产人员	10 000	1 600	800	200	100	600	200	100	100	500	500
物资供应人员	5 000	800	400	100	50	300	100	50	50	250	250
行政管理人员	25 000	4 000	2 000	500	250	1 500	500	250	250	1 250	1 250
销售部门人员	10 000	1 600	800	200	100	600	200	100	100	500	500
合计	295 000	47 200	23 600	5 900	2 950	17 700	5 900	2 950	2 950	14 750	14 750

根据表 9-5，作会计分录如下：

借：工程施工——人工费　　　　　　　　　　　　　　　　　　65 100
　　工程施工——间接费用　　　　　　　　　　　　　　　　　10 850
　　辅助生产　　　　　　　　　　　　　　　　　　　　　　　 3 100
　　采购保管费　　　　　　　　　　　　　　　　　　　　　　 1 550
　　管理费用　　　　　　　　　　　　　　　　　　　　　　　 7 750
　　销售费用　　　　　　　　　　　　　　　　　　　　　　　 3 100
　　贷：应付职工薪酬——社会保险金——养老保险　　　　　　47 200
　　　　应付职工薪酬——社会保险金——失业保险　　　　　　 5 900
　　　　应付职工薪酬——社会保险金——工伤保险　　　　　　 2 950
　　　　应付职工薪酬——社会保险金——生育保险　　　　　　 2 950
　　　　应付职工薪酬——社会保险金——医疗保险　　　　　　17 700
　　　　应付职工薪酬——住房公积金　　　　　　　　　　　　14 750

代扣职工个人应交的社会保险金及住房公积金，作会计分录如下：

借：应付职工薪酬——工资　　　　　　　　　　　　　　　　　47 200
　　贷：其他应付款——个人社会保险金——养老保险　　　　　23 600
　　　　其他应付款——个人社会保险金——失业保险　　　　　 2 950
　　　　其他应付款——个人社会保险金——医疗保险　　　　　 5 900
　　　　其他应付款——住房公积金　　　　　　　　　　　　　14 750

归纳总结

福利费包括职工福利费和非货币性福利。职工福利费也称为货币性福利费，是按工资总额的14%提取。非货币性福利费是企业以其自产产品作为非货币性福利发放给职工。

工会经费是工会用于组织活动的经费，根据工资总额的2%提取并拨交工会使用。职工教育经费是按工资总额的1.5%计算提取的，是用于职工教育、提高技能等活动方面的经费。

"五险"包括养老保险、失业保险、医疗保险、工伤保险和生育保险，其中，养老保险、医疗保险和失业保险，这三种险由用人单位和个人共同缴纳保险费。工伤保险和生育保险完全是由用人单位承担的，个人不需要缴纳。"一金"指住房公积金，住房公积金由用人单位和个人共同缴纳。

实 训

光华建筑公司10月发生如下经济业务：
1) 10月21日，开展工会书法比赛，发生活动经费5 000元，由现金支付。
2) 10月22日，通过银行转账支付项目经理的培训费5 000元。
3) 10月31日，工资总额450 000元，其中建安工人工资200 000元，现场管理人员工资150 000元，行政管理人员工资100 000元。按国家规定分别以14%、2%、1.5%的比例计提职工福利费、职工工会经费和职工教育经费。
4) 10月31日，计提五险一金。

要求：根据上述经济业务，编制会计分录。

项目测验题

项目10 应交税费的核算

案例：薇娅偷逃税案件

任务10.1 增值税、城市维护建设税、教育费附加的核算

任务描述

1）光华建筑公司从M公司购入一批甲材料，对方开出的增值税额专用发票上注明的材料款为12 000元，增值税额为1 560元，款项已开出转账支票支付。

2）光华建筑公司从N公司购入一台搅拌机，对方开出的增值税额专用发票上注明的设备价款为9 000元，增值税额为1 170元，款项未付。

教学目标

3）光华建筑公司与建设单位F公司月末办理价款结算，给对方提供工程款300 000万元的增值税专用发票一张，税率为9%，建设单位尚未拨付工程款。

4）光华建筑公司自建办公楼一幢，领用原材料水泥50 000元、钢材100 000元。

5）假设本月发生的经济业务只有上述任务描述1）～任务描述4），月初应交税费账户无余额，期末计算本月应交增值税，并于下月月初申报时上交。

6）月末计提城市维护建设税、教育费附加及地方教育费附加，下月月初申报时上交。

要求：以企业会计人员的身份对上述经济业务编制会计分录。

任务分析

企业会计人员在税金计提与上交环节，应做好以下工作：

1）材料采购时要及时取得增值税专用发票及其他完税凭证。

2）及时到税务机关申报抵扣。

3）正确计算销项税额、进项税额、进项税额转出等，以便于计算应交增值税。

4）对上交增值税业务进行会计处理。

相关知识

施工企业按规定交纳的各种税金主要有增值税、城市维护建设税、教育费附加、房产税、土地使用税、车船使用税、印花税和所得税等。

企业通过"应交税费"账户反映各种税费的交纳情况。其贷方登记企业按照税法规定计算应交纳的各种税费；借方登记实际交纳的各种税费，期末，贷方余额表示企业应交而未交的税费，期末如为借方余额，则反映企业多交或尚未抵扣的税费。本账户应当按照税种设置明细账进行明细核算。

10.1.1 增值税的核算

(1)增值税的概念

增值税是指对我国境内销售货物、进口货物或提供加工、修理修配劳务的增值额征收的一种流转税。增值额是企业销售收入扣除相应的外购材料、商品等成本的差额。

凡是在我国境内销售货物、进口货物，或提供加工、修理修配的单位和个人均应按期交纳增值税。增值税纳税人可分为一般纳税人和小规模纳税人。

(2)增值税的计税依据和方法

一般纳税人应交增值税额根据当期销项税额减去进项税额计算确定。其计算公式如下：

$$应交增值税＝当期销项税额－当期准予抵扣的进项税额$$

$$销项税额＝销售额(不含税)×税率$$

进项税额的申报抵扣必须同时满足以下两个条件：

1)取得增值税专用发票或其他扣税凭证。

2)属于税法规定允许抵扣的进项税额。

当期可申报抵扣的进项税额包括上期留抵税额、当期认证相符的增值税扣税凭证上记载的税额、本期进项税额转出额。

$$当期准予抵扣的进项税额＝上期留抵税额＋当期认证相符的增值税扣税凭证上记载的税额－本期进项税额转出额$$

当期销项税额小于当期准予抵扣的进项税额，超过部分作为下期留抵税额，结转下期继续抵扣。

建筑业一般纳税人执行的增值税税率为9%。

小规模纳税人应交增值税额按照销售额和规定的征收率计算。

$$应交增值税＝不含增值税的销售额×征收率$$

(3)增值税的核算方法

为了核算企业应交增值税的发生、抵扣、交纳、退税及转出等情况，一般纳税人企业应在"应交税费"总账下设置"应交增值税"二级账户，并在二级账户下分设专栏进行明细核算，在借方下设"进项税额""已交税金"等，在贷方下设"销项税额""出口退税""进项税额转出"等。

1)进项税额。进项税额是指企业购入货物或接受劳务中支付的，按规定取得增值税专用发票准予抵扣的增值税额。其计算公式如下：

$$增值税进项税额＝购货不含增值税价格×适用税率$$

2)销项税额。销项税额是指企业在销售商品、提供劳务过程中代收的增值税额。其计算公式如下：

$$增值税销项税额＝销货不含增值税价格×适用税率$$

企业将自产或委托加工的货物用于非应税项目、集体福利或个人消费，将自产、委托加工或购买的货物作为投资、分配给股东、无偿赠送他人等虽然不属于销售行为，但按照税法规定应当视同销售计征销项税。

3)进项税额转出。进项税额转出是指企业购进的货物因管理不善发生的净损失，以及将购进货物用于非应税项目、集体福利或个人消费等，其进项税额不准许抵扣，应通过"进项税额转出"这个明细账户核算，记入该账户的贷方。

4)出口退税。出口退税是指出口产品按规定退税,退税时按收到的税额贷记"应交税费——应交增值税(出口退税)"。

5)已交税款。已交税款是指按月结算后,"应交税费——应交增值税"账户的贷方余额即应交纳的增值税,企业在下月月初要及时上交税款,交款时借记"应交税费——应交增值税(已交税款)"账户,贷记"银行存款"账户。

10.1.2 城市维护建设税的核算

(1)城市维护建设税的概念

城市维护建设税是国家为了加强城市公用事业和公用设施的维护,对交纳增值税、消费税的单位和个人同时征收的一种附加税。

城市维护建设税的纳税人是除外商投资企业和国外企业外交纳增值税、消费税的单位和个人。城市维护建设税是由纳税人在缴纳增值税和消费税时同时缴纳的,因此,其纳税期限也与增值税和消费税的纳税期限一致。

(2)税率的规定

施工企业城市维护建设税的税率有以下三个档次:

1)纳税人所在地在城市市区的,税率为7%。

2)纳税人所在地在县城、镇区的,税率为5%。

3)纳税人所在地在市区、县城、镇区以外的,税率为1%。

(3)城市维护建设税的计算

城市维护建设税的应纳税额的计算公式如下:

应纳税额=(实际交纳增值税税额+实际交纳消费税税额)×适用税率

10.1.3 教育费附加的核算

(1)教育费附加的概念

教育费附加是国家为了发展教育事业,扩大教育经费的资金来源,对交纳增值税、消费税的单位和个人征收的一种附加费。

凡交纳增值税、消费税的单位和个人,均为教育费附加的纳税义务人,但暂不包括外商投资企业和国外企业。凡代征增值税、消费税的单位和个人,也是代征教育费附加的义务人。

由于教育费附加是由纳税人在缴纳增值税和消费税时同时缴纳的,因此,纳税期限与增值税和消费税的纳税期限一致。

(2)税率及税金的计算

教育费附加的征收率为3%,计算公式如下:

应纳教育费附加=(实际交纳的增值税税额+实际交纳的消费税税额)×税率

另外,各城市以增值税、消费税之和为计提基数,按不同的比例征收地方教育费。

任务实施

根据任务描述1),作会计分录如下:

借：原材料——甲材料	12 000
借：应交税费——应交增值税(进项税额)	1 560
贷：银行存款	13 560

根据任务描述2)，作会计分录如下：

借：固定资产——生产用固定资产	9 000
借：应交税费——应交增值税(进项税额)	1 170
贷：应付账款——N公司	10 170

根据任务描述3)，作会计分录如下：

借：应收账款——F公司	327 000
贷：工程结算	300 000
贷：应交税费——应交增值税(销项税额)	27 000

根据任务描述4)，作会计分录如下：

借：在建工程——办公楼工程	150 000
贷：原材料——水泥	50 000
原材料——钢材	100 000

根据任务描述5)，计算并作会计分录如下：

本月应交增值税=27 000−1 560−1 170=24 270(元)

借：应交税费——应交增值税(已交税金)	24 270
贷：银行存款	24 270

根据任务描述6)，企业应交的税金计算如下：

企业应交城市维护建设税= 24 270×7％= 1 698.90(元)

企业应交教育费附加= 24 270×3％=728.10(元)

企业应交地方教育费附加=24 270×1％=242.70(元)

月末计提上述税费时，作会计分录如下：

借：税金及附加	2 669.70
贷：应交税费——应交城市维护建设税	1 698.90
贷：应交税费——应交教育费附加	728.10
贷：应交税费——应交地方教育费附加	242.70

根据上述结果，通过申报后转账支付税费，账务处理如下：

借：应交税费——应交城市维护建设税	1 698.90
借：应交税费——应交教育费附加	728.10
借：应交税费——应交地方教育费附加	242.70
贷：银行存款	2 669.70

典型任务示例

【例10-1】 光华建筑公司购入一批材料和设备，材料价款为80 000元，取得对方开出的增值税专用发票，标明的增值税为10 400元，不需要安装的设备价款为120 000元，取得对方开具的增值税普通发票，标明的增值税为15 600元，款项已通过银行转账。

要求：学生以企业会计人员的身份为上述经济业务编制会计分录。

会计人员作会计分录如下：

借：原材料　　　　　　　　　　　　　　　　　　　　　　　　　　80 000
借：固定资产　　　　　　　　　　　　　　　　　　　　　　　　　120 000
借：应交税费——应交增值税（进项税额）　　　　　　　　　　　　 26 000
　　贷：银行存款　　　　　　　　　　　　　　　　　　　　　　　226 000

【例 10-2】　光华建筑公司因管理不善损失原材料一批，购入时增值税专用发票记载的材料买入 6 000 元，增值税为 780 元。

要求：学生以企业会计人员的身份为上述经济业务编制会计分录。

会计人员作会计分录如下：

借：待处理财产损溢——待处理流动资产损溢　　　　　　　　　　　6 780
　　贷：原材料　　　　　　　　　　　　　　　　　　　　　　　　6 000
　　贷：应交税费——应交增值税（进项税额转出）　　　　　　　　 780

【例 10-3】　光华建筑公司将购入的原材料 1 000 000 元对 E 企业进行股票投资。

要求：学生以企业会计人员的身份为上述经济业务编制会计分录。

会计人员作会计分录如下：

借：长期股权投资　　　　　　　　　　　　　　　　　　　　　　1 090 000
　　贷：原材料　　　　　　　　　　　　　　　　　　　　　　　1 000 000
　　　　应交税费——应交增值税（销项税额）　　　　　　　　　　 90 000

【例 10-4】　光华建筑公司缴纳增值税 30 000 元、城市维护建设税 2 100 元、教育费附加 900 元，应交地方教育费附加 300 元。

要求：学生以企业会计人员的身份对上述经济业务编制会计分录。

根据交税的税票，作会计分录如下：

借：应交税费——应交增值税（已交税金）　　　　　　　　　　　 30 000
借：应交税费——应交城市维护建设税　　　　　　　　　　　　　　2 100
借：应交税费——应交教育费附加　　　　　　　　　　　　　　　　 900
借：应交税费——应交地方教育费附加　　　　　　　　　　　　　　 300
　　贷：银行存款　　　　　　　　　　　　　　　　　　　　　　 33 300

【例 10-5】　光华建筑公司计提上例中的城市维护建设费、教育费附加、地方教育费附加。

要求：学生以企业会计人员的身份对上述经济业务编制会计分录。

借：税金及附加　　　　　　　　　　　　　　　　　　　　　　　 33 300
　　贷：应交税费——应交城市维护建设税　　　　　　　　　　　　2 100
　　贷：应交税费——应交教育费附加　　　　　　　　　　　　　　 900
　　贷：应交税费——应交地方教育费附加　　　　　　　　　　　　 300

> 归纳总结

应交税费是指企业在生产经营过程中产生的应向国家缴纳的各种税费，应按照施工企业应税对象的实际发生额和一定的税率计算交纳。

施工企业按规定交纳的税金主要有增值税、城市维护建设税、教育费附加、地方教育费附加。增值税是按增值额计算交纳的税金，其他三种税费是以流转税为基数，按一定比例计提上交的。通过"应交税费"账户核算税费的计提与上交数。

增值税是用销项税额扣减进项税额后应交纳的税金。城市维护建设税是国家为了加强城市公用事业和公用设施的维护，对交纳增值税、消费税的单位和个人同时征收的一种附加税。教育费附加是国家为了发展教育事业，扩大教育经费的资金来源，对交纳增值税、消费税的单位和个人征收的一种附加费。

▶ 实 训

光华建筑公司10月发生如下经济业务：

1）10月5日，公司在纳税期通过银行转账上交上月增值税10 000元、城市维护建设税700元、教育费附加300元。

2）10月30日，公司确认当期承建建筑工程收入为3 000 000元，增值税税率为9%。

要求：学生以会计人员的身份对上述经济业务进行相关的会计处理。

任务10.2　其他税费的核算

教学目标

任务描述

1）光华建筑公司年初固定资产账簿上记载房屋原值为800万元，扣减比例为30%，按1.2%计提房产税。

2）光华建筑公司实际占地20 000 m²，按实际占地面积进行申报纳税，上述土地适用9元/m²的土地使用税税额计提土地使用税。

3）光华建筑公司有5座轿车3辆，每辆车每年应交纳的车船使用税为480元，计提车船使用税。

4）光华建筑公司因业务需要，到当地税务局以现金购买印花税票1 000元。

5）光华建筑公司应纳税所得额为2 000 000元，适用税率为25%。

6）通过银行转账支付上述税金。

要求：学生以光华建筑公司会计人员的身份对企业上述业务进行会计处理。

任务分析

企业会计人员在税金计提与上交环节上，应做好以下工作：

1）掌握房产税、土地使用税、车船使用税、企业所得税的计提比例及计提依据，正确计算应交税金。

2）对应交的税金申报后通过银行转账上交。

3）对上交税金及计提业务进行会计处理。

相关知识

10.2.1 房产税、土地使用税和车船使用税的核算

(1) 房产税

房产税是国家对在城市、县城、建制镇和工矿区按房产余值或房产租金征收的一种税。房产税依照房产原值一次减除10%～30%后的余额计算交纳;没有房产原值作为依据的,由房产所在地税务机关参考同类房产核定。房产税的征税税率为1.2%。房产出租的,以房产租金收入作为房产税的计税依据,征税税率为12%。

(2) 土地使用税

土地使用税是国家为了合理利用城镇土地、调节土地级差收入、提高土地使用效益、加强土地管理而开征的一种税,以纳税人实际占用的土地面积为计税依据,依照规定按土地类别所适用的税率计算征收。

(3) 车船使用税

车船使用税由拥有并且使用车船的单位和个人交纳。车船使用税按照车辆和船舶的适用税额计算交纳。

上述三项税金计提时通过"税金及附加"科目核算,借记"税金及附加",贷记"应交税费"。

10.2.2 印花税的核算

印花税是以经济活动和经济交往中书立、领受应税凭证的行为为征税对象而征收的一种税。印花税因其采用在应税凭证上粘贴印花税票的方法交纳税款而得名。

印花税的特点是:征税范围广,包括各类经济合同、营业账簿、权利许可证照等;税负从轻,税法规定按应税凭证上金额的万分之三,定额税率每件也只有5元;采用自行贴花交纳,自行盖章注销或划销;多交不退不抵。

企业交纳的印花税不会发生应付未付税款的情况,不需要预计应纳税金额,也不存在与税务机关结算或清算的问题。因此,不需要通过"应交税费"账户核算,而是在购买印花税票时,直接记入"税金及附加"账户。

10.2.3 企业所得税的核算

(1) 所得税的概念

所得税是以单位(法人)或个人(自然人)在一定时期内的纯收入额为征税对象的各个税种的总称。目前,我国的所得税分为企业所得税、个人所得税等。这里仅介绍企业所得税。企业所得税法于2008年1月1日重新修订后施行,实行25%的比例税率。符合条件的小型微利企业,减按20%的税率征收企业所得税。国家需要重点扶持的高新技术企业,减按15%的税率征收企业所得税。

(2) 所得税的计算与核算

$$应纳税额 = 应纳税所得额 \times 所得税税率$$

企业应交纳的所得税,在"应交税费"账户下设置"应交所得税"明细账户核算;当期应计入损益的所得税,作为一项费用,在净收益前扣除。企业按照一定方法计算,计入损益的所得税,借记"所得税费用"账户,贷记"应交税费——应交所得税"账户。

企业应按照税务机关规定的期限与税务机关结算或清算税金。清算后，少交的税款应补交入库，借记"应交税费"账户，贷记"银行存款"或"库存现金"账户；多交税金，经税务机关核实批准后可以办理退税手续，借记"银行存款"账户，贷记"应交税费"账户。

任务实施

根据任务描述1)，企业应交的税金计算如下：

光华建筑公司2015年应交纳房产税＝800×(1－30％)×1.2％＝6.72(万元)

借：税金及附加	67 200
贷：应交税费——应交房产税	67 200

根据任务描述2)，企业应交的税金计算如下：

光华建筑公司2015年应交纳土地使用税＝9×20 000＝180 000(元)

借：税金及附加	180 000
贷：应交税费——应交土地使用税	180 000

根据任务描述3)，企业应交的税金计算如下：

光华建筑公司2015年应交纳车船使用税＝480×3＝1 440(元)

借：税金及附加	1 440
贷：应交税费——应交车船使用税	1 440

根据任务描述4)，作会计分录如下：

借：税金及附加	1 000
贷：库存现金	1 000

根据任务描述5)，企业应交的税金计算如下：

应纳所得税额＝2 000 000×25％＝500 000(元)

期末计提所得税时：

借：所得税费用	500 000
贷：应交税费——应交所得税	500 000

根据任务描述6)，根据完税凭证，作会计分录如下：

借：应交税费——房产税	67 200
借：应交税费——土地使用税	180 000
借：应交税费——车船使用税	1 440
借：应交税费——应交所得税	500 000
贷：银行存款	748 640

典型任务示例

【例10-6】 光华建筑公司于1月购入办公楼一幢，价值为200万元。

要求：计算该办公楼需要交纳多少房产税，并进行相应的账务处理。

应纳的房产税＝200×(1－30％)×1.2％×8/12＝1.12(万元)

计提房产税的账务处理如下：

借：税金及附加	11 200
贷：应交税费——应交房产税	11 200

上交时的账务处理如下：

借：应交税费——应交房产税　　　　　　　　　　　　　　　　　11 200
　　贷：银行存款　　　　　　　　　　　　　　　　　　　　　　　11 200

【例 10-7】 1月，光华建筑公司实际占地 3 000 m²，按实际占地面积进行申报纳税，上述土地适用 15 元/m² 的土地使用税税额。

要求：计算该公司第一季度应交多少土地使用税，并进行相应的账务处理。

光华建筑公司一季度应纳土地使用税＝3 000×15×1/4＝11 500(元)

借：税金及附加　　　　　　　　　　　　　　　　　　　　　　　11 500
　　贷：应交税费——应交土地使用税　　　　　　　　　　　　　　11 500

交纳时作如下账务处理：

借：应交税费——应交土地使用税　　　　　　　　　　　　　　　11 500
　　贷：银行存款　　　　　　　　　　　　　　　　　　　　　　　11 500

【例 10-8】 4月，光华建筑公司交纳了车船使用税 2 000 元，通过银行办理转账。

要求：进行相应的账务处理。

借：应交税费——应交车船使用税　　　　　　　　　　　　　　　2 000
　　贷：银行存款　　　　　　　　　　　　　　　　　　　　　　　2000

月末计提税金进行如下账务处理：

借：税金及附加　　　　　　　　　　　　　　　　　　　　　　　2 000
　　贷：应交税费——应交车船使用税　　　　　　　　　　　　　　2 000

【例 10-9】 4月，光华建筑公司按合同金额的 0.3‰ 到当地税务局交纳印花税票 3 000 元，税款已通过银行转账办理。

要求：对上述业务进行相应的账务处理。

借：税金及附加　　　　　　　　　　　　　　　　　　　　　　　3 000
　　贷：银行存款　　　　　　　　　　　　　　　　　　　　　　　3 000

归纳总结

施工企业按规定交纳的各种税金，除增值税、城市维护建设税、教育费附加外，还应上交房产税、土地使用税、车船使用税、印花税和所得税等。除印花税外，其他税费均通过"应交税费"账户核算税费的计提与上交数。计提税费时，将税费计入企业的管理费用。

实　训

光华建筑公司 10 月发生如下经济业务：

1)10 月 8 日，通过银行转账支付房产税 2 000 元、土地使用税 9 000 元、车船使用税 2 400 元。

2)10 月 15 日，以现金支付印花税 500 元。

3)10 月 30 日，企业租用一办公用房，月租金为 4 000 元，按其租金收入的 1.2% 交纳房产税，本月已通过转账支付第三季度的房产税。

要求：以会计人员的身份对上述经济业务进行相关的会计处理。

项目测验题

项目 11　工程成本的核算

案例：任正非对财务人员的四点要求

任务 11.1　人工费的核算

教学目标

任务描述

1）光华建筑公司第一项目部有甲、乙两个工程，其中，甲工程耗用 2 000 个计时工日，乙工程耗用 1 000 个计时工日，4 月份发生建筑安装工人计时工资 90 000 元，甲工程发生计件工资 40 000 元，乙工程发生计件工资 10 000 元。

2）按 14% 计提职工福利费。

3）第一项目部用现金发放的建筑安装工人的劳动保护费为 2 700 元，按其占计时工资总额的比例进行分配。

要求：学生以光华建筑公司会计人员的身份对上述业务进行会计处理，并登记"工程成本卡""工程成本明细账"。

任务分析

为了准确核算光华建筑公司第一项目部的人工费，会计人员应做好以下工作：

1）同一个项目部有若干个工程项目时，需要将计时工资按计时工日进行分配，分配的基础是计时工日，并将分配的工资计入各工程的成本中。

2）取得工程任务单，各工程项目的计件工资直接根据工程任务单确定，计入各工程的成本中。

3）按各类人员的应付工资总额，以 14% 的比例计提各项目应负担的职工福利费。

4）建筑安装工人的劳动保护费按计时工资的比例进行分配，编制分配表，计入各工程的成本中。

5）登记工程成本卡和工程成本明细账。

相关知识

11.1.1　费用与成本概述

（1）费用的概念及分类

1）费用的概念。费用是指企业日常活动中发生的、会导致所有者权益减少的、与向所有者分配利润无关的经济利益的总流出。其特点如下：

①费用是企业在日常活动中发生的经济利益的总流出。

②费用会导致企业所有者权益的减少。

③费用与向所有者分配利润无关。

2)费用的分类。为了便于正确确认和计量费用,正确计算成本,企业应正确对费用进行分类。由于分类标准不同,费用有以下几种分类方法:

①按照经济用途可分为施工费用和期间费用。

施工费用是指企业在施工活动中发生的计入工程成本的费用。其包括以下五个项目:

a. 人工费。人工费是指从事工程建造的人员的工资、奖金、津贴补贴、职工福利费等职工薪酬。

b. 材料费。材料费是指施工生产过程中耗用的构成工程实体或有助于形成工程实体的主要材料、其他材料、结构件、机械配件的成本和周转材料的摊销额及租赁费等。

c. 机械使用费。机械使用费是指施工过程中使用自有施工机械发生的机械使用费、租用外单位施工机械的租赁费,以及施工机械的安装、拆卸和进出场费等。

d. 其他直接费。其他直接费是指施工过程中发生的除上述三项直接费用以外其他可直接计入合同成本核算对象的费用。其主要包括有关的设计和技术援助费用、施工现场材料的二次搬运费、生产工具和用具使用费、检验试验费、工程定位复测费、工程点交费用、场地清理费用等。

e. 间接费用。间接费用是指项目部为组织和管理施工生产活动所发生的费用。其包括现场管理人员薪酬、劳动保护费、固定资产折旧费及修理费、物料消耗、取暖费、水电费、办公费、差旅费、财产保险费、工程保修费和排污费等。

"a.~d."项是为完成工程合同所发生的,能够明确受益对象、可以直接计入工程成本的施工费用,称为直接费用;"e."项为间接费用,是为完成工程合同所发生的、受益对象不明确、需要分配计入工程成本的施工费用。直接费用和间接费用构成了工程成本。因此,工程成本是企业在工程施工过程中发生的,按一定的成本核算对象和成本项目归集的费用的总和。

期间费用是为组织和管理施工生产活动发生的,不能计入工程成本而计入当期损益的各项费用。其包括管理费用、财务费用和销售费用。

②费用按经济内容分类可分为以下几项:

a. 外购材料费。外购材料费是指施工中耗用外购的主要材料、结构件、机械配件和其他材料的价值,以及周转材料的摊销价值。

b. 外购动力及燃料费。外购动力及燃料费是指施工中从外单位购入的各种燃料和动力费用。

c. 工资。工资是指施工中按规定支付给职工的工资、工资性津贴、补贴、奖金及社会保险费等职工薪酬。

d. 职工福利费。职工福利费是指按施工人员工资总额计提的职工福利费。

e. 折旧费。折旧费是指企业对所拥有或控制的生产用固定资产按照使用情况计提的折旧费。

f. 修理费。修理费是指企业为保证固定资产正常运转而发生的修理费。

g. 利息支出。利息支出是指应计入施工费用的各种利息支出扣除利息收入的净额、商业汇票的贴现息净支出,以及有外币业务发生的汇兑损失扣除汇兑收益的差额。

h. 税金。税金是指企业发生的应计入成本费用的各种税金。

i. 租赁费。租赁费是指从外部单位租赁机械设备而发生的租赁费。

j. 其他支出。其他支出是指不属于以上各费用要素的支出，如劳动保护费、保险费、邮电费等。

3) 工程成本。将上述各项施工费用以所施工的工程为对象进行归集，就形成了各项工程的成本，即工程成本。因此，工程成本是企业在工程施工过程中发生的，按一定的成本核算对象和成本项目归集的费用的总和。

(2) 费用与支出、成本的关系

1) 费用与支出。支出也称为流出，是指企业的资源因耗用或偿付等原因而流出企业，从而导致可用资源的总量减少。支出可分为偿付性支出和非偿付性支出。偿付性支出是指企业由于偿债的目的而将包括现金在内的资源交付给其他主体，不属于费用。非偿付性支出包括资本性支出和收益性支出，资本性支出的效益长于一个会计期间，发生时并不能作为费用，只有使当前会计期间受益的部分才是费用。收益性支出是在一个会计期间内的耗费，因而可以全部作为费用。所以，费用包括收益性支出和在该会计期间内受益的资本性支出。

2) 费用与成本。费用与成本是既有联系又有区别的两个概念。费用是计算成本的基础，没有费用的发生，也就不能形成工程成本。成本是对象化的费用。二者都是施工过程中物化劳动和活劳动的货币表现，都要用企业在生产经营过程中实现的收入来补偿。

费用与一定的会计期间相联系，是按时期来归集的，反映本期工程施工所发生的全部支出，但这些支出并不是由本期工程成本全部负担。成本则与某一具体的工程或劳务相联系，是按成本核算对象来归集的。一定会计期间发生的施工费用并不全部计入本期成本，本期成本也并不都是本期发生的费用，还可能包括以前会计期间支付而由本期成本负担的费用，也可能包括本期尚未支付，但应由本期成本负担的费用。

11.1.2 工程成本核算的原则

(1) 工程成本核算的基本要求

1) 企业必须加强成本核算的基础工作。建立各种财产物资的收发、领退、转移、报废、清查、盘点制度；建立健全与成本核算有关的各项原始记录和工程统计制度；制定或修改工时、材料、费用等各项内部消耗定额，以及材料、结构件、作业、劳务的内部结算价格；完善各种计量检测设施，严格计量检验制度，使成本核算具有可靠的基础。

2) 企业必须执行国家有关成本开支范围和费用开支标准、工程预算定额和施工预算以及成本计划，核算施工过程中发生的各项费用，计算工程的实际成本，及时提供可靠的成本报告和有关资料，促进企业改善经营管理，降低成本，提高经济效益。

3) 企业必须按权责发生制的原则计算成本。凡是当期成本应负担的费用，不论款项是否支付，均应计入当期成本；凡不属于当期成本负担的费用，即使款项已经支付，也不应计入当期成本。

4) 划清几个成本界限，包括不同成本计算期的成本界限，不同成本核算对象之间的成本界限，划清未完工程成本与已完工程成本的界限，划清承包工程成本与非承包工程成本的界限。

5) 企业必须准确计算工程成本。对于实际发生的工程成本必须及时、准确地进行归集和登记，对完成工程合同尚需发生的成本必须进行科学、合理地预计，并根据工程施工进展情况，确定合同完工进度，及时、准确地确认和计量工程价款收入与工程成本。

(2)工程成本核算对象

工程成本核算对象是施工费用的归属目标,是施工费用的承担者。企业应根据承建工程的实际情况和施工组织的特点确定成本核算对象。

1)一般情况下,企业应以与建设单位签订的有独立施工图预算的单项建造合同作为成本核算对象,分别计量和确认各单项合同的收入、费用和利润。

2)如果一项建造合同包括建造数项资产,在同时具备下列条件时,每项资产应分立单项合同处理,否则不可以进行合同分立。

①每项资产均有独立的建造计划。

②建造承包商与客户就每项资产单独进行谈判,双方能够接受或拒绝与每项资产有关的合同条款。

③每项资产的收入和成本可单独辨认。

3)如果为建造一项或数项资产而签订一组合同,无论对应单个客户还是几个客户,在同时具备下列条件的情况下,应合并为单项合同处理,否则不能将该组合同合并。

①该组合同按一揽子交易签订。

②该组合同密切相关,每项合同实际上已构成一项综合利润工程的组成部分。

③该组合同同时或依次履行。

4)追加资产的建造,应满足下列条件之一,并应当作为单项合同:

①该追加资产在设计、技术或功能上与原合同包括的(一项或数项)资产存在重大差异。

②议定该追加资产的造价时,不需要考虑原合同价款。

工程成本核算对象确定以后,施工中发生的所有费用都应按照成本核算对象和成本项目进行归集和分配。费用发生时受益对象明确的,可直接计入该成本核算对象;费用发生时受益对象不能明确的,应按先归集后分配的原则合理计入各个成本核算对象,计算工程的实际成本。

(3)设置的账户

为了核算和监督各项施工费用的发生和分配情况,企业应设置以下会计账户:

1)"工程施工"账户。本账户属于成本类账户,用来核算企业实际发生的合同成本和合同毛利。本账户应设置"合同成本""合同毛利"明细账户进行明细核算。实际发生的合同成本(包括人工费、材料费、机械使用费、其他直接费、间接费用等)记入本账户"合同成本"明细账户的借方,确认的合同毛利记入本账户"合同毛利"账户的借方,确认的合同亏损记入本账户"合同毛利"明细账户的贷方,期末,借方余额反映未完工程的合同成本和合同毛利。当合同完工后,本账户"合同成本"与"合同毛利"两个明细账户与"工程结算"账户对冲后结平。

2)"生产成本——辅助生产成本"账户。本账户属于成本类账户,用来核算企业所属的非独立核算的辅助生产部门为工程施工生产材料和提供劳务所发生的费用。其借方登记实际发生的辅助生产费用;贷方登记生产完工验收入库的产品成本或者按受益对象分配结转的费用,期末,借方余额表示在产品的成本。本账户应按各辅助生产部门设置明细账进行明细核算。

3)"机械作业"账户。本账户核算企业及其内部独立核算的施工单位、机械站和运输队使用自有施工机械和运输设备进行机械化施工和运输作业所发生的各项费用。其借方登记企业的内部施工单位使用自有机械发生的机械作业支出;贷方登记期末按受益对象结转或分配的机械作业费用,本账户一般无余额。本账户按"承包工程"和"机械出租"设置明细账户,并以施工机械或运输设备的种类作为成本核算对象设置明细账,按规定的成本项目分设专栏,进行明细核算。

企业及其内部独立核算的施工单位,从外单位或本企业其他内部独立核算的机械站租入施工机械发生的机械租赁费,不通过本账户核算,在"工程施工"账户核算。

4)"工程结算"账户。本账户核算建造承包商根据建造合同约定向业主办理结算的累计金额。其贷方登记的是已向客户开出工程价款结算账单办理工程结算的款项(即开出建筑业发票的金额),合同完工后,本账户与"工程施工"账户对冲结平,期末,贷方余额反映企业尚未完工的建造合同已办理结算的累计金额。本账户应按工程施工合同设置明细账进行明细核算。

(4)工程成本核算的程序

工程成本核算,是将施工过程中所发生的各费用要素,以审核无误的有关原始凭证为依据,通过一定的处理程序,按照经济用途归集和分配到各成本核算对象的成本项目中去。工程成本核算的程序是指进行工程成本核算时采取的步骤和顺序。工程成本核算分为以下五个步骤:

1)将本期发生的各生产费用归集计入各受益对象。
2)分配辅助生产费用。
3)分配机械作业费用。
4)分配施工间接费用。
5)结转完工工程成本。

工程成本核算程序如图 11-1 所示。

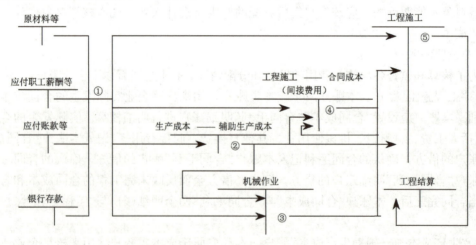

图 11-1 工程成本核算程序

11.1.3 人工费的核算方法

(1)人工费的概念

人工费是指直接从事建筑安装工程施工的工人和在施工现场运料、配料等的辅助工人所发生的各项薪酬,包括工资、奖金、工资性质的津贴、社会保险费、职工福利费、劳动保护费及其他薪酬等。

人工费按"谁受益谁负担"的原则组织核算。当受益对象明确时,人工费直接计入各受益对象"人工费"成本项目;当受益对象不明确时,则需要通过一定的方法分配计入各受益对象"人工费"成本项目。

(2)人工费的归集和分配

1)计时工资与计件工资。计件工资一般都能分清受益对象,可以根据"工程任务单"和有关工资结算凭证等,将其直接计入各工程成本核算对象的"人工费"成本项目;计时工资在只有一个成本核算对象的情况下,属于直接费用,根据工资结算凭证等,直接计入该成本核算对象的"人工费"项目;在有多个成本核算对象的情况下,按计时工日,在各核算对象之间进行分配,计入各成本核算对象的"人工费"项目。其计算公式如下:

$$建安工人的日平均计时工资 = \frac{建安工人当月计时工资总和}{各工程当月实际耗用的计时工日总数}$$

$$某受益对象应分配的计时工资 = 该受益对象当月实际耗用的计时工日总和 \times 建安工人的日平均计时工资$$

2)职工福利费。职工福利费是指企业按应付工资总额的14%计提,随同建筑安装工人工资,一并计入同一个成本核算对象的"人工费"成本项目。

3)社会保险费和住房公积金。社会保险费和住房公积金是指企业按国家规定为职工缴纳的养老保险、医疗保险、失业保险、工伤保险、生育保险等社会保险费和住房公积金,应在职工为其提供服务的会计期间,根据工资总额的一定比例计提,并随同建筑安装工人的工资一并计入同一个成本核算对象的"人工费"项目。

4)劳动保护费。劳动保护费是指用于建筑安装工人的劳动保护费,凡是能够分清受益对象的,可以直接计入各受益的工程成本核算对象。如果是由几个工程共同发生的劳动保护费,则应按其占薪酬总额的比例分配计入相关工程成本核算对象的"人工费"项目。其计算公式如下:

$$建安工人劳动保护费占薪酬总额的比例 = \frac{建安工人劳动保护费总额}{建安工人的薪酬总额}$$

$$某工程当月应负担的建安工人劳动保护费 = 该工程当月建安工人的薪酬总额 \times 建安工人劳动保护费占薪酬总额的比例$$

任务实施

根据任务描述1),会计人员编制工资分配表(表11-1),并编制以下会计分录:

表11-1 建筑安装工人工资分配表

第一项目部　　　　　　　　　　　　　4月30日　　　　　　　　　　　　　　元

工程成本核算对象	实耗工日数(工日)	日平均工资	应分配计时工资	计件工资	工资总额
甲工程	2 000	30	60 000	40 000	100 000
乙工程	1 000	30	30 000	10 000	40 000
合　计	3 000	30	90 000	50 000	140 000

根据"建筑安装工人工资分配表"(表11-1),作会计分录如下:

借：工程施工——合同成本——甲工程（人工费）　　　　　　　100 000
　　　　　　——合同成本——乙工程（人工费）　　　　　　　 40 000
　　贷：应付职工薪酬——应付工资　　　　　　　　　　　　　140 000

根据任务描述2），计提福利费，会计人员编制以下会计分录：

借：工程施工——合同成本——甲工程（人工费）　　　　　　　 14 000
　　　　　　——合同成本——乙工程（人工费）　　　　　　　　5 600
　　贷：应付职工薪酬——职工福利费　　　　　　　　　　　　 19 600

根据任务描述3），编制建筑安装工人劳动保护费分配表，见表11-2，并编制以下会计分录：

表11-2　建筑安装工人劳动保护费分配表

第一项目部　　　　　　　　　　　　4月30日　　　　　　　　　　　　　　　元

工程成本核算对象	计时工资总额	分配率	分配金额
甲工程	60 000	3%	1 800
乙工程	30 000		900
合　计	90 000		2 700

根据"建筑安装工人劳动保护费分配表"（表11-2），作会计分录如下：

借：工程施工——合同成本——甲工程（人工费）　　　　　　　　1 800
　　　　　　——合同成本——乙工程（人工费）　　　　　　　　　 900
　　贷：库存现金　　　　　　　　　　　　　　　　　　　　　　2 700

将上述结果登记"工程成本卡""工程成本明细账"，见表11-14～表11-16。

典型任务示例

【例11-1】 光华建筑公司第二项目部4月的人工费资料如下：

第二项目部的计件工资为100 000元，其中，A工程为52 000元，B工程为48 000元；计时工资为80 000元；本月计时工日数为1 000工日，其中，A工程使用600工日，B工程使用400工日。

要求：以企业会计人员的身份分配上述工资，计提福利费，编制会计分录。

会计人员编制的工资分配表见表11-3。

表11-3　建筑安装工人工资分配表

第二项目部　　　　　　　　　　　　4月30日　　　　　　　　　　　　　　　元

工程成本核算对象	实耗工日数（工日）	日平均工资	应分配计时工资	计件工资	工资总额
A工程	600	80	48 000	52 000	100 000
B工程	400	80	32 000	48 000	80 000
合　计	1000	80	80 000	100 000	180 000

根据"建筑安装工人工资分配表"（表11-3），作会计分录如下：

借：工程施工——合同成本——A工程（人工费）　　　　　　　100 000
　　　　　　——合同成本——B工程（人工费）　　　　　　　　80 000
　　贷：应付职工薪酬——应付工资　　　　　　　　　　　　　180 000

计提的福利费，编制会计分录如下：

借：工程施工——合同成本——A工程（人工费）　　　　　14 000
　　　　　——合同成本——B工程（人工费）　　　　　11 200
　　贷：应付职工薪酬——职工福利费　　　　　　　　　　25 200

▶ 归纳总结

费用是指企业日常活动中发生的、会导致所有者权益减少的、与向所有者分配利润无关的经济利益的总流出。工程成本是企业在工程施工过程中发生的，按一定的成本核算对象和成本项目归集的费用的总和。工程成本核算对象一般情况下以与建设单位签订的有独立施工图预算的单项建造合同作为成本核算对象，分别计量和确认各单项合同的收入、费用和利润。

人工费是指直接从事建筑安装工程施工的工人和在施工现场运料、配料等的辅助工人所发生的各项薪酬，按"谁受益谁负担"的原则组织核算。当受益对象明确时，人工费直接计入各受益对象"人工费"成本项目；当受益对象不明确时，则需要通过一定的方法分配计入各受益对象"人工费"成本项目。

▶ 实 训

光华建筑公司于10月工资分配情况如下：甲工程建筑安装工人工资15 000元，乙工程建筑安装工人工资10 000元，项目部管理人员工资5 000元，材料部门人员工资2 000元。

要求：根据上述经济业务，编制工资分配业务及计提福利费的会计分录。

任务11.2　材料费的核算

教学目标

任务描述

1）光华建筑工程公司4月第一项目部甲工程领用材料情况见领料单（表11-4）。

表11-4　领料单

领料部门：第一项目部　　　　　　　　　　4月4日　　　　　　　　　　领料单号：401

受益对象				甲工程				
材料编号	名称	计量单位	实发数量	计划单价	计划成本	材料成本差异率	材料实际成本
0675	落叶松	m³	30	1 200	36 000	2%	36 720
0468	水泥	t	100	325	32 500	1%	32 825
合　计		m³	30	1 200	68 500		69 545

记账：王菲　　　　　　领料：吴天　　　　　　发料：张丽　　　　　　负责人：刘磊

2）第一项目部本月领用中砂和碎石情况见大堆材料耗用计算单（表11-5），中砂和碎石的材料成本差异率为1%。

表 11-5　大堆材料耗用计算单

领用单位：第一项目部　　　　　　　　　　4 月 30 日　　　　　　　　　　　　编号：

材料名称	规格	计量单位	月初结存	本月收料	月末结存	本月耗用	计划成本 单价	计划成本 总价
中砂		m³	40	320	70	290	60	17 400
碎石		m³	30	300	20	310	70	21 700

材料名称 / 受益对象	中砂/m³ 定额用量	中砂/m³ 实际用量	中砂/m³ 计划成本	碎石/m³ 定额用量	碎石/m³ 实际用量	碎石/m³ 计划成本	合计金额
甲	70	140	8 400	75	150	10 500	18 900
乙	75	150	9 000	80	160	11 200	20 200
合计	145	290	17 400	155	310	21 700	39 100

3)组合钢模一套，原值为 30 000 元，预计可使用 48 次，预计残值率为 4%，本月甲工程使用 3 次，乙工程使用 4 次，该组合钢模计划成本为 32 000 元。购入钢管架料一批，预计能使用 24 个月，预计残值率为 4%，甲工程领用钢管架料计划成本为 20 000 元，乙工程领用钢管架料计划成本为 5 000 元。

要求：学生以光华建筑公司会计人员的身份对上述领料业务进行会计处理并登记工程成本明细账及工程成本卡。

任务分析

为了准确核算光华建筑公司第一项目部的材料费，会计人员应做好以下工作：

1)取得领料单、大堆材料耗用计算单等领料凭证，并与仓库核对无误后，编制领用材料的会计分录。

2)对于周转材料的摊销情况，应根据周转材料的摊销方法编制周转材料摊销表，计算摊销，编制周转材料摊销的会计分录。

3)对于按计划成本核算的材料，在领料的时候要分配材料成本差异，并编制会计分录。

4)如果当月领用材料的原始凭证多，可以将原始凭证进行汇总，编制材料费用分配表，并以此为依据编制会计分录。

5)根据编制的会计分录，登记工程成本明细账和工程成本卡。

相关知识

11.2.1　材料费的概念

工程成本中的材料费是指在施工过程中耗用的构成工程实体或有助于工程实体形成的主要材料、结构件、机械配件、其他材料、半成品的成本，以及周转材料的摊销额和租赁费用等。

建筑企业的材料，除主要用于工程施工外，还用于临时设施、福利设施、固定资产购建等工程的建设，以及其他非生产性的耗用。应根据领料单中注明的用途，严格划分工程耗用与其他耗用的界限，只有直接用于工程建造的材料才能计入工程成本核算对象的"材料费"成本项目。

11.2.2 材料费的归集和分配

材料费的归集是以领料单、定额领料单、大堆材料领料单、退料单、已领未用材料清单为依据，或者通过编制发出材料汇总表反映各工程实际耗用材料的实际成本，并据以入账。工程施工中耗用的材料品种较多、数量较大、领用频繁，在核算材料费时，具体方法如下：

(1)凡是领用时能够点清数量和分清用料对象的材料，如钢材，水泥，水暖、电气材料等，应在领料凭证上注明受益工程的名称，财会部门据以直接计入各受益工程成本核算对象的"材料费"成本项目。

(2)凡是领用时既不易点清数量，又难以分清工程成本核算对象的材料，如砖、瓦、灰、砂、石等大堆材料，一般都在露天堆放。在施工过程中连续零星地被耗用，可以根据具体情况，月末进行实地盘点，根据"月初结存量＋本月收入量－月末盘点结存量＝本月耗用量"的计算公式确定本月实际耗用总量，然后根据各工程成本核算对象本月所完成的实物工程量及材料耗用定额，编制"大堆材料耗用计算单"(表11-5)，财会部门据以分配计入相关的工程成本核算对象的"材料费"成本项目。

(3)凡是自有的模板、架料等周转材料，应按各工程成本核算对象实际领用数量及规定的摊销方法编制"周转材料摊销计算单"，确定各工程成本核算对象应摊销的数额并计入其"材料费"成本项目。对租赁的周转材料发生的租赁费直接计入受益工程成本核算对象的"材料费"成本项目。

(4)对于本月已经办理领料手续但尚未耗用，下月仍需继续耗用的材料，应进行盘点，办理"假退料"手续，即用红字填制一份本月的"领料单"冲减当月材料费成本，同时，用蓝字填制一份下月的"领料单"，增加下月材料费成本。

(5)对于工程竣工后的剩余材料，企业应填制"退料单"或红字"领料单"，办理材料退库手续，并冲减工程成本中的材料费。工程竣工后，施工现场回收的可利用残次材料、废料和包装物等，企业应填制"收料交库单"，估价入账，并冲减工程成本中的"材料费"项目。销售废旧物资，由企业开具销售发票并按规定的税率(17%)计算缴纳增值税(销项税额)。

(6)采用计划成本计价，进行材料核算的企业，平时领用时按计划成本计价，各成本计算期末，应分配材料成本差异，将耗用材料的计划成本还原为实际成本。

月终，财会部门根据领料单、定额领料单、大堆材料耗用计算单、周转材料摊销计算单、退料单、残次料交库单等原始凭证，按材料类别等，分别计算各个工程成本核算对象耗用材料的计划成本和分摊的材料成本差异，编制"材料费用分配表"(表11-7)，据此记入各个工程成本核算对象的"材料费"成本项目。

任务实施

根据任务描述1)，会计人员应编制以下会计分录：
借：工程施工——甲工程(材料费)　　　　　　　　　　　　　　69 545
　　贷：原材料——主要材料(木材)　　　　　　　　　　　　　　36 000

贷：原材料——主要材料(水泥)		32 500
贷：材料成本差异——主要材料		1 045

根据任务描述2)，会计人员应编制以下会计分录：

借：工程施工——甲工程(材料费)	18 900
借：工程施工——乙工程(材料费)	20 200
贷：原材料——主要材料(中砂)	17 400
贷：原材料——主要材料(碎石)	21 700
借：工程施工——甲工程(材料费)	189
借：工程施工——乙工程(材料费)	202
贷：材料成本差异——主要材料(中砂)	174
贷：材料成本差异——主要材料(碎石)	217

根据任务描述3)，会计人员编制的周转材料摊销计算表，见表11-6。

表11-6　在用周转材料摊销计算表

受益对象＼材料名称	组合钢模（每次摊销600元）		钢管架料（月摊销率＝4%）		摊销额合计
	使用次数	摊销额/元	计划成本	摊销额/元	
甲工程	3	1 800	20 000	800	2 600
乙工程	4	2 400	5 000	200	2 600
合　计		4 200		1 000	5 200

根据表11-6，编制会计分录如下：

借：工程施工——甲工程(材料费)	2 600
工程施工——乙工程(材料费)	2 600
贷：周转材料——在用周转材料摊销(组合钢模)	4 200
贷：周转材料——在用周转材料摊销(钢管架料)	1 000

将上述结果登记"工程成本卡""工程成本明细账"，见表11-14～表11-16。

典型任务示例

【例11-2】　光华建筑公司第二项目部根据有关领料凭证、各类材料成本差异率和"周转材料摊销计算单"等资料，汇总编制"材料费用分配表"(表11-7)，并据此编制会计分录如下。

根据表11-7，作会计分录如下：

借：工程施工——合同成本——A工程(材料费)	495 000
——合同成本——B工程(材料费)	355 000
贷：原材料——主要材料	560 000
——结构件	250 000
——其他材料	40 000
借：工程施工——合同成本——A工程(材料费)	7 750
——合同成本——B工程(材料费)	5 650

贷：材料成本差异——主要材料			8 800
——结构件			5 000
——其他材料			400
借：工程施工——合同成本——A 工程（材料费）			15 000
——合同成本——B 工程（材料费）			12 000
贷：周转材料——周转材料摊销			27 000

表 11-7　材料费用分配表

第二项目部　　　　　　　　　　　　2016 年 4 月　　　　　　　　　　　　　　　　元

材料类别		成本核算对象	A 工程	B 工程	合计
主要材料	黑色金属	计划成本	50 000	40 000	90 000
		成本差异（1%）	500	400	900
	硅酸盐	计划成本	200 000	150 000	350 000
		成本差异（2%）	4 000	3 000	7 000
	木材	计划成本	40 000	30 000	70 000
		成本差异（2%）	800	600	400
	其他主要材料	计划成本	30 000	20 000	50 000
		成本差异（－1%）	－300	－200	－500
	小计	计划成本	320 000	240 000	560 000
		成本差异	5 000	3 800	8 800
结构件		计划成本	150 000	100 000	250 000
		成本差异（2%）	3 000	2 000	5 000
其他材料		计划成本	25 000	15 000	40 000
		成本差异（－1%）	－250	－150	－400
合计		计划成本	495 000	355 000	850 000
		成本差异	7 750	5 650	13 400
周转材料摊销			15 000	12 000	27 000

【例 11-3】　月末，A 工程工地在期末回收边角料 500 元，已入库。

要求：为上述经济业务编制会计分录。

借：原材料——其他材料　　　　　　　　　　　　　　　　　　500
　　贷：工程施工——合同成本——A 工程（材料费）　　　　　　500

> 归纳总结

材料费是指在施工过程中耗用的构成工程实体或有助于工程实体形成的主要材料、结构件、机械配件、其他材料、半成品的成本，以及周转材料的摊销和租赁费用等。财会部门根据领料单、定额领料单、大堆材料耗用计算单、周转材料摊销计算单、退料单、残次料交库单等原始凭证，按材料类别等，分别计算各个工程成本核算对象耗用材料的计划成本和分摊的材料成本差异，编制"材料费用分配表"记入各个工程成本核算对象的"材料费"成本项目。

实训

光华建筑公司于10月发生如下经济业务：

1）第一项目部本月工程施工领用主要材料的计划成本为100 000元。其中，甲工程领用600 000元，乙工程领用400 000元，材料成本差异率为2%。

2）现场使用的模板采用定额摊销法，本期完成20 m³浇筑混凝土楼板，每立方米的模板消耗定额为40元。

要求：根据上述经济业务，编制会计分录。

任务11.3 机械使用费的核算

教学目标

任务描述

1）光华建筑公司第一项目部本月有挖土机和搅拌机为企业自有机械，发生的费用情况如下：

①本月分配工资4 400元。其中，挖土机2 600元，搅拌机1 800元。
②按14%计提职工福利费。
③现金支付劳动保护费共1 500元。其中，挖土机800元，搅拌机700元。
④领用燃料计划成本为3 500元。其中，挖土机2 500元，搅拌机1 000元，燃料的成本差异为-1%。
⑤计提折旧2 400元。其中，挖土机1 700元，搅拌机700元。
⑥以银行存款支付混凝土搅拌机外购电费2 000元，增值税税率为13%。

2）光华建筑公司第一项目部租入施工机械2台，本月为甲工程提供机械作业30个台班，为乙工程提供机械作业20个台班，台班单价为500元。公司通过银行转账支付租金。

3）将挖土机本月发生的机械使用费按其工作台班进行分配，本月挖土机共完成100个台班。其中，甲工程60个台班，乙工程40个台班。

要求：学生以光华建筑公司会计人员的身份建立并登记"机械作业明细账"，分配挖土机的作业费用，并进行相应的账务处理，登记"工程成本卡""工程成本明细账"，见表11-14～表11-16。

任务分析

为了准确核算光华建筑公司第一项目部的机械费，会计人员应做好以下工作：

1）建立"机械作业"明细账，并按设备种类设明细账。
2）以各设备当期发生作业费用所发生的原始凭证为依据归集机械作业费用，编制记账凭证，并登记机械作业明细账。
3）将发生的机械作业费用按一定的分配方法进行分配，编制记账凭证并登记机械作业明细账和工程成本明细账、工程成本明细卡。

相关知识

机械使用费是指在施工过程中使用自有施工机械和运输设备进行机械化施工与运输作业所发生的机械费用，租用外单位施工机械以及运输设备发生的租赁费和施工机械安装拆卸费、进出场费。

11.3.1 机械租赁费的核算

施工单位以经营性租赁方式租入的施工机械和运输设备，按租赁合同规定支付的租赁费，受益对象明确，可以直接计入受益的各工程成本核算对象的"机械使用费"项目。如果受益对象为两个或两个以上，应由工程成本核算对象共同负担，按实际使用台班数进行分配。其计算公式如下：

$$某机械设备台班租赁费 = \frac{该机械设备发生的租赁费总额}{该机械设备实际作业总台班数}$$

$$\begin{aligned}某工程成本核算对象\\应负担的机械设备租赁费\end{aligned} = \begin{aligned}该工程成本核算对象\\实际使用机械设备的台班数\end{aligned} \times \begin{aligned}该机械设备的\\台班租赁费\end{aligned}$$

11.3.2 自有机械使用费的核算

(1) 自有机械使用费的内容

自有机械使用费是指企业使用自有的机械设备或运输设备从事机械化施工和运输作业发生的费用。其成本项目包括以下几项费用：

1) 人工费。人工费是指驾驶和操作机械或设备人员的薪酬。

2) 燃料及动力费。燃料及动力费是指施工机械或运输设备所耗用的液体燃料、固体燃料和电力等的费用。

3) 折旧费及修理费。折旧费是指按规定对施工机械、运输设备计提的固定资产折旧费用；修理费是指替换工具和部件(轮胎、钢丝绳等)发生的维修费等。

4) 其他直接费。其他直接费是指施工机械、运输设备所耗用的润滑和擦拭材料费用，以及施工机械的搬运、安装、拆卸和辅助设施费等。

5) 间接费用。间接费用是指企业所属内部独立核算的机械站和运输队为组织和管理机械化施工或运输作业所发生的各项费用(修理期间的停工费、停机棚的折旧和维修费、事故损失等)。

(2) 自有机械使用费的归集

企业应将当月实际发生的自有机械作业费用，按成本核算对象及成本项目归集到"机械作业"账户的借方。

机械作业的成本核算对象一般以施工机械的种类确定。大型施工机械或运输设备，应按单机或机组确定成本核算对象；对中型施工机械或运输设备，可按机械类别确定成本核算对象；对没有专人使用的小型施工机械或运输设备，如打夯机、砂浆机等，可将几类机械合并为一个成本核算对象。

(3) 自有施工机械使用费的分配

月末，财会部门根据"机械作业明细账"和机械管理部门报送的"机械使用月报"等资料，编制"机械使用费分配表"。凡是能分清受益对象的，应直接计入各受益工程成本核算对象的"机械使用费"项目；凡是不能分清受益对象的，则应采用适当的方法分配计入各受益工程成本核算对象的"机械使用费"项目。自有施工机械使用费的分配方法有以下三种：

1）台班分配法。台班分配法是指按照各成本核算对象使用施工机械的台班数分配机械使用费的一种方法。其一般适用于按单机或机组进行机械使用费核算的大中型施工机械和运输设备。其计算公式如下：

$$\frac{某机械(或机组)}{台班实际成本} = \frac{该机械(或机组)本期发生的机械使用费的总额}{该机械(或机组)本月实际工作台班总数}$$

$$\frac{某工程成本核算对象}{应分配的机械使用费} = \frac{该工程成本核算对象实际}{使用该机械(或机组)的台班数} \times \frac{该机械(或机组)}{台班实际成本}$$

2）预算分配法。预算分配法是指按照实际发生的机械使用费和预算机械使用费的比率分配机械使用费的一种方法。其一般适用于不便计算机械使用台班、无机械台班记录和台班单价不便确定的中小型机械，如几个成本核算对象共同使用的混凝土搅拌机。其计算公式如下：

$$\frac{实际机械使用费占预算}{机械使用费的比率} = \frac{实际发生的机械使用费总额}{全部受益对象机械使用费预算数} \times 100\%$$

$$\frac{某成本核算对象应}{负担的机械使用费} = \frac{该受益成本核算对象}{机械使用费预算数} \times \frac{实际机械使用费占}{预算机械使用费的比率}$$

$$\frac{某成本核算对象}{机械使用费预算数} = \frac{该成本核算对象}{实际完工工程量} \times \frac{单位工程量机械}{使用费预算数}$$

3）完成工程量分配法。完成工程量分配法是指按照各成本核算对象使用施工机械所完成的工程量（作业量）为基础分配机械使用费的一种方法。其一般适用于能够计算完成工程量（或作业量）的施工机械及运输设备。其计算公式如下：

$$\frac{某机械单位工程量}{的机械使用费} = \frac{该机械本期实际发生的机械费用总额}{该机械本月实际完成的工程量}$$

$$\frac{某工程成本核算对象}{应分配的某种机械使用费} = \frac{该机械本月为该核算}{对象完成的工作量} \times \frac{单位工程量}{的机械使用费}$$

4）工料成本法。工料成本法是指按各成本核算对象的人工、材料成本之和分配机械使用费的一种方法。一般的小型施工机械，既没有专人使用，也没有使用记录，不可能按机械使用台班（或完成的工程量）进行分配。可以按类别归集机械使用费（主要是折旧费、修理费），然后按工程发生工料费成本等进行分配。

11.3.3 机械设备安装、拆卸及进出场费

企业在施工期间支付的机械设备安装、拆卸和进出场费，如果发生的数额较大，则应通过"待摊费用"账户归集，按施工工期摊销计入各成本核算对象的"机械使用费"成本项目；如果数额不大，可在发生时直接计入各成本核算对象的"机械使用费"成本项目。

任务实施

根据任务描述1），会计人员应编制以下会计分录：

借：机械作业——挖土机（人工费）   2 600

```
            ——搅拌机(人工费)                                    1 800
        贷：应付职工薪酬——应付工资                              4 400
    借：机械作业——挖土机(人工费)                                 364
            ——搅拌机(人工费)                                      252
        贷：应付职工薪酬——职工福利费                              616
    借：机械作业——挖土机(人工费)                                 800
            ——搅拌机(人工费)                                      700
        贷：库存现金                                             1 500
    借：机械作业——挖土机(燃料及动力)                            2 475
            ——搅拌机(燃料及动力)                                   990
        贷：原材料——其他材料                                     3 500
            材料成本差异——其他材料                                 35
    借：机械作业——挖土机(折旧费及修理费)                         1 700
            ——搅拌机(折旧及修理费)                                  700
        贷：累计折旧                                             2 400
    借：机械作业——搅拌机(其他直接费)                             2 000
    借：应交税费——应交增值税(进项税额)                            260
        贷：银行存款                                             2 260
```
登记机械作业明细账，见表11-8。

表11-8 机械作业明细账

机械名称：挖土机　　　　　　　　　　　　　　　　　　　　　　　　　　　　　　　　　　元

年		凭证号数	摘要	借方	贷方	余额	借方发生额				
月	日						人工费	燃料及动力费	折旧及修理费	其他直接费	间接费用
略	略		分配工资	2 600			2 600				
			发放职工福利	364			364				
			支付劳保费	800			800				
			领用燃料	2 475				2 475			
			计提折旧	1 700					1 700		
			结转成本		7939						
			本月合计	7 939	7 939		3 764	2 475	1 700		

根据任务描述2)，会计人员应编制以下会计分录：
```
    借：工程施工——合同成本——甲工程(机械使用费)              15 000
            ——合同成本——乙工程(机械使用费)                    10 000
        贷：银行存款                                           25 000
```
根据任务描述3)，会计人员应编制以下会计分录：
每台班实际成本＝7 939/100＝79.39(元/台班)
甲工程应分配机械使用费＝60×79.39＝4 763.40(元)
乙工程应分配机械使用费＝40×79.39＝3 175.60(元)

借：工程施工——合同成本——甲工程(机械使用费)　　　　4 763.40
　　　　　——合同成本——乙工程(机械使用费)　　　　3 175.60
　　贷：机械作业——挖土机　　　　　　　　　　　　　　　　7 939

将上述结果登记"工程成本卡""工程成本明细账"，见表11-14～表11-16。

典型任务示例

【例11-4】 光华建筑公司第二项目部自有施工机械发生的费用归纳见表11-9，根据上述资料编制相关的会计分录。

表11-9　第二项目部自有施工机械发生的费用　　　　　　　　　　元

费用项目	塔式起重机	翻斗车	合　计
分配工资	1 200	1 000	2 200
计提职工福利费	168	140	308
领用燃料	5 000	3 000	8 000
材料成本差异(1%)	50	30	80
计提折旧	800	600	1 400
合　计	7 218	4 770	11 988

根据以上资料，编制会计分录如下：
借：机械作业——塔式起重机(人工费)　　　　　　　　　　1 200
　　　　　　——翻斗车(人工费)　　　　　　　　　　　　　1 000
　　贷：应付职工薪酬——应付工资　　　　　　　　　　　　2 200
借：机械作业——塔式起重机(人工费)　　　　　　　　　　　168
　　　　　　——翻斗车(人工费)　　　　　　　　　　　　　140
　　贷：应付职工薪酬——职工福利费　　　　　　　　　　　308
借：机械作业——塔式起重机(燃料及动力费)　　　　　　　5 000
　　　　　　——翻斗车(燃料及动力费)　　　　　　　　　3 000
　　贷：原材料——其他材料　　　　　　　　　　　　　　　8 000
　　　　材料成本差异——其他材料　　　　　　　　　　　　 80
借：机械作业——塔式起重机(折旧费及修理费)　　　　　　 800
　　　　　　——翻斗车(折旧费及修理费)　　　　　　　　 600
　　贷：累计折旧　　　　　　　　　　　　　　　　　　　　1 400

【例11-5】 光华建筑公司承建A、B工程共同发生机械使用费63 000元，A工程预算机械使用费40 000元，B工程预算机械使用费30 000元。

要求：学生以光华建筑公司会计人员的身份对上述机械费分配业务进行会计处理。

机械费分配如下：

机械使用费分配率=63 000/(40 000+30 000)=0.9
A工程负担的机械使用费=40 000×0.9=36 000(元)
B工程负担的机械使用费=30 000×0.9=27 000(元)

📁 归纳总结

机械使用费是指在施工过程中使用自有施工机械和运输设备进行机械化施工与运输作业所发生的机械使用费，租用外单位施工机械以及运输设备发生的租赁费和施工机械安装拆卸费、进出场费。施工单位以经营性租赁方式租入的施工机械和运输设备，按租赁合同规定支付的租赁费，一般可以直接计入受益的各工程成本核算对象的"机械使用费"项目。自有机械使用费按成本核算对象及成本项目归集到"机械作业"账户的借方。月末，按一定的方法分配计入各工程成本核算对象的"机械使用费"项目。

📁 实 训

光华建筑公司 10 月发生如下经济业务：

1）第二项目部本月塔式起重机领用燃料及油料的计划成本为 1 000 元，材料成本差异为 2%，应付塔式起重机驾驶人员的工资是 5 000 元，支付塔式起重机的安装及拆卸材料费 20 000 元，以现金支付维修费 500 元，安拆费及维修费的增值税税率均为 17%。

2）第二项目部本月承建甲、乙两个工程项目，塔式起重机为上述两个工程提供 50 个台班。其中，甲工程使用 30 个台班，乙工程使用 20 个台班，按台班分配法分配塔式起重机发生的费用。

要求：根据上述经济业务编制会计分录。

任务 11.4 其他直接费的核算

教学目标

任务描述

1）光华建筑公司第一项目部的甲、乙两个工程发生的现场材料二次搬运费为 2 615 元，增值税税率为 13%。其中，甲工程应分摊 1 615 元，乙工程应分摊 1 000 元，开出转账支票支付。

2）以现金支付场地清理费 2 049 元，取得增值税专用发票，增值税税率为 13%。

3）以现金支付生产工具用具使用费 4 140.50 元，取得增值税专用发票，增值税税率为 17%。

4）将第一项目部本月发生的其他直接费按各工程的工、料、机实际成本比例分配。

要求：根据以上业务编制会计分录，并登记"工程成本卡""工程成本明细账"。

任务分析

为了准确核算光华建筑公司第一项目部的其他直接费，会计人员应做好以下工作：

1）建立"工程施工——其他直接费"明细账。

2）项目上所发生的其他直接费能够分清受益对象的，根据发生的原始凭证编制记账凭证，将发生的支出记入受益工程的其他直接费项目。

3）项目上所发生的其他直接费不能够分清受益对象的，根据发生的原始凭证编制记账凭证，将发生的支出记入"工程施工——其他直接费"账户。

4）期末，将"工程施工——其他直接费"账户归集的其他直接费分配计入各受益对象的"其他直接费"项目。

相关知识

11.4.1 其他直接费的概念

其他直接费是指在施工过程中发生的除人工费、材料费、机械使用费以外的直接与工程施工有关的各种费用。其主要包括设计与技术援助费、特殊工种培训费、施工现场材料二次搬运费、生产工具用具使用费、检验试验费、工程定位复测费、工程点交费、场地清理费以及冬雨期施工增加费、夜间施工增加费等。

11.4.2 其他直接费的核算方法

（1）费用发生时能分清受益对象的，可直接计入各成本核算对象的"其他直接费"项目。

（2）费用发生时不能分清受益对象的，应采用适当的方法（工日法、工料机实际消耗法等）计入各成本核算对象的"其他直接费"项目。

（3）费用发生时难以和同成本中的费用项目区分的（冬雨期施工中的防雨、保温材料费，夜间施工的电气材料及电费，流动施工津贴，场地清理费，材料二次搬运费中的人工费、机械使用费等），为了简化核算手续，可于费用发生时列入"人工费""材料费""机械使用费"等项目核算。但在期末进行成本分析时，应将预算成本中的有关费用按一定的方法从"其他直接费"调至"人工费""材料费""机械使用费"等项目，以利于成本分析和考核。

任务实施

根据任务描述1），会计人员应编制以下会计分录：

借：工程施工——甲工程（其他直接费） 1 615
　　　　　——乙工程（其他直接费） 1 000
借：应交税费——应交增值税（进项税额） 444.55
　贷：银行存款 3 059.55

根据任务描述2），会计人员应编制以下会计分录：

借：工程施工——其他直接费 2 049
借：应交税费——应交增值税（进项税额） 348.33
　贷：库存现金 2 397.33

根据任务描述3），会计人员应编制以下会计分录：

借：工程施工——其他直接费 4 140.50
借：应交税费——应交增值税（进项税额） 703.89
　贷：库存现金 4 844.39

根据任务描述4），会计人员应编制"其他直接费分配表"，见表11-10。

表 11-10　其他直接费分配表

第一项目部　　　　　　　　　　　　　2015 年 4 月　　　　　　　　　　　　　　　　　　元

工程成本核算对象	工、料、机实际成本	分配率	分配金额
甲工程	116 797.40		4 535.95
乙工程	82 677.60		1 653.55
合　计	309 475	0.02	6 189.50

根据表 11-10，编制会计分录如下：

借：工程施工——甲工程（其他直接费）　　　　　　　　　　4 535.95
　　　　　　——乙工程（其他直接费）　　　　　　　　　　1 653.55
　　贷：工程施工——其他直接费　　　　　　　　　　　　　6 189.50

将上述结果登记"工程成本卡""工程成本明细账"，见表 11-14～表 11-16。

典型任务示例

【例 11-6】 光华建筑公司第二项目部交纳特殊工种培训费 3 000 元，现金支付。

要求：学生以会计人员的身份编制会计分录。

借：工程施工——其他直接费　　　　　　　　　　　　　　3 000
　　贷：库存现金　　　　　　　　　　　　　　　　　　　　3 000

【例 11-7】 光华建筑公司第二项目部使用的现场临时设施本月摊销额为 2 000 元。

要求：学生以会计人员的身份编制会计分录。

借：工程施工——其他直接费　　　　　　　　　　　　　　2 000
　　贷：临时设施摊销　　　　　　　　　　　　　　　　　　2 000

【例 11-8】 光华建筑公司第二项目部开出转账支票 4 520 元，支付现场施工用电费用，增值税税率为 13%。

要求：学生以会计人员的身份编制会计分录。

借：工程施工——其他直接费　　　　　　　　　　　　　　4 000
借：应交税费——应交增值税（进项税额）　　　　　　　　　520
　　贷：银行存款　　　　　　　　　　　　　　　　　　　　4 520

【例 11-9】 将第二项目部所发生的其他直接费按各工程的工、料、机实际成本比例分配，编制"其他直接费分配表"，并编制会计分录。假设 A、B 工程的工料机实际成本，见表 11-11。

表 11-11　其他直接费分配表

第一项目部　　　　　　　　　　　　　　4 月 30 日　　　　　　　　　　　　　　　　　元

工程成本核算对象	工、料、机实际成本	分配率	分配金额
A 工程	1 200 000	0.5%	6 000
B 工程	600 000		3 000
合　计	1 800 000	0.5%	9 000

根据表 11-11，编制会计分录如下：

借：工程施工——A 工程(其他直接费)   6 000
　　　　　　——B 工程(其他直接费)   3 000
　　贷：工程施工——其他直接费   9 000

归纳总结

其他直接费是指在施工过程中发生的除人工费、材料费、机械使用费以外的直接与工程施工有关的各种费用，费用发生时能分清受益对象的，可直接计入各成本核算对象的"其他直接费"项目。费用发生时不能分清受益对象的，应采用适当的方法(如工日法、工料机实际消耗法等)计入各成本核算对象的"其他直接费"项目。

实训

光华建筑公司 10 月发生以下经济业务：

1)第二项目部用银行存款支付现场材料二次搬运费 5 000 元。其中，甲工程 3 000 元，乙工程 2 000 元，取得增值税专用发票，税率为 13%。

2)第二项目部计提本月现场小型生产工具摊销额 6 000 元。其中，甲工程 4 000 元，乙工程 2 000 元。

3)第二项目部支付甲工程现场材料检验试验费 1 500 元，取得增值税专用发票，税率为 13%，开出转账支票支付。

4)将上述其他直接费按工程生产工日的比例进行分配。其中，甲工程消耗 1 200 工日，乙工程消耗 800 工日。

要求：根据上述经济业务，编制会计分录。

任务 11.5　间接费用的核算

教学目标

任务描述

光华建筑公司 4 月第一项目部间接费用发生如下：

1)以银行存款支付购买办公用品费 2 260 元，含增值税 260 元。
2)分摊应由本月负担的财产保险费 1 405.90 元。
3)分配本月项目管理人员的工资 50 000 元。
4)计提施工管理人员福利费 7 000 元。
5)计提本月项目部计算机折旧费 2 000 元。
6)领用一次摊销的安全网 1 250 元。

要求 1：根据以上业务编制会计分录，并录入到"工程施工——间接费用"账户。

要求 2：光华建筑公司第一项目部本月只有甲、乙两项建筑工程的施工任务，将任务描述 1)发生的间接费用，采用直接费比例分配法分配间接费用，编制"间接费用分配表"。

要求 3：根据以上会计分录，登记"工程成本卡""工程成本明细账"，见表 11-14～表 11-16。

任务分析

为了准确核算光华建筑公司第一项目部的间接费用，会计人员应做好以下工作：

1）建立"工程施工——间接费用"明细账。

2）项目上所发生的间接费用，能够分清受益对象的，根据发生的原始凭证编制记账凭证，将发生的支出记入受益工程的间接费用项目。

3）项目上所发生的间接费用，不能够分清受益对象的，根据发生的原始凭证编制记账凭证，将发生的支出记入"工程施工——间接费用"账户。

4）期末，将"工程施工——间接费用"按账户归集的间接费用，按一定的方法分配计入各受益对象，编制其他直接费用分配表。

相关知识

11.5.1 间接费用的概念和内容

间接费用是指施工企业所属的直接组织生产活动的施工管理机构（如项目部）所发生的施工管理费。其包括以下几个项目：

（1）现场管理人员薪酬。现场管理人员薪酬包括现场管理人员的基本工资、工资性津贴、奖金和补贴等薪酬项目。

（2）劳动保护费。劳动保护费是指用于施工单位职工的劳动保护用品和技术安全设施的购置、摊销和修理费，供职工劳保使用的解毒剂、营养品、防暑饮料、洗涤等物品的购置费或补助费，以及工地上职工洗澡、饮水的燃料费等。

（3）办公费。办公费是指现场管理办公用的文具、纸张、账表、印刷、邮电、书报、会议、水电、烧水和集体取暖（包括现场临时宿舍取暖）用煤等费用。

（4）差旅交通费。差旅交通费是指职工因公出差期间的旅费、住宿费、市内交通费和误餐补助费、职工探亲路费、劳动招募费、职工离退休退职一次性路费、工伤人员就医路费、工地转移费，以及现场管理使用的交通工具的油料、燃料及牌照等的费用。

（5）固定资产折旧费及修理费。固定资产折旧费及修理费是指现场管理及试验部门使用的属于固定资产的设备、仪器等的折旧费或租赁费、维修费等后续支出。

（6）低值易耗品摊销。低值易耗品摊销是指现场管理使用的不属于固定资产的工具，器具，家具，交通工具和检验、试验、测绘、消防用具等的购置、维修和摊销费。

（7）财产保险费。财产保险费是指施工管理用财产、车辆保险，高空、井下、海上作业等特殊工种安全保险等的保险费用。

（8）工程保修费。工程保修费是指工程竣工交付使用后，在规定保修期内的修理费用，应采用预提方式计入。

（9）工程排污费。工程排污费是指施工现场按规定交纳的排污费用。

（10）其他费用。其他费用是指上列各项费用以外的其他间接费用。

11.5.2 间接费用的核算方法

（1）间接费用的归集

间接费用是各项工程共同发生的费用，一般难以分清具体的受益对象。因此，在费用发生时，先通过"工程施工——间接费用"账户进行归集，期末，按适当分配标准分配计入各有关工程成本核算对象的"间接费用"项目。间接费用明细账采用多栏式明细账，按间接费用项目分设专栏。其格式见表11-12。

表 11-12 工程施工——间接费用明细账　　　　　　　　　　　　　元

年		凭证号数	摘要	借方发生额						贷方	余额
月	日			薪酬	办公费差旅费	折旧费及修理费	财产保险费	其他	小计		
略	略	①			2 000				2 000		
		②					1 405.90		1 405.90		
		③		50 000					50 000		
		④		7 000					7 000		
		⑤				2 000			2 000		
		⑥						1 250	1 250		63 655.90
		任务2								63 655.90	0
			月 计	57 000	2 000	2 000	1 405.90	1 250	63 655.90	63 655.90	

(2) 间接费用的分配

月末，各施工单位应对本月发生的间接费用进行分配。分配方法主要有人工费比例分配法和直接费比例分配法。

1) 人工费比例分配法。人工比例分配法是以各成本核算对象当期实际发生的人工费为基础分配间接费用的一种方法，一般适用于安装工程。其计算公式如下：

$$间接费用分配率 = \frac{本月实际发生的间接费用总和}{各工程本月发生的人工费实际成本总额}$$

某工程应分配的间接费用 = 该工程本月人工费实际成本 × 间接费用分配率

2) 直接费比例分配法。直接费比例分配法是以各成本核算对象当期实际发生的直接费为基数分配间接费用的一种方法。一般适用于建筑工程。其计算公式如下：

$$间接费用分配率 = \frac{本月实际发生的间接费用总和}{各工程本月发生的直接费实际成本总额}$$

某工程应分配的间接费用 = 该工程的实际直接费 × 间接费用分配率

任务实施

根据任务描述中的要求1，会计人员应编制以下会计分录：

1) 借：工程施工——合同成本——间接费用（办公费）　　　　2 000
　　借：应交税费——应交增值税（进项税额）　　　　　　　　260
　　　　贷：银行存款　　　　　　　　　　　　　　　　　　　2 260
2) 借：工程施工——合同成本——间接费用（财产保险费）　　1 405.90
　　　　贷：待摊费用——财产保险费　　　　　　　　　　　　1 405.90
3) 借：工程施工——合同成本——间接费用（工资）　　　　　50 000
　　　　贷：应付职工薪酬——应付工资　　　　　　　　　　　50 000

4) 借：工程施工——合同成本——间接费用（职工福利费）　　　　7 000
  贷：应付职工薪酬——应付职工福利费　　　　　　　　　　　7 000
5) 借：工程施工——合同成本——间接费用（折旧费）　　　　　2 000
  贷：累计折旧　　　　　　　　　　　　　　　　　　　　　　2 000
6) 借：工程施工——合同成本——间接费用（工具用具使用费）　1 250
  贷：周转材料——在库周转材料（低值易耗品）　　　　　　　1 250

将上述各会计分录登记到"间接费用明细账"，见表11-12。

根据任务描述中的要求2，编制"间接费用分配表"，见表11-13。

表11-13　间接费用分配表

第一项目部　　　　　　　　　　　　　　2015年4月

工程成本核算对象	直接费成本	分配率	分配金额
甲工程	232 948.35		46 589.67
乙工程	85 331.15		17 066.23
合　计	318 279.4	0.2	63 655.90

根据"间接费用分配表"（表11-13），编制会计分录如下：

借：工程施工——合同成本——甲工程（间接费用）　　46 589.67
  工程施工——合同成本——乙工程（间接费用）　　17 066.23
  贷：工程施工——间接费用　　　　　　　　　　　　　　63 655.90

根据任务描述中的要求3，登记"工程成本卡""工程成本明细账"，见表11-14～表11-16。

表11-14　工程成本卡

工程名称：甲工程
建筑面积：　　　　　　　　　　　　　　　　　　　开工日期：2015年4月2日
预算造价：　　　　　　　　　　　　　　　　　　　竣工日期：2015年8月16日

年月日	凭证号数	摘要	直接费用				间接费用	工程成本合计
			人工费	材料费	机械使用费	其他直接费		
		期初未完施工	2 600	16 500	2 000	1 200	2 500	24 800
		分配工资	100 000					100 000
		计提职工福利	14 000					14 000
		支付劳动保护费	1 800					1 800
		分配材料费		68 500				68 500
		分配材料成本差异		1 045				1 045
		分配材料费		18 900				18 900
		分配材料成本差异		189				189
		周转材料摊销		2 600				2 600
		机械租赁费			15 000			15 000
		分配机械作业			4 763.4			4 763.4
		支付二次搬运费				1 615		1 615
		分配其他直接费				4 535.95		4 535.95
		分配间接费用					46 589.67	46 589.67

续表

年		凭证号数	摘要	直接费用				间接费用	工程成本合计
月	日			人工费	材料费	机械使用费	其他直接费		
			本期合计	115 800	91 234	19 763.40	6 150.95	46 589.67	279 538.02
			减：月末未完施工	3 020	2 960	180	246.40	492.80	6 899.20
			本月已完实际成本	115 380	104 774	21 583.40	7 104.55	48 596.87	297 438.82

表 11-15　工程成本卡

工程名称：乙工程　　　　　　　　　　　　　　　　　　　　开工日期：2014 年 7 月 8 日
建筑面积：　　　　　　　　　　　　　　　　　　　　　　　竣工日期：　年　月　日
预算造价：　　　　　　　　　　　　　　　　　　　　　　　　　　　　　　　　　元

年		凭证号数	摘要	直接费用				间接费用	工程成本合计
月	日			人工费	材料费	机械使用费	其他直接费		
			期初未完施工	26 500	1 580 000	180	125 000	25 600	1 937 100
			分配工资	40 000		000			40 000
			计提职工福利	5 600					5 600
			支付劳动保护费	900					900
			分配材料费		20 200				20 200
			分配材料成本差异		202				202
			周转材料摊销		2 600				2 600
			机械租赁费			10 000			10 000
			分配机械作业			3 175.6			3 175.6
			支付二次搬运费				1 000		1 000
			分配其他直接费				1 653.55		1 653.55
			分配间接费用					17 066.23	17 066.23
			本期合计	46 500	23 002	13 175.6	2 653.55	17 066.23	102 397.38
			自开工起累计已完成工程实际成本	73 000	1 603 002	193 175.6	127 653.55	42 666.23	2 039 497.38

表 11-16　工程成本明细账

第一项目部　　　　　　　　　　　　　　　　　　　　　　　　　　　　　　　元

年		凭证号数	摘要	直接费用				间接费用	工程成本合计
月	日			人工费	材料费	机械使用费	其他直接费		
			期初未完施工	29 100	1 596 500	182 000	126 200	28 100	1 961 900
			分配工资	140 000					140 000
			发放职工福利	19 600					19 600
			支付劳动保护费	2 700					2 700
			分配材料费		68 500				68 500
			分配材料成本差异		1 045				1 045
			分配材料费		39 100				39 100

续表

年		凭证号数	摘要	直接费用				间接费用	工程成本合计
月	日			人工费	材料费	机械使用费	其他直接费		
			分配材料成本差异		391				391
			周转材料摊销		5 200				5 200
			机械租赁费			25 000			25 000
			分配机械作业			7 939			7 939
			支付二次搬运费				2 615		2 615
			分配其他直接费				6 189.50		6 189.50
			分配间接费用					63 655.90	63 655.90
			本期合计	162 300	114 236	32 939	8 804.50	63 655.90	381 935.40
			减：月末未完施工	3 020	2 960	180	246.40	492.80	6 899.20
			自开工起累计已完成工程实际成本	188 380	1 707 776	214 759	134 758.40	91 263.10	2 336 936.20

典型任务示例

【例 11-10】 10月光华建筑公司第二项目部本月发生的费用如下：

1）开出转账支票购买办公用品 1 000 元，增值税为 130 元。
2）现金支付工程排污费 800 元，增值税为 104 元。
3）分配本月项目部管理人员的工资 60 000 元。
4）根据职工福利费计提表计提福利费 8 400 元。
5）项目部经理出差归来报销差旅费 2 000 元，冲销原借款 2 000 元。

该项目部承建 A、B 两个工程，A 工程的直接成本是 302 000 元，B 工程的直接成本是 420 000 元。

要求：学生以企业会计人员的身份作会计分录并分配间接费用。

根据以上经济业务作会计分录如下：

1）借：工程施工——合同成本——间接费用(办公费)　　　　　　1 000
　　借：应交税费——应交增值税(进项税额)　　　　　　　　　　130
　　　　贷：银行存款　　　　　　　　　　　　　　　　　　　　1 130
2）借：工程施工——合同成本——间接费用(排污费)　　　　　　800
　　借：应交税费——应交增值税(进项税额)　　　　　　　　　　104
　　　　贷：库存现金　　　　　　　　　　　　　　　　　　　　904
3）借：工程施工——合同成本——间接费用(人工费)　　　　　　60 000
　　　　贷：应付职工薪酬——应付工资　　　　　　　　　　　　60 000
4）借：工程施工——合同成本——间接费用(人工费)　　　　　　8 400
　　　　贷：应付职工薪酬——应付职工福利费　　　　　　　　　8 400
5）借：工程施工——合同成本——间接费用(差旅费)　　　　　　2 000
　　　　贷：备用金——李经理　　　　　　　　　　　　　　　　2 000

第二项目部的间接费用分配表见表 11-17。

表 11-17　间接费用分配表

第二项目部　　　　　　　　　　　2015 年 10 月　　　　　　　　　　　　　　　元

工程成本核算对象	直接费成本	分配率	分配金额
A 工程	302 000		30 200
B 工程	420 000		42 000
合　计	722 000	0.1	72 200

根据"间接费用分配表"(表 11-17)，编制会计分录如下：

借：工程施工——合同成本——A 工程(间接费用)　　　30 200
　　工程施工——合同成本——B 工程(间接费用)　　　42 000
　　贷：工程施工——间接费用　　　　　　　　　　　　　72 200

归纳总结

间接费用是指施工企业所属的直接组织生产活动的施工管理机构(如项目部)所发生的施工管理费。间接费用是各项工程共同发生的费用，一般难以分清具体的受益对象。因此，在费用发生时，先通过"工程施工——间接费用"账户进行归集。期末，按适当分配标准分配计入各有关工程成本核算对象的"间接费用"项目。分配方法主要有人工费比例分配法和直接费比例分配法。

实　训

2015 年 10 月光华建筑公司第二项目部 A 工程发生如下经济业务，增值税税率为 13%。

1)以现金 300 元支付办公用品购置费。

2)报销职工上下班交通补贴费 200 元，以现金支付。

3)根据"工资分配表"，应付工作人员工资 3 000 元、工程保修人员工资 50 元。

4)计提管理人员福利费 420 元，工程保修人员福利费 7 元。

5)提取施工单位管理用固定资产折旧费 1 600 元。

6)工程保修领用材料 150 元，工程施工领用零星材料 1 000 元，行政管理领用一次摊销的低值易耗品 500 元，计提分期摊销的低值易耗品摊销费 700 元。

7)报销职工探亲路费 500 元，结转原借款。

8)摊销应由本月负担的财产保险费 1 000 元。

9)以银行存款支付办公用水电费 600 元。

要求：以企业会计人员的身份根据上述经济业务编制会计分录。

任务 11.6　工程成本结算

教学目标

任务描述

1)光华建筑公司第一项目部月末盘点未完施工，甲工程砖墙抹混合砂浆 2 000 m²，按预算定额规定应该抹两遍,月末盘点时发现只抹了一遍。该工程每平方米预算单价为6.16元。其中,人工费为3.02元,材料费为2.96元,机械费为0.18元,其他直接费及现场经费分别占定额直接费的4%和8%。

要求:以公司会计人员的身份,计算未完工程实际成本,并登记"工程施工成本明细账",计算已完工程实际成本。

2)乙工程已竣工,采用竣工后一次结算的办法,结转乙工程实际成本。

要求:以公司会计人员的身份,编制结转乙工程实际成本的会计分录并登记"工程成本卡""工程成本明细账"。

任务分析

为了准确核算光华建筑公司第一项目部的期末未完工程实际成本,会计人员应做好以下工作:

1)首先根据施工部门提供的工程量信息将期末未完工程量换算成已完工程量,计算未完工程预算成本。

2)将期末未完工程预算成本调整为期末未完工程的实际成本。

3)编制已完工程成本计算表,计算当期已完工程的实际成本,并编制会计分录。

4)登记"工程成本明细账"和"工程成本卡"。

相关知识

工程成本结算是指计算和确认各个会计期间的已完工程预算成本和实际成本,以及成本的节超情况,从而为考核工程成本任务的完成情况提供依据。成本计算期与工程价款的结算期一致,其计算方法也应根据工程价款的结算方式来确定,有按月结算、分段结算、竣工后一次结算、其他结算。

11.6.1 已完工程实际成本的计算与结转

通过上面对成本各项目归集与分配的核算,企业发生的各项施工费用已归集到"工程成本明细账"及"工程成本卡"中。期末,应进行工程成本结算,将所归集的施工费用在当期已完工程和未完施工之间进行分配,计算当期已完工程的实际成本,并与预算成本比较,计算成本节约或超支额。

(1)非竣工结算的工程实际成本的计算

1)已完工程和未完工程。建筑安装施工是一个连续的生产过程,到了成本结算期时,必然有一部分分部分项工程处于未完施工状态。按现行制度规定,凡是已经完成了预算定额所规定的全部工序和工程内容,在本企业不再需要继续施工的分部分项工程,即可视为建筑"产成品",称为"已完工程"或"已完施工"。对于这部分已完工程,施工单位应按月计算其实际成本,并按预算价格向建设单位收取工程价款。对虽然已投入人工、材料等费用,但是月末尚未完成预算定额所规定的全部工序和工程内容的分部分项工程,则视为建筑"在产品",称为"未完施工"或"未完工程"。对于未完施工,施工单位不能向建设单位收取工程价款,但月末应计算其实际成本,以便计算确定本月已完工程的实际成本。

2)已完工程实际成本的计算。在既有已完工程又有未完施工的情况下,必须将已归集的

施工费用在已完工程和未施工之间进行分配。本月已完工程实际成本的计算公式如下:

$$\text{本期已完工程实际成本} = \text{期初未完施工实际成本} + \text{本期发生的生产费用} - \text{期末未完施工实际成本}$$

3) 期末未完施工的预算成本计算。未完施工预算成本的计算方法有以下几种:

①估量法。估量法又称为约当产量法,是根据施工现场盘点确定的未完工程量,按其完工程度折合为相当于已完工程的实物量(也称约当产量),乘以该分部分项工程的预算单价得出该未完工程的预算成本。其计算公式如下:

$$\text{期末未完施工预算成本} = \text{期末未完工程数量} \times \text{估计完工程度} \times \text{该分部分项工程预算单价}$$

②估价法(又称工序成本法)。估价法是先确定分部分项工程各个工序的直接费占整个预算单价的百分比,用以计算出每个工序的预算单价,然后乘以未完工程各工序的完成量,确定出未完工程的预算成本。其计算公式如下:

$$\text{某工序预算单价} = \text{分部分项工程预算单价} \times \text{该工序费用占预算单价的百分比}$$

$$\text{月末未完工程预算成本} = \sum(\text{未完工程中某工序的完成量} \times \text{该工序预算单价})$$

应当注意的是,按估价法计算未完施工的成本,先要计算出每个工序的单价,如果工序过多,应将工序适当合并,计算出每一合并工序的单价,然后乘以相应的未完施工数量来计算。

4) 期末未完施工实际成本的计算。如果期末未完工程的材料费成本占比重较大,且各期期末未完工程量比较均衡,可将未完施工的材料预算成本作为未完施工的实际成本,以简化计算手续。

当期末未完施工占全部工程量的比重较大,且实际成本与预算成本的差异较大时,如果将未完施工的预算成本视为实际成本,就会影响已完工程实际成本的正确性。因此,还应以预算成本为基础,分配计算未完施工的实际成本。其计算公式如下:

$$\text{期末未完施工实际成本} = \frac{\text{期初未完施工的实际成本} + \text{本期发生的生产费用}}{\text{已完工程的预算成本} + \text{期末未完施工的预算成本}} \times \text{期末未完施工预算成本}$$

对于尚未竣工的工程,计算出的已完工程实际成本只用于同工程预算成本、工程计划成本进行比较,以确定成本节超,考核成本计划的执行情况,并不从"工程施工"账户转出。这样,"工程施工"账户的余额,就可以反映某工程自开工至本期止累计发生的施工费用,待工程竣工后,再进行成本结转。

(2) 竣工后一次结算的工程实际成本的计算

实行竣工后一次结算工程价款办法的工程,企业平时应按月将该工程实际发生的各项施工费用及时登记到"工程成本明细卡"的相关栏内,在工程竣工前,"工程成本卡"中所归集的自开工起至本月末止的施工费用累计额,即该项工程的未完工程的实际成本。工程竣工后,各单位应及时清理施工现场,盘点剩余材料和残次材料,及时办理退库手续,冲减工程成本。同时,核算"工程成本卡"中的信息是否属实,核实无误后,"工程成本卡"中所归集的自开工起至竣工止的施工费用累计总额就是竣工工程的实际成本。其计算公式如下:

$$\text{竣工工程实际成本} = \text{施工费用月初余额} + \text{本月施工费用发生额}$$

已完工程实际成本的计算,通过编制"已完工程成本计算表"进行,见表11-18。

表 11-18 已完工程成本计算表   元

工程名称	期初未完工程成本	本期工程实际成本	期末未完工程成本	本期已完工程成本
甲合同项目	24 800	278 098.35	6 899.20	295 999.15
乙合同项目	1 937 100	102 949.19		2 040 049.19
合　　计	1 961 900	381 047.54	6 899.20	2 336 048.34

根据以上会计分录，登记"工程施工成本明细账"。

11.6.2 竣工工程成本决算

(1)竣工工程成本决算的内容及编制方法

竣工工程成本决算是指企业承建的合同项目竣工以后，本着"工完账清"的原则，在取得竣工单位工程的验收签证后，及时编制竣工决算表(表 11-19)。确定已竣工工程的预算成本和实际成本，作为全面考核竣工工程成本节超情况的主要依据。

1)预算成本各项目应根据预算部门提供的已竣工单位工程的预算总成本和分项预算成本数填列。

2)实际成本各项目应根据已竣工单位工程"工程成本卡"中自开工起至竣工止各成本项目的累计数填列。

3)工程成本降低额各项目应根据工程预算成本减去实际成本后的差额填列。相减后的结果为正数，即降低额；反之，则为超支额，以"－"号表示。

4)工程成本降低率各项目应根据工程成本降低额占工程预算成本的比率计算，以百分数表示。如为超支率，则应以"－"号表示。

表 11-19 竣工工程成本决算
年　月　日

发包单位：
工程名称：　　　　　　　　　　　　　　　　　　　　　　　　　建筑面积：
工程结构：　　　　　　　　　　　　　　　　　　　　　　　　　工程造价：
开工日期：　　　　　　　　　　　　　　　　　　　　　　　　　竣工日期：

成本项目	预算成本	实际成本	降低额	降低率/%	简要分析及说明
人工费					
材料费					
机械使用费					
其他直接费					
间接费用					
合　计					

(2)工、料、机用量比较分析表的编制

竣工工程办理决算时，需要对竣工工程耗用人工、材料、机械的预算用量、实际用量及其节约或超支额、节约或超支率进行分析，编制本表。其格式见表 11-20。表中的预算用量应根据预算部门提供的有关资料汇总填列，实际用量应根据各施工班组提供的"用工台账""用料台账"和"使用机械台账"等资料汇总后填列，节约或超支量以及节约或超支率应根据预算用量和实际用量计算填列。

表 11-20　工、料、机用量比较分析表

项　目	单　位	预算用量	实际用量	节(＋)超(一)额	节超率/%
一、人工	工日				
二、材料					
1. 钢材	t				
2. 木材	m³				
3. 水泥	t				
4. 红砖	千块				
5. 碎石	t				
……					
三、机械					
1. 起重机	台班				
2. 搅拌机	台班				

(3)竣工工程的简要分析与说明

一般可列示预算总造价、单位工程量造价、单位工程量预算成本、单位工程量实际成本等，应根据有关资料分析计算填列。

任务实施

根据任务描述1)，会计人员应编制"未完施工盘点单"，见表11-21。

表 11-21　未完施工盘点表

4月30日

单位工程名称	分部分项工程		已完工程				其中		
	名称	预算单价/元	工序名称	占分部分项工程的比例	已完数/m²	折合分部分项工程	预算成本	人工费	材料费	机械使用费
甲工程	砖墙抹灰	6.16	第一遍	50%	2 000	1 000	6 160	3 020	2 960	180
加：其他直接费(4%)							246.40			
间接费(8%)							492.80			
合　计							6 899.20			

将计算结果登记在"工程成本明细账"有关栏内，见表11-14～表11-16，已完工程实际成本为 295 999.15 元。

根据任务描述2)，会计人员编制会计分录如下：

借：工程结算　　　　　　　　　　　　　　　　　　　　　　2 039 497.38
　　贷：工程施工——合同成本——乙工程　　　　　　　　　　　2 039 497.38

根据以上会计分录，登记"工程成本明细账"，见表11-14～表11-16。

典型任务示例

【例 11-11】 甲工程由三道工序组成，各工序占该分部分项工程的比重分别为 5：3：2，该分部分项工程的预算单价为 10 元/m^2。其他直接费用及现场经费占定额直接费的 7.42%，月末现场盘点，发现未完施工有 200 m^2，完成第一道工序的有 200 m^2，完成第二道工序的有 100 m^2。

要求：学生以企业会计人员的身份按估价法计算期末未完施工预算成本。

分部分项工程的单价：

$$甲工序单价 = 10 \times 50\% = 5(元)$$
$$乙工序单价 = 10 \times 30\% = 3(元)$$
$$丙工序单价 = 10 \times 20\% = 2(元)$$

未完施工预算成本 = $(200 \times 5 + 100 \times 3) \times (1 + 7.42\%) = 1\ 396.46(元)$

【例 11-12】 假设光华建筑公司工程本期发生的施工费用为 1 120 000 元，期初未完施工成本为 12 000 元，本期已完工程预算成本为 955 000 元，期末未完施工预算成本为 185 000 元。

要求：学生以企业会计人员的身份计算期末未完施工实际成本。

$$期末未完施工实际成本 = \frac{12\ 000 + 1\ 120\ 000}{955\ 000 + 185\ 000} \times 185\ 000 = 183\ 702(元)$$

归纳总结

工程成本结算是指计算和确认各个会计期间的已完工程预算成本和实际成本，以及成本的节超情况，从而为考核工程成本任务的完成情况提供依据。在既有已完工程，又有未完施工的情况下，必须将已归集的施工费用在已完工程和未完施工之间进行分配才能计算当期已完工程的实际成本。期末，未完施工成本的计算方法有估量法和估价法。

竣工成本决算是指企业承建的合同项目竣工以后，及时编制竣工决算表。确定已竣工工程的预算成本和实际成本，作为全面考核竣工工程成本节超情况的主要依据。

实训

项目测验题

2015 年 10 月，光华建筑公司第二项目部工程成本明细账见表 11-22，期末未完施工实际成本见【例 11-12】。

要求：将其按各成本项目占工程成本的比例进行分解后填入表 11-22 中，并确定当期已完工程成本，进行成本结转的核算。

表 11-22　工程成本明细账　　　　　　　　　　　　元

项　目	人工费	材料费	机械使用费	其他直接费	间接费用	合计
期初余额	2 000	8 000	1 000	600	400	12 000
本期发生额	26 000	780 000	60 000	12 000	8 000	1 120 000
期末未完工程成本						
本期已完工程成本						

项目 12　期间费用的核算

案例：周恩来总理勤俭的小故事

任务 12.1　管理费用的核算

教学目标

任务描述

光华建筑公司 10 月管理费用发生情况如下：
1）以现金支付业务招待费 500 元。
2）分配本月管理人员工资 20 000 元。
3）按上述人员工资总额的 14% 计提职工福利费。
4）以现金支付技术咨询费 5 000 元，取得增值税专用发票，增值税为 650 元。
5）公司管理人员张强出差回来报销差旅费 4 500 元，原借款 5 000 元，退回现金 500 元。
6）月末，将本月发生的管理费用全部计入当月损益，转入"本年利润"账户。
要求：学生以光华建筑公司会计人员的身份对上述业务进行会计处理，并登记管理费用明细账。

任务分析

为了准确核算光华建筑公司发生的管理费用，会计人员应做好以下工作：
1）开设管理费用明细账。
2）将发生的管理费用支出根据发票编制记账凭证。
3）根据记账凭证登记管理费用明细账。

相关知识

期间费用是指本期发生的、不能归于某项工程成本，而直接计入当期损益的各项费用。其包括管理费用、财务费用和销售费用。

12.1.1　管理费用的基本知识

管理费用是指企业行政管理部门为组织和管理生产经营活动而发生的各种费用。它与企业产品的生产活动没有直接的联系，只是一种总体的、间接的对应关系。管理费用主要包括下列内容：

（1）公司经费。公司经费包括企业行政管理部门职工的工资及福利费等薪酬、物料消耗、低值易耗品摊销、办公费和差旅费等。

（2）工会经费。工会经费是指按工资总额的 2% 计提，并拨交工会的经费。

(3)董事会费。董事会费是指企业最高权力机构董事会及其成员发生的津贴、会议费和差旅费等。

(4)聘请中介机构费。聘请中介机构费是指企业聘请中介机构,如会计师事务所、资产评估事务所来企业进行验资、审计、评估等支付给中介机构的费用。

(5)咨询费。咨询费是指企业向有关咨询机构进行科学技术、经营管理咨询时所支付的费用,包括聘请技术顾问、经济顾问、法律顾问等支付的费用。

(6)诉讼费。诉讼费是指企业因向法院起诉或应诉而发生的各项费用。

(7)业务招待费。业务招待费是指企业为业务经营的合理需要而支付的招待费用。

(8)税金。税金是指企业按规定交纳的房产税、车船使用税、土地使用税、印花税、矿产资源补偿费等。

(9)技术转让费。技术转让费是指企业按照非专利技术转让合同的约定,使用非专利技术所支付的费用。

(10)研究与开发费。研究与开发费是指企业研究开发新产品、新技术、新工艺所发生的新产品设计费、工艺规程制定费、设备调试费、原材料及半成品试验费、技术图书资料费、未纳入国家计划的中间试验费、研究人员的工资、研究设备的折旧、与新产品试制和技术研究有关的其他费用、试制失败发生的损失等。

(11)排污费。排污费是指企业按环保部门的规定交纳的排污费用。

(12)绿化费。绿化费是指企业对本企业区域内进行绿化而发生的零星绿化费用。

(13)无形资产摊销。无形资产摊销是指企业分期摊销的无形资产价值,包括专利权、商标权、著作权、土地使用权、非专利技术等的摊销价值。若某项无形资产用于工程施工或用于其他生产活动,则其摊销额计入工程成本或其他资产的成本。

(14)企业在筹建期间发生的开办费。企业在筹建期间发生的开办费是指企业在筹建期间发生的工资、办公费、培训费、差旅费、印刷费、注册登记费及不计入固定资产成本的借款费用等。

(15)其他管理费用。其他管理费用是指企业发生的除以上各项费用外应列入管理费用的其他各项支出。

12.1.2 管理费用的核算方法

为了核算和监督管理费用的发生和结转情况,企业应设置"管理费用"账户,该账户属于损益类账户。其借方登记本期实际发生的各项管理费用;贷方登记期末转入"本年利润"账户的管理费用,结转后应无余额。本账户应按管理费用的组成内容设置明细账(表12-1),进行明细分类核算。

表12-1 管理费用明细账 元

年		凭证号数	摘要	借方						贷方	余额
月	日			招待费	公司经费	福利费	职工教育经费	咨询费	税金	合计		
略	略	1	支付招待费	500						500		
		2	分配工资		20 000					20 000		
		3	提福利费			2 800				2 800		

续表

年		凭证号数	摘要	借方							贷方	余额
月	日			招待费	公司经费	福利费	职工教育经费	咨询费	税金	合计		
		4	付咨询费					5 000		5 000		
		5	报差旅费		4 500					4 500		32 800
		6	结转管理费								32 800	0
			月 计	500	24 500	2 800		5 000		32 800	32 800	

🟠 任务实施

根据任务描述，作如下会计分录：

1) 借：管理费用——业务招待费　　　　　　　　　　　　　500
　　贷：库存现金　　　　　　　　　　　　　　　　　　　　500
2) 借：管理费用——公司经费　　　　　　　　　　　　　20 000
　　贷：应付职工薪酬——工资　　　　　　　　　　　　20 000
3) 借：管理费用——公司经费　　　　　　　　　　　　　2 800
　　贷：应付职工薪酬——应付福利费　　　　　　　　　　2 800
4) 借：管理费用——咨询费　　　　　　　　　　　　　　5 000
　借：应交税费——应交增值税（进项税额）　　　　　　　650
　　贷：库存现金　　　　　　　　　　　　　　　　　　　5 650
5) 借：管理费用——公司经费　　　　　　　　　　　　　4 500
　　贷：库存现金　　　　　　　　　　　　　　　　　　　500
　　贷：备用金——张强　　　　　　　　　　　　　　　　5 000
6) 借：本年利润　　　　　　　　　　　　　　　　　　　32 800
　　贷：管理费用　　　　　　　　　　　　　　　　　　　32 800

根据上述会计分录登记管理费用明细账，见表12-1。

🟠 典型任务示例

【例12-1】 光华建筑公司4月发生如下业务，假设均不考虑增值税因素。
1) 4月3日，财务部门购买办公用品200元，以现金支付，取得普通发票。
2) 4月6日，公司办公室王明出差归来，报销差旅费2 500元，补付现金500元。
3) 4月13日，支付公司聘请律师费6 000元，开出转账支票支付。
4) 4月30日，用现金支付本月公司电话费1 000元。
5) 4月30日，月末结转管理费用。
要求：学生以会计人员的身份对上述各项经济业务编制会计分录。
根据上述经济业务的描述，作会计分录如下：
① 借：管理费用——公司经费　　　　　　　　　　　　　200
　　贷：库存现金　　　　　　　　　　　　　　　　　　　200
② 借：管理费用——差旅费　　　　　　　　　　　　　　2 500

贷：库存现金		500
贷：备用金——王明		2 000
③借：管理费用——咨询费		6 000
贷：银行存款		6 000
④借：管理费用——公司经费		1 000
贷：库存现金		1 000
⑤借：本年利润		9 700
贷：管理费用		9 700

▶ 归纳总结

　　期间费用是指本期发生的、不能归于某项工程成本，而直接计入当期损益的各项费用，包括管理费用、财务费用和销售费用。管理费用是指企业行政管理部门为组织和管理生产经营活动而发生的各种费用。它与企业产品的生产活动没有直接的联系，只是一种总体的、间接的对应关系。企业设置"管理费用"账户核算管理费用的发生和结转情况，月末将其结转到本年利润账，年末该账户无余额。

▶ 实　训

　　光华建筑公司10月发生如下经济业务：
　　1）10月3日，办公室购买卷柜两组（1 200元），增值税税率为13％，开出转账支票支付。
　　2）10月6日，支付公司证照年检费300元，用现金支付。
　　3）10月13日，公司经理李刚出差归来，报销差旅费6 500元，用现金支付。
　　4）10月18日，开出转账支票，支付公司办公用设备租赁费10 000元，增值税税率为13％。
　　5）10月20日，承付公司经理李刚的手机话费300元，增值税税率为13％。
　　6）10月30日，月末分配公司行政管理人员的工资60 000元。
　　7）10月30日，月末按本月行政管理人员应付工资总额的14％计提职工福利费。
　　8）10月30日，月末按本月行政管理人员应付工资的2％计提工会经费，按1.5％计提职工教育经费。
　　9）10月30日，月末结转本月管理费用。
　　要求：
　　1）开立管理费用明细账。
　　2）根据经济业务编制记账凭证，并登记管理费用明细账。

任务12.2　财务费用与销售费用的核算

▶ 任务描述

　　光华建筑公司4月财务费用发生情况如下：

教学目标

1）以转账方式支付银行短期借款利息 35 400 元。
2）以转账方式支付银行电汇手续费 50 元。
3）收到银行转来的存款利息收入通知单，取得存款利息收入 2 000 元。
4）期末结转本月财务费用。

要求：学生以光华建筑公司会计人员的身份对上述业务进行会计处理，并登记财务费用明细账。

任务分析

为了准确核算光华建筑公司发生的财务费用，会计人员应做好以下工作：
1）开设财务费用明细账。
2）将发生的财务费用支出根据发票编制记账凭证。
3）根据记账凭证登记财务费用明细账。

相关知识

12.2.1 财务费用的核算

（1）财务费用的基本知识

财务费用是指企业为筹集生产经营资金而发生的筹资费用。其包括下列内容：

1）利息支出。利息支出是指企业在施工生产经营过程中因向银行或其他金融机构借款或发行债券等所发生的利息支出（不包括应予资本化的利息）减去存款利息收入后的净额。其包括短期借款利息、长期借款利息、应付票据利息、票据贴现利息、应付债券利息等。

2）汇兑损失。汇兑损失是指企业在施工生产经营过程中发生的外币债权、债务等业务，由于汇率变动而发生的折合为记账本位币的汇兑损失减去汇兑收益后的净额，以及不同货币兑换汇率与企业账面汇率不同而发生的折合为记账本位币的汇兑损失减去汇兑收益后的净额。企业因购建固定资产所发生的应予以资本化的汇兑净损失，不包括在本项目内。

3）金融机构手续费。金融机构手续费是指企业在施工生产经营期间因筹集和办理各种结算业务等而支付给银行或其他金融机构的各种手续费，包括企业发行债券所支付的手续费（应予资本化的手续费除外）、开出汇票的银行手续费、调剂外汇手续费等。但企业发行股票所支付的手续费不包括在内。

4）其他财务费用。其指除以上各项外企业因筹资而发生的其他费用，如企业发生的现金折扣或收到的现金折扣等。

（2）财务费用的核算

为了核算和监督财务费用的发生和结转情况，应设置"财务费用"账户，该账户属于损益类账户。其借方登记本期实际发生的各项财务费用；贷方登记本期发生的应冲减财务费用的利息收入和汇兑收益，以及期末转入"本年利润"账户的财务费用，结转后应无余额。本账户应按财务费用的组成内容设置明细账（表12-2），进行明细分类核算。

12.2.2 销售费用的核算

销售费用是指企业在销售产品、提供劳务等日常经营过程中发生的各项费用，以及专设销售机构的各项经费。其包括保险费、包装费、展览费和广告费、商品维修费、预计产品质量保证损失、运输费、装卸费等，以及为销售本企业商品而专设的销售机构(含销售网点、售后服务网点等)的职工薪酬、业务费、折旧费等经营费用。

企业发生的销售费用，在"销售费用"账户核算，该账户属于损益类账户。其借方登记本期实际发生的各项销售费用；贷方登记期末转入"本年利润"账户的销售费用，结转后应无余额。本账户应按销售费用的组成项目设置明细账，进行明细分类核算。如果企业销售费用的发生额很少，可以不单独设置"销售费用"账户进行核算，实际发生的销售费用可并入"管理费用"中进行核算。

任务实施

根据任务描述，会计人员应编制以下会计分录：

1)借：财务费用——利息支出　　　　　　　　　　　　　　　　　　　　35 400
　　贷：银行存款　　　　　　　　　　　　　　　　　　　　　　　　　　35 400
2)借：财务费用——手续费　　　　　　　　　　　　　　　　　　　　　　50
　　贷：银行存款　　　　　　　　　　　　　　　　　　　　　　　　　　　50
3)借：银行存款　　　　　　　　　　　　　　　　　　　　　　　　　2 000
　　贷：财务费用——利息收入　　　　　　　　　　　　　　　　　　　2 000
4)借：本年利润　　　　　　　　　　　　　　　　　　　　　　　　　33 450
　　贷：财务费用　　　　　　　　　　　　　　　　　　　　　　　　　33 450

根据上述会计分录登记财务费用明细账，见表12-2。

表12-2　财务费用明细账　　　　　　　　　　　　　　　　　　　　　　元

| 年 | | 凭证号数 | 摘要 | 借方 | | | | | 贷方 | 余额 |
月	日			利息支出	手续费	汇兑损失	其他	合计		
		1	付贷款利息	35 400				35 400		
		2	付手续费		50			50		
		3	收存款利息	－2 000				－2 000		
		4	结转财务费用						33 450	0
			月计	33 400	50			33 450	33 450	

典型任务示例

【例12-2】 光华建筑公司4月发生如下业务：
1)4月3日，办理电汇，转账支付手续费和工本费50元。
2)4月6日，计提当月银行短期借款利息10 000元。
3)4月13日，购买转账支票和现金支票各一本，转账支付40元。
4)4月21日，收到银行转来的存款利息收入通知单，取得存款利息收入600元。
5)4月30日，月末结转财务费用。
要求：根据上述经济业务编制记账凭证。

根据上述任务，作会计分录如下：

①借：财务费用——手续费　　　　　　　　　　　　　　　50
　　贷：银行存款　　　　　　　　　　　　　　　　　　　　　50
②借：财务费用——利息支出　　　　　　　　　　　　10 000
　　贷：应付利息　　　　　　　　　　　　　　　　　　　10 000
③借：财务费用——工本费　　　　　　　　　　　　　　　40
　　贷：银行存款　　　　　　　　　　　　　　　　　　　　　40
④借：银行存款　　　　　　　　　　　　　　　　　　　　600
　　贷：财务费用——利息收入　　　　　　　　　　　　　600
⑤借：本年利润　　　　　　　　　　　　　　　　　　10 690
　　贷：财务费用　　　　　　　　　　　　　　　　　　10 690

归纳总结

财务费用是指企业为筹集生产经营资金而发生的筹资费用，应设置"财务费用"账户核算和监督财务费用的发生和结转情况。销售费用是指企业在销售产品、提供劳务等日常经营过程中发生的各项费用，以及专设销售机构的各项经费。应设置"销售费用"账户核算销售费用的发生与结转情况，财务费用和销售费用期末都结转为本年利润。

实　训

光华建筑公司10月发生如下经济业务：
1) 10月18日，办理银行电汇支付手续费50元。
2) 10月21日，收到存款利息收入240元。
3) 10月23日，支付银行账户管理费100元。
4) 10月30日，月末结转本月财务费用。
要求：根据上述经济业务，编制会计分录。

项目测验题

项目 13　营业收入的核算

案例：利用阴阳合同偷逃税

任务 13.1　建造合同收入的核算

任务描述

1）光华建筑公司签订了一项总金额为 6 660 000 元的建造合同（其中，合同价款为 6 000 000 元，增值税销项税额为 660 000 元），工期为两年。该建造合同的结果能可靠地估计，在资产负债表日按完工百分比法确认合同收入和费用。有关资料见表 13-1。

表 13-1　建造合同资料　　　　　　　　　　　　　　　　　　　元

项　　目	第一年	第二年	合计
合同价款（不含税）			6 000 000
实际发生成本	2 000 000	3 100 000	5 100 000
估计至完工尚需投入成本	3 000 000		
已结算的工程价款（不含税）	2 200 000	3 800 000	6 000 000
实际收到价款（不含税）	2 000 000	4 000 000	6 000 000

要求：学生以光华建筑公司会计人员的身份对上述业务按照完工百分比法确认各年的收入、毛利和费用，并进行相应的会计处理。

2）光华建筑公司与客户签订了一项总金额为 6 000 000 元的建造合同，第一年实际发生的工程成本为 2 000 000 元，双方均能履行合同规定的义务。年末，建筑公司对该项工程的完工进度无法可靠地估计，但客户能够履行合同，且当年发生的成本均能收回。

要求：学生以会计人员的身份进行相关的账务处理。

3）任务描述 2）中，假定公司与客户只办理工程价款结算 500 000 元，由于客户出现财务困难，其余款项可能无法收回。

要求：学生以会计人员的身份进行相关的账务处理。

任务分析

为了准确核算光华建筑公司每年的收入，会计人员应做好以下工作：

1）将平时施工时发生的实际支出根据发票编制记账凭证。

2）将平时各月建设单位与施工单位之间的往来以收款收据为依据编制记账凭证。

3）年末按完工百分比法确定完工进度。

4）年末按完工进度计算当年的合同收入、合同毛利和合同费用。

5）根据确认的合同收入、合同毛利及合同费用编制记账凭证。

完工百分比的计算

6)工程竣工后将"工程施工"科目和"工程结算"科目对冲,编制记账凭证。

相关知识

13.1.1 建造合同的基本知识

(1)建造合同的概念及特征

建造合同是指为建造一项或数项资产,或者在设计、技术、功能、最终用途等方面密切相关的资产而订立的合同。其中,资产是指房屋、道路、桥梁、水坝等建筑物,以及船舶、飞机、大型机械设备等。

建造合同属于经济合同范畴,是一种特殊类型的经济合同,其主要特征表现在以下几个方面:

1)针对性强,先有买主(即客户),后有标的(即资产),建造资产的工程范围、建设工期、工程质量和工程造价等内容在签订合同时已经确定。

2)建设工期长,资产的建造一般需要跨越一个甚至几个会计年度。

3)建造的资产体积大、造价高。

4)建造合同一般是不可撤销的合同。

(2)建造合同的类型

建造合同按合同价款确定方法的不同可分为固定造价合同和成本加成合同。

1)固定造价合同。固定造价合同是指按照固定的合同价款或固定单价确定工程价款的建造合同。例如,光华建筑公司与A公司签订一项施工合同,合同规定建造商住楼造价为3 000万元,该项合同即固定造价合同。又如,光华建筑公司与B公司签订一项施工合同,建造一条100公里①的高速公路,合同规定每公里单价为550万元,则该项合同是固定造价合同。

2)成本加成合同。成本加成合同是指以合同约定或其他方式议定的成本为基础,加上该成本的一定比例或定额费用确定工程价款的建造合同。例如,光华建筑公司为一工厂建造一栋厂房,双方约定以该厂房的实际成本为基础,加上3%的加成率计算合同价款,该合同就是成本加成合同。

固定造价合同和成本加成合同的最大区别在于它们所含风险的承担者不同,固定造价合同的风险主要由承包人承担,而成本加成合同的风险主要由发包人承担。

(3)建造合同收入的构成

建造合同收入一般包括两部分,即合同的初始收入和追加收入。

1)合同的初始收入。初始收入是指建造承包商与客户在双方签订的建造合同中的合同总金额或总价款,它构成合同收入的基本内容。

2)合同的追加收入。追加收入是指因合同变更、索赔、奖励等形成的收入,是承包商与建设单位双方在执行合同过程中由于合同变更、索赔、奖励等原因而形成的追加收入,该收入数额在双方签订的合同金额之外,施工单位不能随意确认该项收入,而必须经过建设单位和监理单位的签证同意后,才能作为建造合同收入。

①合同变更收入。合同变更是指建设单位为改变合同规定的作业内容提出的调整。因合同变更而追加的收入应同时具备两个条件:其一,建设单位能够认可因变更而增加的收入;其二,收入能可靠地计量。

---

① 1公里=1千米。

②索赔款收入。索赔款是指建设单位或第三方的原因造成的,由建造承包商向建设单位或第三方收取的,用于补偿不包括在合同造价中的成本的款项。因索赔而追加的收入应同时具备两个条件:其一,根据谈判情况,预计对方能够同意这项索赔;其二,对方同意接受的金额能够可靠地计量。

③奖励款收入。奖励款是指工程达到或超过规定的合同标准时,建设单位同意支付给建造承包商的额外款项。因奖励而追加的收入,应同时具备两个条件:其一,根据目前合同完成情况,足以判断工程进度和工程质量能够达到或超过规定的标准;其二,奖励金额能够可靠地计量。

13.1.2 建造合同收入和合同费用的确认

确认合同收入及合同费用总的原则是:判断建造合同的结果能否可靠地估计,如果建造合同的结果能够可靠地估计,应当根据完工百分比法在资产负债表中确认合同收入和合同费用;如果建造合同的结果不能可靠地估计,应区别不同情况进行相应的处理。

(1)建造合同的结果能够可靠地估计

建造合同的类型不同,判断其结果能够可靠地估计的前提条件也不同。

1)固定造价合同的结果能可靠地估计,必须同时满足以下四个条件:

①合同总收入能够可靠地计量。合同总收入一般根据建造承包商与客户订立的合同中的合同总金额来确定,如果在合同中明确规定了合同总金额,且订立的合同是合法的,则说明合同总收入能够可靠地计量;反之,则意味着合同总收入不能可靠地计量。

②与合同相关的经济利益很可能流入企业。经济利益是指直接或间接地流入企业的现金或现金等价物,表现为资产的增加,或表现为负债的减少,或两者兼而有之。与合同相关的经济利益能够流入企业意味着企业能够收回合同价款。合同价款能否收回,取决于双方能否正常履行合同,主要根据直接经验或从其他方面取得的信息进行判断。

③实际发生的合同成本能够清楚区分和可靠地计量。已经发生的合同成本能否清楚地区分和可靠地计量,关键在于建造承包商能否做好合同成本核算工作,能否准确计算合同成本。如果能够正确划分当期成本和下期成本的界限,能够划清已完工程成本和未完工程成本之间的界限,能够划清不同成本核算对象的界限,则说明已经发生的成本能够清楚地区分和可靠地计量,以便实际合同成本能够与以前的预计成本相比较;反之,则意味着不能够清楚地区分和可靠地计量。

④合同完工进度和为完成合同尚需发生的成本能够可靠地确定。合同完工进度能够可靠地确定,意味着建造承包商能够严格履行合同条款,已经或正在为完成合同而进行工程施工,并已完成了一定的工程量,达到了一定的工程形象进度,为将要完成的工程量能够作出科学、可靠的确定。为完成合同尚需发生的成本能否可靠地确定,关键在于建造承包商是否已经建立了完善的内部成本核算制度和有效的内部财务预算及报告制度,能否对为完成合同尚需发生的合同成本作出可靠的估计。

2)成本加成合同的结果能可靠地估计,必须同时满足以下两个条件:

①与合同相关的经济利益很可能流入企业。

②实际发生的合同成本,能够清楚地区分并且能够可靠地计量。

(2)建造合同的结果不能可靠地估计

在建造合同的结果不能可靠地估计的情况下,企业不能采用完工百分比法确认合同收

入和费用,而应区别以下两种情况进行处理:

1)合同成本能够收回的,合同收入根据能够收回的实际合同成本加以确认,合同成本在其发生的当期确认为合同费用。

2)合同成本不可能收回的,应在发生时立即确认为费用,不确认为收入。若以后会计期间使建造合同结果不能可靠地估计的不确定因素不复存在,则按前述方法确认与建造合同有关的收入和费用。

(3)完工百分比法

完工百分比法是根据合同完工进度确认合同收入和合同费用的方法。

1)完工进度的确认方法。完工进度的确认方法有三种:

①根据累计实际发生的合同成本占合同预计总成本的比例确定,该方法是一种投入衡量法,是确定合同完工进度较常用的方法。其计算公式如下:

$$合同完工进度 = \frac{累计实际发生的合同成本}{合同预计总成本} \times 100\%$$

采用以上方法时,"累计实际发生的合同成本"不包括与合同未来活动相关的合同成本,如施工中尚未安装、使用或耗用的材料成本,以及在分包工程的工作量完成之前预付给分包单位的款项。"合同预计总成本"是根据累计实际发生的合同成本和预计完成合同尚需发生的成本计算确定的,各年的预计总成本不一定相同。

②根据已经完成的合同工作量占合同预计总工作量的比例确定,该方法是一种产出衡量法,适用于合同工作量容易确定的建造合同,如道路工程、土石方工程、砌筑工程等。其计算公式如下:

$$合同完工进度 = \frac{已完成的合同工作量}{合同预计总工作量} \times 100\%$$

③已完合同工作的技术测量法,该方法是在无法根据上述两种方法确定合同完工进度时所采用的一种特殊的技术测量方法,适用于一些特殊的建造合同,如水下施工工程等。这种技术测量应由专业人员现场进行科学测定,而不是由建筑施工企业自行随意测定。

2)按完工百分比法确认合同收入和合同费用。在资产负债表中,企业应根据完工进度确认各期的合同收入和合同费用。其计算公式如下:

当期确认的合同收入=合同总收入×完工进度-以前会计期间累计确认的合同收入

当期确认的合同毛利=(合同总收入-合同预计总成本)×完工进度-
以前会计期间累计确认的合同毛利

当期确认的合同费用=当期确认的合同收入-当期确认的合同毛利

公式中的完工进度实际上是累计完工进度。

13.1.3 建造合同收入的核算方法

企业对建造合同收入的核算,应设置以下账户:

(1)"主营业务收入"账户

本账户属于损益类账户,用来核算建筑企业当期确认的合同收入。其贷方登记企业当期确认的建造合同收入;借方登记期末转入"本年利润"账户的合同收入,结转后无余额。

(2)"主营业务成本"账户

本账户属于损益类账户,用来核算建筑企业当期确认的合同费用。其借方登记企业当期确认的合同费用；贷方登记期末转入"本年利润"账户的合同费用，结转后无余额。

(3)"工程施工——合同毛利"账户

本账户用来核算企业当期确认的合同毛利或损失。其借方登记确认的合同毛利，贷方登记确认的合同损失。期末，借方余额反映累计确认的毛利，贷方余额反映累计确认的亏损，工程竣工后，本账户和"工程施工——合同成本"账户一起与"工程结算"账户对冲结平。

(4)"工程结算"账户

本账户核算建造承包商根据建造合同约定向业主办理结算的累计金额。其贷方登记的是已向客户开出工程价款结算账单办理工程结算的款项（即开出建筑业发票的金额），合同完工后，本账户与"工程施工"账户对冲结平，期末，贷方余额反映企业尚未完工的建造合同已办理结算的累计金额。本账户应按工程施工合同设置明细账进行明细核算。

任务实施

根据任务描述1)，2016年光华建筑公司作如下会计分录：

发生实际成本：

借：工程施工——合同成本　　　　　　　　　　　　　　　2 000 000
　　贷：原材料、应付职工薪酬等　　　　　　　　　　　　　2 000 000

开出账单结算工程价款：

借：应收账款　　　　　　　　　　　　　　　　　　　　　2 398 000
　　贷：工程结算　　　　　　　　　　　　　　　　　　　　2 200 000
　　贷：应交税费——应交增值税（销项税额）　　　　　　　　 198 000

收到工程价款：

借：银行存款　　　　　　　　　　　　　　　　　　　　　2 180 000
　　贷：应收账款　　　　　　　　　　　　　　　　　　　　2 180 000

第一年确认和计量当年的合同收入和合同费用：

合同完工进度＝2 000 000/(2 000 000＋3 000 000)＝40%

确认的合同收入＝6 000 000×40%＝2 400 000(元)

确认的合同毛利＝[6 000 000－(2 000 000＋3 000 000)]×40%＝400 000(元)

确认的合同费用＝2 400 000－400 000＝2 000 000(元)

年末确认收入和费用：

借：主营业务成本　　　　　　　　　　　　　　　　　　　2 000 000
　　工程施工——合同毛利　　　　　　　　　　　　　　　 4 00 000
　　贷：主营业务收入　　　　　　　　　　　　　　　　　　2 400 000

第二年光华建筑公司作如下会计分录：

发生实际成本：

借：工程施工——合同成本　　　　　　　　　　　　　　　3 100 000
　　贷：原材料、应付职工薪酬等　　　　　　　　　　　　　3 100 000

开出账单结算工程价款：

借：应收账款　　　　　　　　　　　　　　　　　　　　　4 142 000

贷：工程结算	3 800 000
贷：应交税费——应交增值税（销项税额）	342 000

收到工程价款：

借：银行存款	4 360 000
贷：应收账款	4 360 000

确认和计量当年的合同收入和费用：

确认的合同收入＝6 000 000－2 400 000＝3 600 000（元）

确认的合同毛利＝[6 000 000－(2 000 000＋3 100 000)]×100％－400 000
＝500 000（元）

确认的合同费用＝3 600 00－500 000＝3 100 000（元）

年末确认收入和费用：

借：主营业务成本	3 100 000
工程施工——合同毛利	500 000
贷：主营业务收入	3 600 000

合同完工时，应结清工程施工和工程结算账户：

借：工程结算	6 000 000
贷：工程施工——合同成本	5 100 000
——合同毛利	900 000

根据任务描述2），光华建筑公司会计人员作如下会计处理：

在这种情况下，公司不能采用完工百分比法确认收入，应将当年发生的成本金额同时确认为当年的收入和费用，当年不确认利润，会计分录如下：

借：主营业务成本	2 000 000
贷：主营业务收入	2 000 000

根据任务描述3），光华建筑公司会计人员作如下会计处理：

公司只能将500 000元确认为当年的主营业务收入，将2 000 000元确认为当年的费用。会计分录如下：

借：主营业务成本	2 000 000
贷：主营业务收入	500 000
工程施工——合同毛利	1 500 000

典型任务示例

【例13-1】 光华建筑公司签订了一项总金额为3 924万元、为期三年的建造合同，增值税税率为9％，第一年实际发生合同成本1 200万元，年末预计完成合同还需1 800万；第二年实际发生合同成本1 360万元，年末预计完成合同还需640万元，假设第三年为完成合同又发生成本640万元，年末合同完工。

要求：学生以企业会计人员的身份确认三个年度的合同收入、合同毛利和合同费用，并进行相应的会计处理。

公司各年合同收入和合同费用确认如下：

不含税合同价款＝3 924/(1＋9％)＝3 600（万元）

第一年合同完工进度＝1 200/(1 200＋1 800)×100％＝40％

第一年应确认的合同收入＝3 600×40％＝1 440(万元)

第一年应确认的合同毛利＝(3 600－1 200－1 800)×40％＝240(万元)

第一年应确认的合同费用＝1 440－240＝1 200(万元)

借：主营业务成本　　　　　　　　　　　　　　　　　　　12 000 000
　　工程施工——合同毛利　　　　　　　　　　　　　　　 2 400 000
　　　贷：主营业务收入　　　　　　　　　　　　　　　　 14 400 000

第二年合同完工进度＝(1 200＋1 360)/(1 200＋1 360＋640)×100％＝80％

第二年应确认的合同收入＝3 600×80％－1 440＝1 440(万元)

第二年应确认的合同毛利＝(3 600－2 560－640)×80％－240＝80(万元)

第二年应确认的合同费用＝1 440－80＝1 360(万元)

借：主营业务成本　　　　　　　　　　　　　　　　　　　13 600 000
　　工程施工——合同毛利　　　　　　　　　　　　　　　　 800 000
　　　贷：主营业务收入　　　　　　　　　　　　　　　　 14 400 000

第三年应确认的合同收入＝3 600－1 440－1 440＝720(万元)

第三年应确认的合同毛利＝(3 600－2 560－640)－240－80＝80(万元)

第三年应确认的合同费用＝720－80＝640(万元)

借：主营业务成本　　　　　　　　　　　　　　　　　　　 6 400 000
　　工程施工——合同毛利　　　　　　　　　　　　　　　　 800 000
　　　贷：主营业务收入　　　　　　　　　　　　　　　　 7 200 000

归纳总结

建造合同是指为建造一项或数项资产，或者在设计、技术、功能、最终用途等方面密切相关的资产而订立的合同。建造合同收入是企业的主营业务收入，包括合同中规定的初始收入和因合同变更、索赔、奖励等形成的追加收入。合同收入和合同费用的确认，与建造合同的结果能否可靠地估计有一定的联系。当建造合同的结果能够可靠地估计时，企业应采用完工百分比法确认合同收入和合同费用。完工百分比法是根据合同完工进度确认合同收入和合同费用的方法。完工百分比的计算方法有投入衡量法、产出衡量法和实地测量法。

实训

光华建筑公司签订了一项总金额为222万元的建造合同，增值税税率为9％，合同规定的工期为三年，该建造合同的结果能够可靠地估计，在资产负债表中按完工百分比法确认合同收入和合同费用，见表13-2。

表13-2　光华建筑公司相关资料　　　　　　　　　　　　　　　　　　　　　元

项目	2018 年	2019 年	2020 年	合计
不含税合同价款				2 000 000
实际发生成本	450 000	734 000	566 000	1 750 000

续表

项目	2018 年	2019 年	2020 年	合计
估计至完工需投入资本	1 050 000	666 000		
已结算的金额(不含税)	400 000	700 000	900 000	2 000 000

要求：1)确定各年的合同完工进度。

2)计算各年的合同收入、合同费用和合同毛利。

3)编制各年结算工程款、确定收入、费用的会计分录。

任务 13.2　其他业务收入的核算

教学目标

任务描述

1)光华建筑公司向甲单位销售屋面板 50 m³，售价为 3 270 元(含 9%的增值税)，货物已发出，款项已收存银行。该批屋面板的成本为 2 600 元。

2)光华建筑公司向乙单位销售一批金属构件，成本为 7 600 元，售价共计 9 810 元(含 9%的增值税)。货到后，乙单位认为商品质量不符合要求，提出在价格上给予 10%的折让。经调查后光华建筑公司同意了乙单位的要求，并办妥了有关手续，收到了价款。

要求：学生以光华建筑公司会计人员的身份对上述业务进行会计处理。

任务分析

为了准确核算光华建筑公司其他业务收入，会计人员应做好以下工作：

1)从销售部门取得销售发票并核对后，确认当期的销售收入。

2)与仓库核对销售成本。

3)开设其他业务收入、其他业务成本账户。

4)根据编制的会计分录，登记其他业务收入、其他业务成本明细账。

相关知识

13.2.1　其他业务收入的内容

建筑企业除从事建筑安装工程施工外，往往还从事一些其他经营活动，如销售材料、提供机械作业、运输作业等，由此取得的经营收入属于其他业务收入。其主要包括销售商品取得的收入、提供劳务取得的收入、让渡资产使用权取得的收入等。

(1)商品销售收入

企业销售商品时，必须同时符合以下五个条件，才能确认为收入：

1)企业已将商品所有权中的主要风险和报酬转移给购货方。

2)企业既没有保留通常与所有权相联系的继续管理权，也没有对已售出的商品实施有效控制。

3)收入的金额能够可靠地计量。

4)相关经济利益很可能流入企业。

5)相关的已发生的或将发生的成本能够可靠地计量。

企业销售商品时,首先要判断销售业务是否符合商品销售收入确认的条件。符合条件的,应及时确认收入,并结转相关销售成本。对商品已经发出,但不符合收入确认条件的,应将发出商品的成本,通过"发出商品""分期收款发出商品"等账户核算。

采用预收款方式销售商品的,销售方直到收到最后一笔款项才将商品交付购货方,表明商品所有权上的主要风险和报酬只有在收到最后一笔款项时才转移给购货方,企业通常应在发出商品时确认收入,在此之前预收的货款应确认为预收账款。

在有商业折扣、现金折扣、销售折让、销货退回的情况下,销售收入的确认应分析上述因素后重新进行。涉及商业折扣的,应当按照扣除商业折扣后的净额来确认销售商品收入金额;涉及现金折扣的,应当按照扣除现金折扣前的金额确定销售商品收入金额;涉及销售折让的,若发生在确认销售收入之前,应在确认销售收入时直接按扣除折让后的金额确认,否则应当在发生时冲减当期的销售商品收入;涉及销售退回的,若发生在企业确认收入之前,应当将发出商品的成本转回;若发生在企业确认收入之后,一般应冲减退回当月的销售收入,同时冲减退回当月的销售成本。如该项销售已经发生现金折扣或销售折让的,应在退回当月一并调整。销售退回业务中,由本企业负担的运杂费计入"销售费用"账户。

(2)提供劳务收入

提供劳务收入是指企业通过对外提供劳务实现的收入,如运输、机械修理等。对于一次完成的劳务或在同一会计年度内开始并完成的,其劳务收入应于劳务完成时确认,同时结转劳务的成本。若劳务的开始和完成分属于不同会计期间,其收入的确认采用完工百分比法确认,参照建造合同收入和费用的确认。其计算公式如下:

本期确认的收入=劳务收入×本期末止劳务的完成程度-
以前会计期间累计已确认的收入

本期确认的费用=劳务总成本×本期末止劳务的完成程度-
以前会计期间累计已确认的费用

(3)让渡资产使用权收入

让渡资产使用权收入主要包括利息收入、使用费收入和现金股利收入。利息收入主要是指金融企业对外贷款形成的利息收入,以及同业之间发生往来形成的利息收入;使用费收入主要是指企业转让无形资产(如专利权、商标权等)的使用权所形成的使用费收入;现金股利收入见长期股权投资的核算。这里主要介绍使用费收入。

让渡资产使用权收入的确认原则如下:

1)相关的经济利益很可能流入企业。企业应根据对方的信誉情况、当年的效益情况以及双方就结算方式、付款期限等达成的协议等方面进行判断。如果企业估计收入收回的可能性不大,就不应确认收入。

2)收入的金额能够可靠地计量。让渡资产使用权的收入金额,应按照有关合同或协议约定的收费时间和方法计算确定,利息收入根据合同或协议规定的存、贷款利率确定;使用费收入按与其资产使用者签订的合同或协议确定。现金股利收入按被投资单位宣告的现金股利分配方案和持股比例确定。当收入的金额能够可靠地计量时,企业才能进行确认。

13.2.2 其他业务收入的核算方法

为了核算和监督其他业务收入的发生情况应设置以下两个账户：

(1)"其他业务收入"账户

核算企业从事工程施工以外的其他业务取得的收入。其贷方登记取得的各项其他业务收入；借方登记期末转入"本年利润"账户的其他业务收入总额。期末，结转后应无余额。本账户应按其他业务的种类设置明细账进行明细核算。

(2)"其他业务成本"账户

核算企业确认的除主营业务活动以外的其他经营活动发生的支出，包括销售材料的成本、出租固定资产的折旧、出租无形资产的摊销等。其借方登记实际发生的其他业务成本；贷方登记期末转入"本年利润"账户的其他业务成本总额。期末，结转后应无余额。本账户应按其他业务的种类设置明细账进行明细核算。

任务实施

根据任务描述1)，会计人员应编制以下会计分录：

确认销售收入时：

借：银行存款	3 270
贷：其他业务收入	3 000
应交税费——应交增值税(销项税额)	270

结转商品成本时：

借：其他业务成本	2 600
贷：库存商品	2 600

根据任务描述2)，会计人员应编制以下会计分录：

确认销售收入时：

借：应收账款——乙单位	9 810
贷：其他业务收入	9 000
应交税费——应交增值税(销项税额)	810

发生销售折让时：

借：其他业务收入	900
贷：应收账款——乙单位	900

实际收到款项时：

借：银行存款	8 910
贷：应收账款——乙单位	8 910

结转销售成本时：

借：其他业务支出	7 600
贷：库存商品	7 600

典型任务示例

【例13-2】光华建筑公司对外提供机械作业劳务，本月发生作业成本为3 200元，作业完成后收到客户支付的面值为 5 160 元的转账支票一张。

要求：学生以光华建筑公司会计人员的身份对上述业务进行会计处理。

确认收入时：

借：银行存款	5 160
贷：其他业务收入	4 800
应交税费——应交增值税（销项税额）	360

结转成本时：

借：其他业务支出	3 200
贷：机械作业	3 200

【例 13-3】 光华建筑公司将一施工技术专利的使用权转让，转让期为 5 年，每年收取使用费 50 000 元。同时，派出技术人员进行指导，共支付费用 4 800 元。

要求：学生以光华建筑公司会计人员的身份对上述业务进行会计处理。

取得收入时：

借：银行存款	54 500
贷：其他业务收入	45 000
应交税费——应交增值税（销项税额）	4 500

发生费用时：

借：其他业务支出	4 800
贷：银行存款	4 800

【例 13-4】 光华建筑公司将一台吊车出租给 M 公司使用，租赁合同规定月租金为 4 360 元，增值税税率为 9%，于月初支付，吊车本月应计提折旧 600 元。

要求：学生以光华建筑公司会计人员的身份对上述业务进行会计处理。

企业收到租金时：

借：银行存款	4 360
贷：其他业务收入	4 000
应交税费——应交增值税（销项税额）	360

计提折旧时：

借：其他业务支出	600
贷：累计折旧	600

归纳总结

其他业务收入是在建筑安装工程施工外，从事一些其他经营活动而取得的经营收入。包括销售商品取得的收入、提供劳务取得的收入、让渡资产使用权取得的收入等。企业设置"其他业务收入"账户核算其他业务取得的收入和结转数，设置"其他业务成本"账户核算企业确认其他经营活动发生的支出及结转数，年末这两个数都结转到"本年利润"账户。

实训

光华建筑公司附属的预制构件厂被核定为增值税的一般纳税人，适用 9% 的征收率。其在10月发生如下经济业务：

1)向AB建筑公司发出大型屋面板60 m³，不含税售价为280元/m³，款尚未收到。

2)经公司批准，将不需用的某规格钢材14 t出售给KK公司，含税售价为4 770元/t，以托收承付结算方式办理结算。

3)向MN公司发出多孔板100 m³，不含税售价为260元/m³，款已收并存入银行。

4)月终结转上述销售商品、材料的实际成本。钢材的实际单位成本为4 000元/t，大型屋面板的实际单位成本为258元/m³，多孔板的实际单位成本为200元/m³。

5)按规定计算上述销售产品、材料应交纳的城市维护建设税和教育费附加。

要求：根据上述经济业务，编制会计分录。

项目测验题

项目 14　利润及利润分配的核算

任务 14.1　营业外收入的核算

案例：银广夏会计造假案

教学目标

任务描述

光华建筑公司在 4 月发生如下经济业务：
1) 收到职工李丰因违章操作的罚款收入现金 1 000 元。
2) 原欠 A 公司货款 8 000 元，因该公司撤销，无法支付，经批准转作营业外收入。
3) 通过银行转账支付救灾捐款 200 000 元。
4) 经公司主管部门批准，因意外灾害损毁价值 152 000 元的汽车，经批准转为营业外支出。
要求：学生以光华建筑公司会计人员的身份对上述业务进行会计处理。

任务分析

为了准确核算光华建筑公司的营业外收入与营业外支出，会计人员应做好以下工作：
1) 设置"营业外收入""营业外支出"总账与明细账。
2) 根据实际发生的经济业务编制记账凭证。
3) 期末对结转营业外收入和营业外支出业务进行会计处理。
4) 登记营业外收入与营业外支出明细账。

相关知识

14.1.1　营业外收入的概念

营业外收入是指企业发生的与其日常活动无直接关系的各项利得。它并不是企业经营资金耗费所产生的，一般不需要企业付出代价，是一种纯收入，不可能也不需要与有关费用进行配比，是直接计入利润的利得。其主要包括处置非流动资产利得、非货币性资产交换利得、债务重组利得、罚没利得、政府补助利得、盘盈利得、捐赠利得、确实无法支付而按规定程序经批准后转作营业外收入的应付款项等。

营业外支出是指企业发生的与其日常活动无直接关系的各项损失。其主要包括处置非流动资产损失、非货币性资产交换损失、债务重组损失、公益性捐赠支出、非常损失、盘亏损失等。

14.1.2　营业外收入的核算

为了对营业外收入进行总分类核算，应设置"营业外收入"账户，该账户是损益类账户。

其贷方登记企业发生的营业外收入；借方登记期末转入"本年利润"账户的数额，结转后本账户无余额。该账户按营业外收入的具体项目设置明细账。

当企业发生各项营业外收入时，应借记"现金""银行存款""待处理财产损溢""固定资产清理""应付款账"等账户，贷记"营业外收入"账户；期末结转时，借记"营业外收入"账户，贷记"本年利润"账户。

14.1.3 营业外支出的核算

为了对营业外支出进行总分类核算，应设置"营业外支出"账户，该账户是损益类账户。其借方登记发生的各项营业外支出数额；贷方登记期末转入"本年利润"账户的数额，结转后该账户无余额。该账户按支出项目设置明细账。

当企业发生各项营业外支出时，应借记"营业外支出"账户，贷记"现金""银行存款""待处理财产损溢""固定资产清理"等账户；期末将"营业外支出"账户的余额转入"本得利润"账户时，借记"本年利润"账户，贷记"营业外支出"账户。

任务实施

根据任务描述1)，会计人员应编制以下会计分录：
借：库存现金　　　　　　　　　　　　　　　　　　　　　　　1 000
　　贷：营业外收入——罚款收入　　　　　　　　　　　　　　　　1 000
根据任务描述2)，会计人员应编制以下会计分录：
借：应付账款——A公司　　　　　　　　　　　　　　　　　　　8 000
　　贷：营业外收入——无法支付的应付款　　　　　　　　　　　　8 000
根据任务描述3)，会计人员应编制以下会计分录：
借：营业外支出——捐赠支出　　　　　　　　　　　　　　　　200 000
　　贷：银行存款　　　　　　　　　　　　　　　　　　　　　　200 000
根据任务描述4)，会计人员应编制以下会计分录：
借：营业外支出——处置固定资产损失　　　　　　　　　　　　152 000
　　贷：待处理财产损溢——待处理固定资产损溢　　　　　　　　152 000

典型任务示例

【例14-1】 4月4日，光华建筑公司应收某公司账款200 000元，因对方无款支付，经协商，同意对方支付180 000元，另20 000元予以免除。

要求：为上述经济业务编制会计分录。
借：营业外支出　　　　　　　　　　　　　　　　　　　　　　20 000
借：银行存款　　　　　　　　　　　　　　　　　　　　　　　180 000
　　贷：应收账款　　　　　　　　　　　　　　　　　　　　　200 000

【例14-2】 4月10日，光华建筑公司因火灾损毁材料一批，价值为30 000元，保险公司已赔付20 000元，其余损失由企业自行负担。

要求：为上述经济业务编制会计分录。
借：营业外支出　　　　　　　　　　　　　　　　　　　　　　10 000

借：其他应收款——保险公司 20 000
  贷：待处理财产损溢——待处理流动资产损溢 30 000

【例 14-3】 4月20日光华建筑公司收到某公司因违约而支付的违约金2 000元现金。

要求：为上述经济业务编制会计分录。

借：库存现金 2 000
  贷：营业外收入 2 000

【例 14-4】 4月30日，光华建筑公司结转当期营业外收入营业外支出。

要求：为上述经济业务编制会计分录。

借：本年利润 30 000
  贷：营业外支出 30 000
借：营业外收入 2 000
  贷：本年利润 2 000

归纳总结

营业外收入是指企业发生的与其日常活动无直接关系的各项利得，一般不需要企业付出代价，是一种纯收入，是直接计入利润的利得。营业外支出是指企业发生的与其日常活动无直接关系的各项损失。企业分别设置"营业外收入""营业外支出"账户核算发生的营业外收入和营业外支出及其结转数，期末，将这两个账户的发生额均结转到"本年利润"账户。

实训

光华建筑公司10月发生如下经济业务：

1）10月6日，以现金支付滞纳金300元。

2）10月10日，发现不明现金溢余100元，经批准结转为营业外收入。

3）10月17日，因企业违约而支付对方单位违约金50 000元，企业开出转账支票支付。

4）10月25日，经上级部门进行现场检查时发现问题而受到罚款，支付罚款2 000元，开出转账支票支付。

5）10月31日，结转当期的营业外收入和营业外支出。

任务 14.2 政府补助的核算

教学目标

任务描述

1）光华建筑公司向银行贷款6 000万元，假设同期银行贷款利率为5.5%。2018年1月1日，公司收到财政部门拨付的补贴款330 000万元，用于偿还当年第一季度银行的贷款利息。

要求：学生以光华建筑公司会计人员的身份对上述业务进行会计处理。

2）2016年1月1日，政府拨付光华建筑公司300万元财政拨款，用于购买设备一台。2016年1月31日，公司购入设备实际成本360万元，其中，60万元以自有资金支付，该设备使用寿命为5年，采用直线法计提折旧，残值率为5%。2020年1月31日，该设备出售，售价为140万元。

要求：假定不考虑其他因素，学生以光华建筑公司会计人员的身份对上述业务进行会计处理。

任务分析

为了准确核算光华建筑公司收到的政府补助，会计人员应做好以下工作：
1）建立"递延收益"账簿。
2）根据实际发生的经济业务判断政府补助的类型是与收益相关还是与资产相关。

相关知识

14.2.1 政府补助的基本知识

（1）政府补助的概念

政府补助是指企业从政府无偿取得的货币性资产或非货币性资产，但不包括政府作为企业所有者投入的资本。其中，定义中的"政府"包括各级政府及其机构，国际的类似组织也在其范围之内；定义中的"货币性资产"，是指企业持有的货币资金和将以固定或可确定的金额收取的资产；定义中的"非货币性资产"，是指货币资产以外的资产，包括存货、固定资产、无形资产、股权投资以及不准备持有至到期的债券投资等。

（2）政府补助的特征

1）无偿的有条件性。政府向企业提供的补助属于非互惠交易，无偿性是基本特征。但通常会附有一定条件，主要包括以下两个方面：

①政策条件（即申报条件）。政府补助是政府为了鼓励或扶持某个行业、区域或领域的发展而给予企业的一种财政支持，具有很强的政策性。例如，政府向企业提供的产业技术研究与开发资金补助，其政策条件为企业申报的产品或技术必须是符合国家产业政策的新产品、新技术。

②使用条件。企业已获批准取得政府补助的，应当按照政府相关文件等规定的用途使用政府补助。例如，企业从政府无偿取得的治污专项研究资金，必须用于相关政策文件中规定的专项治污项目。

2）政府补助的形式，可以是货币形式或非货币形式，形成企业的收益。

3）政府补助来源于政府。

4）政府资本性投入不属于政府补助。企业收到的政府以投资者身份投入的资本性拨款，由于政府享有企业相应的所有权和分配权，政府与企业之间是投资者与被投资者的关系，对政府财政部门拨付的这部分资本性投入无论采用何种形式，均不属于政府补助。

需要说明的是，增值税出口退税不属于政府补助，其实质上是政府归还企业事先垫付的资金。

（3）政府补助的分类

1）政府补助按补助内容可分为财政拨款、财政贴息、税收返还和无偿划拨非货币性资产等。

2)按是否存在限制条件可分为附条件的政府补助和无条件的政府补助。
3)按补助对象可分为与资产相关的政府补助和与收益相关的政府补助。

14.2.2 政府补助的核算方法

(1)与收益相关的政府补助

收到与收益相关的政府补助时,按实际收到或应收的金额借记"银行存款""其他应收款"等账户,贷记"营业外收入""递延收益"账户。其中,用于补偿企业已发生的相关费用或损失记入"营业外收入"账户,用于补偿企业以后期间的相关费用或损失记入"递延收益"账户。在发生相关费用或损失的未来期间,按应补偿的金额,借记"递延收益"账户,贷记"营业外收入"账户。

(2)与资产相关的政府补助

收到与资产相关的政府补助在实际工作中较少出现,如用于购买固定资产或无形资产的财政拨款,应先按实际收到的款项借记"银行存款"账户,贷记"递延收益"账户;用政府补助购建长期资产时,通过"在建工程"等账户归集,贷记"银行存款"账户,完成后转为固定资产或无形资产;从该资产可供使用时起,按照该资产预计使用年限,将递延收益平均分摊转入当期收益,借记"递延收益"账户,贷记"营业外收入"账户;相关资产在使用寿命结束时或提前被处置时,尚未分摊的递延收益余额一次性转入资产处置当期收益,借记"递延收益"账户,贷记"营业外收入"账户。

(3)综合性项目的政府补助

企业对于综合性项目的政府补助,应将其分解为与资产相关的部分和与收益相关的部分,分别进行会计处理;难以区分的,将政府补助整体归类为与收益相关的政府补助,视情况不同计入当期损益,或在项目期内分期确认为当期收益。

任务实施

根据任务描述1),会计人员应编制以下会计分录:
2018年1月1日收到财政贴息时:
借:银行存款　　　　　　　　　　　　　　　　　　　330 000
　　贷:递延收益　　　　　　　　　　　　　　　　　　330 000
2018年1、2、3月将财政贴息计入当期损益时:
借:递延收益　　　　　　　　　　　　　　　　　　　110 000
　　贷:营业外收入　　　　　　　　　　　　　　　　　110 000
根据任务描述2),会计人员应编制以下会计分录:
2016年1月1日,收到财政拨款时:
借:银行存款　　　　　　　　　　　　　　　　　　　3 000 000
　　贷:递延收益　　　　　　　　　　　　　　　　　　3 000 000
2016年1月31日,公司购入设备时:
借:固定资产　　　　　　　　　　　　　　　　　　　3 600 000
　　贷:银行存款　　　　　　　　　　　　　　　　　　3 600 000
2016年2月起每月计提折旧$=3\ 600\ 000\times(1-5\%)/(5\times12)=57\ 000$(元),同时分摊

递延收益时：
  借：机械作业   57 000
    贷：累计折旧   57 000
  借：递延收益   50 000
    贷：营业外收入   50 000
2020年1月31日，公司出售该设备时：
  借：固定资产清理   921 000
    累计折旧   2 679 000
    贷：固定资产   3 600 000
  借：银行存款   1 400 000
    贷：固定资产清理   1 400 000
  借：固定资产清理   479 000
    贷：营业外收入   479 000
  借：递延收益   600 000
    贷：营业外收入   600 000

典型任务示例

【例14-5】 2017年1月1日，光华建筑公司下属房地产公司开发市政府重点工程，工期为2年，向建设银行贷款6 000万元，同期银行贷款利率为5%。政府同意拨付200万元作为贴息资金，分别于2018年1月1日拨付120万元，于2019年1月1日拨付80万元。

要求：学生以光华建筑公司会计人员的身份对上述业务进行会计处理。

会计处理如下：

2017年1月1日，收到资金时：
  借：银行存款   1 200 000
    贷：递延收益   1 200 000
2018年1月1日起在项目期内分配递延收益时：
  借：递延收益   100 000
    贷：营业外收入   100 000
2019年1月1日，收到资金时：
  借：银行存款   800 000
    贷：营业外收入   800 000

归纳总结

  政府补助是指企业从政府无偿取得的货币性资产或非货币性资产，但不包括政府作为企业所有者投入的资本。政府补助具有无偿性和有条件性的特征，其形式可以是货币形式和非货币形式。政府补助按补助内容划分，其主要形式可分为财政拨款、财政贴息、税收返还和无偿划拨非货币性资产等；收到与收益相关的政府补助时，记入"营业外收入""递延收益"账户。在发生相关费用或损失的未来期间，按应补偿金额摊入"营业外收入"账户。收到与资产相关的政府补助按实际收的款项记入"递延收益"账户；用政府补助购建长期资产时，从该资产可供使用时起，按照该资产预计使用年限，将递延收益平均分摊转入当期收益，相关资产在使用寿命结束时或提前被处置时，尚未分摊的递延收益余额一次性转入资产处置当期收益。

▶ 实 训

1月1日，光华建筑公司建造一个科技项目，向银行借款2 000万元，借款期限为2年，年利率为6%，同时，向政府提出财政贴息申请，经审核批准给予该公司120万元的财政贴息，分两次支付。年末收到100万元，另外20万元于项目完工时到账。该项目于2014年4月30日完工，该固定资产预计使用期限为10年。

要求：以企业会计人员的身份编制收到财政贴息及摊销递延收益时的会计分录。

任务14.3 利润的核算

教学目标

任务描述

11月30日，光华建筑公司"本年利润"账户有贷方余额2 000 000元，2014年12月末各损益类账户结账前的余额见表14-1。

表14-1 12月末各损益类账户结账前的余额 元

会计账户	余 额	结账前余额方向
主营业务收入	1 000 000	贷方
主营业务成本	6 00 000	借方
税金及附加	9 900	借方
管理费用	30 000	借方
财务费用	8 000	借方
营业外收入	38 000	贷方
营业外支出	17 100	借方

要求：学生以光华建筑公司会计人员的身份结转当期的收入、费用和支出等，计算当期及全年的利润总额，并编制会计分录。

任务分析

为了准确核算光华建筑公司本年利润的形成，会计人员应做好以下工作：
1) 对当月发生的各项经济业务编制记账凭证并登记账簿。
2) 编制结转当月的损益类账户，包括收入、费用、支出和损失的会计分录，并登记入账，计算当期利润总额。
3) 进行纳税调整，计算当期所得税费用，并编制会计分录，登记入账。
4) 结转所得税费用，编制会计分录，并登记入账。
5) 计算当期税后利润。

相关知识

14.3.1 利润的基本知识

利润是企业在一定期间的经营成果，是衡量企业经营管理水平、评价企业经济效益的重要指标。企业的利润由以下三个层次的利润构成。

(1) 营业利润

营业利润是指施工企业在一定时期内从事生产经营活动实现的利润，是企业利润的主要来源。其计算公式如下：

营业利润＝营业收入－营业成本－税金及附加－销售费用－管理费用－
　　　　　财务费用－资产减值损失＋公允价值变动收益(－公允价值变动损失)＋
　　　　　投资收益(－投资损失)

营业收入是指企业经营业务所确认的收入总额，包括主营业务收入和其他业务收入。
营业成本是指企业经营业务所发生的实际成本总额，包括主营业务成本和其他业务成本。
资产减值损失是指企业计提各项资产减值准备所形成的损失。
公允价值变动收益(或损失)是指企业交易性金融资产等公允价值变动形成的应计入当期损益的利得(或损失)。
投资收益(或损失)是指企业以各种方式对外投资所取得的收益(或发生的损失)。

(2) 利润总额

利润总额是指企业在一定会计期间实现的利润，它由营业利润、营业外收入、营业外支出组成。其计算公式如下：

利润总额＝营业利润 ＋ 营业外收入－营业外支出

(3) 净利润

企业的利润总额减去所得税费用后的差额称为净利润，所得税费用是指企业为取得会计税前利润应交纳的所得税。其计算公式如下：

净利润＝利润总额－所得税费用

当期所得税是指企业按照税法规定计算确定的针对当期发生的交易和事项，应交纳的所得税金额，即当期应交所得税。

企业在确定当期应交所得税时，对于当期发生的交易或事项，会计处理与税收处理不同的，应在会计利润的基础上，按照适用税收法规的规定进行调整，计算出当期应纳税所得额，按照应纳税所得额与适用所得税税率计算确定当期应交所得税。

当期应交所得税＝应纳税所得额×所得税税率
应纳税所得额＝税前会计利润＋纳税调整增加额－纳税调整减少额

"纳税调整增加额"包括税法规定允许扣除项目中，企业已计入当期费用但超过税法规定扣除标准的金额，以及企业已计入当期损失但税法规定不允许扣除项目的金额。"纳税调整减少额"包括按税法规定允许弥补的亏损和准予免税的项目，如国债利息收入等。

14.3.2 利润形成的核算

本年利润的形成与企业各损益类账户相关，为了核算本年度实现的利润或发生的亏损，企业应设置"本年利润"账户。该账户属于所有者权益类账户。其贷方登记期末从"主营业务收入""其他业务收入""投资收益""营业外收入""补贴收入"等损益类账户转入的各种收入的数额；借方登记期末从"主营业务成本""营业税金及附加""其他业务成本""管理费用""财务费用""销售费用""营业外支出""所得税"等账户转入的成本、费用和支出的数额。期末，贷方余额表示累计实现的净利润，若为借方余额则表示发生的亏损。年度终了，应将本账户的余额全部转入"利润分配——未分配利润"账户，年终结转后，本账户应无余额。

任务实施

根据任务描述，光华建筑公司作如下会计分录：

期末，结转各种收入，作会计分录如下：

借：主营业务收入　　　　　　　　　　　　　　　　1 000 000
　　营业外收入　　　　　　　　　　　　　　　　　　 38 000
　　贷：本年利润　　　　　　　　　　　　　　　　 1 038 000

结转各种成本、费用及损失，作会计分录如下：

借：本年利润　　　　　　　　　　　　　　　　　　 700 000
　　贷：主营业务成本　　　　　　　　　　　　　　　600 000
　　　　税金及附加　　　　　　　　　　　　　　　　　9 900
　　　　管理费用　　　　　　　　　　　　　　　　　 30 000
　　　　财务费用　　　　　　　　　　　　　　　　　　8 000
　　　　营业外支出　　　　　　　　　　　　　　　　 17 100

计算本月利润总额＝1 038 000－700 000＝338 000（元）

计提本月所得税费用，作会计分录如下：

借：所得税费用　　　　　　　　　　　　　　　　　　84 500
　　贷：应交税费——应交企业所得税　　　　　　　　84 500

结转本月所得税费用84 500元，作会计分录如下：

借：本年利润　　　　　　　　　　　　　　　　　　　84 500
　　贷：所得税费用　　　　　　　　　　　　　　　　84 500

计算本月净利润＝338 000－84 500＝253 500（元）

2014年11月30日"本年利润"账户有贷方余额2 000 000元，则全年实现的净利润为2 000 000＋253 500＝2 253 500（元）。

典型任务示例

【例14-6】 光华建筑公司12月"本年利润"账户的月初余额为3 787 300元，2014年12月31日各损益类结账前账户余额见表14-2。

表14-2　各损益类结账前账户余额　　　　　　　　　　　　　　　　　　元

会计账户	余　　额	结账前余额方向
主营业务收入	900 000	贷方

续表

会计账户	余　　额	结账前余额方向
主营业务成本	500 000	借方
税金及附加	29 700	借方
管理费用	50 000	借方
财务费用	8 000	借方
投资收益	15 000	贷方
营业外收入	35 000	贷方
营业外支出	18 000	借方

要求：1）编制结转本月各损益类账户发生额的会计分录。
2）计提并结转企业所得税。
3）计算本月营业利润、利润总额和净利润。

根据上述资料，作会计处理如下：
1）结转各种收入，作会计分录如下：

借：主营业务收入　　　　　　　　　　　　　　　　　　　900 000
　　营业外收入　　　　　　　　　　　　　　　　　　　　 35 000
　　投资收益　　　　　　　　　　　　　　　　　　　　　 15 000
　　贷：本年利润　　　　　　　　　　　　　　　　　　　950 000

结转各种成本、费用及损失，作会计分录如下：

借：本年利润　　　　　　　　　　　　　　　　　　　　　605 700
　　贷：主营业务成本　　　　　　　　　　　　　　　　　500 000
　　　　营业税金及附加　　　　　　　　　　　　　　　　 29 700
　　　　营业外支出　　　　　　　　　　　　　　　　　　 18 000
　　　　管理费用　　　　　　　　　　　　　　　　　　　 50 000
　　　　财务费用　　　　　　　　　　　　　　　　　　　　8 000

计算本月利润总额。
利润总额＝950 000－605 700＝344 300（元）
2）本月企业所得税＝344 300×25％＝86 075（元）

借：所得税费用　　　　　　　　　　　　　　　　　　　　86 075
　　贷：应交税费——应交所得税　　　　　　　　　　　　86 075
借：本年利润　　　　　　　　　　　　　　　　　　　　　86 075
　　贷：所得税费用　　　　　　　　　　　　　　　　　　86 075

3）计算本月营业利润、利润总额。
营业利润＝营业收入－营业成本－税金及附加－销售费用－管理费用＋投资收益
　　　　＝900 000－500 000－29 700－50 000－8 000＋15 000＝327 300（元）
利润总额＝营业利润＋营业外收入－营业外支出＝327 300＋35 000－18 000
　　　　＝344 300（元）
净利润＝利润总额－所得税＝344 300－86 075＝258 225（元）

【例14-7】　接【例14-6】，光华建筑公司适用的所得税税率为25％。2019年会计处理与税收处理存在差别的有：

1)2019年1月开始计提折旧的一项固定资产，成本为150万元，使用年限为10年，净残值为0，会计处理按双倍余额递减法计提折旧，税收处理按直线法计提折旧。假定税法规定的使用年限及净残值与会计规定相同。

2)向关联企业捐赠现金30万元。假定按照税法规定，企业向关联方的捐赠不允许税前扣除。

3)当期取得作为交易性金融资产核算的股票投资成本为70万元。2019年12月31日的公允价值为90万元。税法规定，以公允价值计量的金融资产持有期间市价变动不计入应纳税所得额。

4)违反环保法规定应支付罚款10万元。

5)期末对持有的存货计提了25.57万元的存货跌价准备。

要求：计算2019年度当期应交所得税并计算当年的净利润。

应纳税所得额＝34.43＋15＋30－20＋10＋25.57＝95(万元)

应交所得税＝95×25％＝23.75(万元)

借：所得税费用——当期所得税费用　　　　　　　　　　237 500
　　　贷：应交税费——应交所得税　　　　　　　　　　　　237 500

企业净利润＝344 300－237 500＝106 800(元)

归纳总结

利润是企业在一定期间的经营成果，是衡量企业经营管理水平、评价企业经济效益的重要指标。利润的计算包括营业利润、利润总额、净利润三个层次。期末将各损益类账户的发生额全部结转为本年利润，从而计算当期利润。

实训

光华建筑公司12月末有关损益类账户的余额见表14-3，假设该公司采用表结法核算本年利润，"利润分配——未分配利润"账户无年初余额。

表14-3　2014年12月末有关损益类账户的余额情况　　　　　　　　　　　　　　　　元

会计账户	贷方余额	借方余额
主营业务收入	25 000 000	
主营业务成本		11 200 000
其他业务收入	2 500 000	
其他业务成本		1 000 000
税金及附加		5 380 000
管理费用		1 800 000
财务费用		200 000
营业外收入	80 000	
营业外支出		20 000

续表

会计账户	贷方余额	借方余额
投资收益	500 000	
资产减值损失		30 000

要求：结转上述损益类账户发生额，编制会计分录，并计算当期净利润。

任务 14.4　利润分配的核算

教学目标

任务描述

光华建筑公司 2014 年全年实现净利润 440 万元，年末按 10% 的比例提取法定盈余公积金，并向投资者分配利润 100 万元。

要求：学生以光华建筑公司会计人员的身份对上述业务进行会计处理。

任务分析

为了准确核算光华建筑公司年度利润分配情况，会计人员应做好以下工作：

1）设置利润分配总账及所属的"未分配利润""提取盈余公积金""向投资者分配利润"等明细账户。

2）确定可供分配利润总额。

3）按利润分配程序和比例提取盈余公积金，向投资者分配利润。

4）年末将利润分配各个明细账户的余额结转至"利润分配——未分配利润"明细账户。

相关知识

14.4.1　利润分配的顺序

利润分配是指企业按照国家规定、企业章程和投资协议等，对企业当年可供分配的利润，在国家、企业和投资者之间的分配。国家以税收的形式分配一部分利润，企业以提取公积金的形式留存一部分利润，投资者按其出资比例对剩余的利润进行分配。企业当年实现的利润总额并不一定是可供分配的利润，要按照国家规定作相应调整后，依法缴纳企业所得税，缴纳所得税后的净利润，按照下列顺序分配：

（1）弥补以前年度亏损

企业发生的年度亏损，可以用下一年度的税前利润弥补；下一年度利润不足弥补的，可以在 5 年内延续弥补；5 年内弥补不足的，用税后利润弥补。弥补的原则是先亏损的先弥补，后亏损的后弥补。这里需要特别指出的是，各年度发生的亏损额是指按税法规定调整后的企业会计报表中的亏损额。

（2）提取法定盈余公积金

法定盈余公积金按照税后利润扣除补亏后的余额的 10% 提取，当法定盈余公积金达到注册资本的50%时,可以不再提取。股份有限公司可以按股东大会的意见及企业的需要和可能,在提取法定盈余公积金后,提取一定比例的任意盈余公积金。二者的区别在于其各自计提的依据不同,但其用途相同,可用于以下几个方面:

1)弥补亏损。

2)转增资本。

3)分派利润或股利。

(3)向投资者分配利润或股利

企业实现的利润在扣除上述项目后,再加上以前年度未分配的利润,即为可供投资者分配的利润,对于股份有限公司而言,可供投资者分配的利润还应按下列顺序进行分配:

1)应付优先股股利。

2)应付普通股股利。

3)转作资本(或股本)的普通股股利。

可供投资者分配的利润在经过上述分配后的余额,即未分配利润(或未弥补亏损)。未分配利润可留待以后年度进行分配。企业如发生亏损,可以按规定由以后年度利润进行弥补。

14.4.2 利润分配的核算方法

企业应设置"利润分配"账户核算企业净利润的分配(或亏损的弥补)及历年分配(或弥补)后的结存余额,该账户属于所有者权益类账户。其借方登记分配的利润数额或年末转入的本年亏损额;贷方登记年末转入的本年净利润或用盈余公积弥补亏损的数额,年末,贷方余额表示历年结存的未分配利润,若为借方余额,表示历年累计的未弥补亏损。本账户应设置以下明细账户:

(1)"提取法定盈余公积金"明细账户

核算按规定提取的法定盈余公积金。其借方登记提取的法定盈余公积金;贷方登记年末转入"未分配利润"明细账户的金额,年末无余额。

(2)"提取任意盈余公积金"明细账户

核算按规定提取的任意盈余公积金。其借方登记提取的任意盈余公积金;贷方登记年末转入"未分配利润"明细账户的金额,年末无余额。

(3)"应付股利或利润"明细账户

核算分配给投资者的现金股利或利润。其借方登记分配给投资者的股利或利润;贷方登记年末转入"未分配利润"明细账户的金额,年末结转后应无余额。

(4)"转作股本的股利"明细账户

核算企业按规定分配给股东的股票股利。其借方登记分配给投资者的股票股利;贷方登记年末转入"未分配利润"明细账户的金额,年末结转后本账户应无余额。

(5)"盈余公积金补亏"明细账户

核算用盈余公积金弥补亏损数。其贷方用盈余公积金弥补亏损的数额;借方登记年末转入"未分配利润"明细账户的金额,年末结转后应无余额。

(6)"未分配利润"明细账户

核算企业累计尚未分配的利润(或尚未弥补的亏损)。年度终了,企业将本年度实现的净利润自"本年利润"账户转入"利润分配——未分配利润"明细账户的贷方,如为亏损,则转入"利润分配——未分配利润"明细账户的借方。同时,将"利润分配"账户所属其他明细账户的余额转入"未分配利润"明细账户。年终结转后，除"未分配利润"明细账户外，"利润分配"账户所属的其他明细账户均无余额。"利润分配——未分配利润"明细账户的年末贷方余额为累计未分配的利润，如为借方余额则为累计未弥补的亏损。

任务实施

根据任务描述，会计人员应编制以下会计分录：
计提法定盈余公积金 440 000 元时：
借：利润分配——提取法定盈余公积金　　　　　　　　　　440 000
　　贷：盈余公积金——法定盈余公积金　　　　　　　　　　440 000
向投资者分配利润 1 000 000 元时：
借：利润分配——应付普通股股利　　　　　　　　　　　1 000 000
　　贷：应付股利　　　　　　　　　　　　　　　　　　　1 000 000
结转本年实现的净利润 4 400 000 元时：
借：本年利润　　　　　　　　　　　　　　　　　　　　4 400 000
　　贷：利润分配——未分配利润　　　　　　　　　　　　4 400 000
结转"利润分配"账户各明细账户的余额时：
借：利润分配——未分配利润　　　　　　　　　　　　　1 440 000
　　贷：利润分配——提取法定盈余公积金　　　　　　　　 440 000
　　　　利润分配——应付普通股股利　　　　　　　　　 1 000 000

经过以上账务处理，年末"利润分配——未分配利润"账户有贷方余额 2 960 000 元，为该企业累计未分配利润。

典型任务示例

【例 14-8】 光华建筑公司年末交纳所得税后的净利润为 201 000 元，该公司决定按规定提取 10% 的法定盈余公积金，按 5% 提取任意盈余公积金，并宣告向普通股股东分配现金股利 10 000 元。

要求：以企业会计人员的身份为企业作相应的账务处理。

借：利润分配——提取法定盈余公积金　　　　　　　　　　 20 100
　　贷：盈余公积金——法定盈余公积金　　　　　　　　　　 20 100
借：利润分配——提取任意盈余公积金　　　　　　　　　　 10 050
　　贷：盈余公积金——任意盈余公积金　　　　　　　　　　 10 050
借：利润分配——应付普通股股利　　　　　　　　　　　　 10 000
　　贷：应付股利　　　　　　　　　　　　　　　　　　　　 10 000
借：本年利润　　　　　　　　　　　　　　　　　　　　　 201 000
　　贷：利润分配——未分配利润　　　　　　　　　　　　　201 000
借：利润分配——未分配利润　　　　　　　　　　　　　　　40 150
　　贷：利润分配——提取法定盈余公积金　　　　　　　　　 20 100
　　　　利润分配——提取任意盈余公积金　　　　　　　　　 10 050
　　　　利润分配——应付普通股股利　　　　　　　　　　　 10 000

归纳总结

利润分配是指企业在国家、投资者和企业之间对实现利润所进行的分配。分配时，必须兼顾各方的利益，按规定的分配程序进行分配。

企业当年实现的利润总额并不一定是可供分配的利润，要按照国家规定作相应调整后，依法缴纳企业所得税，缴纳所得税后的净利润，按照下列顺序分配：弥补以前年度亏损、提取法定盈余公积金、向投资者分配利润。盈余公积金的用途有弥补亏损、转增资本、分派利润或股利。企业应设置"利润分配"账户，核算企业净利润的分配（或亏损的弥补）及历年分配（或弥补）后的结存余额。

实训

光华建筑公司1~11月份共实现利润2 000 000元，所得税税率为25%，在12月份实现利润400 000元，年末按10%提取公积金，按30%分配现金股利。

要求：根据上述经济业务，以企业会计人员的身份编制会计分录并进行相应的计算。

项目测验题

项目 15　会计报表的编制

案例：康得新—A 股史上最大利润造假案

任务 15.1　资产负债表的编制

教学目标

任务描述

光华建筑公司 4 月 30 日有关账户的余额见表 15-1。

表 15-1　光华建筑公司 4 月 30 日有关账户的余额　　　　　　元

会计科目	借方余额	贷方余额
库存现金	1 000	
银行存款	855 000	
其他货币资金	150 000	
交易性金融资产	115 000	
应收票据	246 000	
应收账款	700 000	
坏账准备		9 000
预付账款	100 000	
其他应收款	7 000	
材料采购	200 000	
原材料	1 000 000	
周转材料	400 000	
材料成本差异	28 000	
持有至到期投资	300 000	
固定资产	2 300 000	
累计折旧		700 000
在建工程	900 000	
长期待摊费用	140 000	
固定资产清理	8 000	200 000
短期借款		200 000
应付票据		506 000
应付账款		50 000
其他应付款		1 730 000
应交税费		200 000
应付股利		2 000
长期借款（其中 1 年内到期借款 300 000 元）		4 000 000

续表

会计科目	借方余额	贷方余额
实收资本		303 000
盈余公积		100 000
利润分配——未分配利润		
工程施工	550 000	
合　计	8 000 000	8 000 000

要求：学生以光华建筑公司会计人员的身份编制资产负债表。
为了准确编制光华建筑公司的资产负债表，会计人员应做好以下工作：
1)根据上期资产负债表各项目的期末数填列本期资产负债表各项目的年初数。
2)根据总账期末余额分析填列资产负债表各项目的期末数。
3)计算资产的期初数和期末数的总计。
4)计算负债和所有者权益的期初数和期末数的总计。
5)根据"资产＝负债＋所有者权益会计平衡"等式进行试算平衡。

资产负债表编制业务

相关知识

15.1.1　财务报表的概念

财务报表是对企业财务状况、经营成果和现金流量的结构性表述。其主要包括资产负债表、利润表、现金流量表、股东权益(或所有者权益)变动表。

财务报表的编制目的是反映企业管理层受托责任的履行情况，向财务报表使用者提供与企业财务状况、经营成果和现金流量等有关的会计信息，其有助于报表使用者作出经济决策。报表使用者有投资者、债权人、政府及其有关部门和社会公众等。财务报表是在日常会计核算资料的基础上定期编制的、向信息使用者提供信息的重要手段，及时、准确地编制财务报表，对满足信息使用者的需要和提高企业管理水平具有十分重要的意义。

15.1.2　财务报表的分类

(1)按编制时间分类

财务报表按编制时间可分为中期财务报表和年度财务报表。

1)中期财务报表简称中报，是指短于一个完整的会计年度的财务报表，包括月度、季度和半年度财务报表。月度财务报表是指月份终了编制的财务报表，应于月份终了10天内报出；季度财务报表是指季度终了编制的财务报表，应于季度终了15天内报出；半年度财务报表是指每个会计年度的前六个月结束后编制的财务报表，应于会计中期结束后的60天内报出。月度和季度财务报表至少应当包括资产负债表和利润表；半年度财务报表应当包括资产负债表、利润表、现金流量表及附注。

2)年度财务报表是指年度终了编制的财务报表，应于年度结束后4个月内报出。我国现行财务报表中，均要编制年度财务报表，并且要经过注册会计师审计。

(2)按用途分类

财务报表按用途不同可分为企业向外提供的财务报表和企业内部管理需要的财务报表。企业向外提供的财务报表由财政部统一规定，主要有资产负债表、利润表、现金流量表；企业内部管理需要的财务报表由企业根据实际需要自行设计确定，主要有成本报表和费用报表。成本报表包括工程成本表、竣工工程成本表、施工间接费用明细表等；费用报表包括管理费用明细表、财务费用明细表等。

(3)按反映内容分类

财务报表按反映内容可分为静态报表和动态报表。静态报表是反映企业特定日期财务状况的报表，如资产负债表。它是对企业期末（月末、季末、半年度末、年末）的资产、负债及所有者权益所处状态的描述，它提供的是时点指标。动态报表是反映企业一定时期资金运动情况的报表，如利润表，它反映企业某一时期（月份、季度、半年度、年度）资金耗费与收回的情况；现金流量表反映企业某一会计期间现金流入与流出的情况。动态报表的特点是对某项资金在一定期间的"发生额"情况进行反映，它提供的是时期指标。

(4)按会计主体分类

财务报表按会计主体的不同可分为个别财务报表和合并财务报表。个别财务报表是以单个企业为会计主体编制的报表，反映单个企业自身的财务状况和经营成果；合并报表是以通过控股关系组成的企业集团为会计主体编制的报表，它是在母公司与子公司单独编制的个别报表的基础上由母公司编制的，反映的是整个企业集团的财务状况和经营成果。

15.1.3 资产负债表的基本知识

(1)资产负债表的概念

资产负债表是反映企业在某一特定日期财务状况的会计报表。它根据"资产＝负债＋所有者权益"这一会计等式，依据一定的分类标准和顺序，把企业在一定日期的资产、负债及所有者权益项目加以适当排列，并根据账户记录编制而成。该表集中反映了企业在某一特定日期所拥有的或控制的经济资源、对外所承担的债务，以及所有者对企业净资产的要求权。

(2)资产负债表的作用

1)提供某一特定日期企业的资产总额及其分布与结构，表明企业拥有或控制的资源及其分布情况。

2)反映某一特定日期企业的负债总额及其结构，表明企业未来需要用于偿还债务的资产或劳务数量。

3)反映企业所有者权益的构成情况，表明所有者在企业资产中享有的经济利益。

4)提供进行财务分析的基本资料。

(3)资产负债表的结构

资产负债表包括表首和正表两部分。表首部分概括说明报表名称、编制单位、编制日期、报表编号、货币名称、计量单位等；正表部分是报表的主体，列示了反映财务状况的三个项目即资产、负债、所有者权益。我国的资产负债表采用账户式格式，左方列示资产项目，右方列示负债和所有者权益项目。根据"资产＝负债＋所有者权益"这一会计等式，资产各项目的合计等于负债和所有者权益各项目的合计数。

15.1.4 资产负债表的编制方法

（1）年初数的填列

资产负债表"年初数"栏内各项目的数字，应根据上年末资产负债表的"期末数"栏内所列数字填列。如果本年度资产负债表规定的各个项目的名称和内容同上年度不一致，则按编报当年的口径对上年年末资产负债表各项目的名称和数字进行调整，填入本表"年初数"栏内。

（2）期末数的填列

本表"期末数"栏内数据的取得方法有以下几种：

1）根据总账科目余额直接填列。如"短期借款""交易性金融资产"等项目可直接根据其总账科目的期末余额填列。

2）根据总账科目余额计算填列。如"货币资金"项目需要根据"库存现金""银行存款""其他货币资金"总账科目期末余额合计数计算填列。

3）根据明细科目余额计算填列。如"应收账款"项目需要根据"应收账款""预收账款"科目所属相关明细科目期末借方余额计算填列。

4）根据总账科目和明细科目余额分析计算填列。如"长期借款"项目需要根据"长期借款"总账科目期末余额，扣除"长期借款"科目所属明细科目中反映的将于1年内到期的长期借款部分分析计算填列。

5）综合运用上述填列方法分析填列。如"存货"项目，需要根据"原材料""委托加工物资""周转材料""材料采购""在途物资""材料成本差异""发出商品"等总账科目期末余额的分析汇总数，再减去"存货跌价准备"科目余额后的净额填列。

（3）资产负债表各项目的填列方法

1）"货币资金"项目，反映企业期末持有的库存现金、银行存款和其他货币资金等总额。应根据"库存现金""银行存款""其他货币资金"总账科目的期末余额合计数填列。

2）"交易性金融资产"项目，反映企业为交易目的所持有的债券投资的净值。本项目应根据"交易性金融资产"科目期末余额填列。

3）"应收票据"项目，反映因销售商品、提供劳务等而收到的未到期收款、也未向银行贴现的应收票据，包括商业承兑汇票和银行承兑汇票。本项目应根据"应收票据"科目的期末余额填列。已向银行贴现和已背书转让的应收票据不包括在本项目内，其中，已贴现的商业承兑汇票应在会计报表附注中单独披露。

4）"应收账款"项目，反映企业因销售商品和提供劳务等经营活动而应向购买单位收取的各种款项，减去已计提的坏账准备后的净额。本项目应根据"应收账款"科目所属各明细科目的期末借方余额合计，减去"坏账准备"科目中有关应收账款计提的坏账准备期末余额后的金额填列。如"应收账款"科目所属明细科目期末有贷方余额，应在"预收账款"项目内填列。

5）"预付账款"项目，反映企业按合同规定预付给供应单位的款项。本项目应根据"预付账款"科目所属各明细科目的期末借方余额合计填列。如"预付账款"科目所属有关明细科目期末贷方有余额的，应在"应付账款"项目内填列，"应付账款"科目所属明细科目有借方余额的，也在本项目填列。

6）"应收利息"项目，反映企业因债权投资而应收取的利息。企业购入到期还本付息债券应收的利息，不包括在本项目内。本项目应根据"应收利息"科目的期末余额填列。

7）"应收股利"项目，反映企业因股权投资而应收取的现金股利，企业应收其他单位的利润，也包括在本项目内。本项目应根据"应收股利"科目的期末余额填列。

8)"其他应收款"项目，反映企业对其他单位和个人的应收和暂付的款项，减去已计提的坏账准备后的净额。本项目应根据"其他应收款"科目的期末余额减去"坏账准备"科目中有关其他应收款计提的坏账准备期末余额后的金额填列。

9)"存货"项目，反映企业期末在库、在途和在加工中的各项存货的可变现净值，包括各种材料、在产品、半成品、产成品、商品、委托加工物资等。本项目应根据"物资采购""原材料""库存商品""委托加工物资""周转材料""材料成本差异""在途物资""材料采购"等科目的期末借方余额之和，扣减"存货跌价准备"科目期末贷方余额，加上"工程施工"科目的期末余额减去"工程结算"科目期末余额的金额填列，如"工程施工"期末余额小于"工程结算"期末余额，其差额应在"应付账款"项目反映。

10)"待摊费用"项目，反映企业已经支出但应由以后各期分期摊销的费用。本项目根据"待摊费用"科目的期末余额填列。"预提费用"科目期末如有借方余额，以及"长期待摊费用"科目将于1年内到期的部分，也在本项目内反映。

11)"1年内到期的非流动资产"项目，反映企业将于1年内到期的非流动资产。本项目应根据有关科目的期末余额分析计算填列。

12)"其他流动资产"项目，反映企业除以上流动资产项目外的其他流动资产。本项目应根据有关科目的期末余额填列。

13)"可供出售金额资产"项目，反映企业持有的划分为可供出售金融资产的证券。本项目根据"可供出售金额资产"科目的期末余额减去"已提资产减值准备"科目的金额填列。

14)"持有至到期投资"项目，反映企业持有的划分为持有至到期投资的证券。本项目根据"持有至到期投资"科目的期末余额，减去"持有至到期投资减值准备"科目的期末余额后填列。

15)"长期应收款"项目，反映企业持有的长期应收款的可收回金额。本项目应根据"长期应收款"科目的期末余额，减去"坏账准备"科目所属相关明细科目期末余额，再减去"未确认融资收益"科目期末余额后的金额分析计算填列。

16)"长期股权投资"项目，反映企业不准备在1年内(含1年)变现的各种股权性质的投资的可收回金额。本项目应根据"长期股权投资"科目的期末余额减去"长期投资减值准备"科目中有关股权投资减值准备期末余额后的金额填列。

17)"投资性房地产"项目，反映企业持有的投资性房地产。本项目应根据"投资性房地产"科目的期末余额，减去"累计折旧""固定资产减值准备"所属相关明细科目期末余额后的金额分析计算填列。

18)"固定资产"项目，反映企业的固定资产可收回金额。本项目应根据"固定资产"科目的期末余额，减去"累计折旧""固定资产减值准备"科目期末余额后的金额分析填列。

19)"在建工程"项目，反映企业期末各项未完工程的实际支出，包括交付安装的设备价值，未完建筑安装工程已经耗用的材料、工资和费用支出、预付分包工程的价款、已经建筑安装完毕但尚未交付使用的工程等的可收回金额。本项目应根据"在建工程"科目的期末余额分析计算填列。

20)"工程物资"项目，反映企业各项工程尚未使用的工程物资的实际成本。本项目应根据"工程物资"科目的期末余额填列。

21)"固定资产清理"项目，反映企业因出售、毁损、报废等原因转入清理，但尚未清理完毕的固定资产的账面价值，以及固定资产清理过程中所发生的清理费用和变价收入等各项金额的差额。本项目应根据"固定资产清理"科目的期末借方余额填列，如"固定资产清理"科目期末为贷方余额，以"－"号填列。

22)"无形资产"项目，反映企业各项无形资产的期末可收回金额。本项目应根据"无形资产"科目的期末余额，减去"累计摊销""无形资产减值准备"等科目期末余额后的金额填列。

23)"长期待摊费用"项目，反映企业尚未摊销的摊销期限在1年以上(不含1年)的各种费用。本项目应根据"长期待摊费用"科目的期末余额减去1年内(含1年)摊销的数额后的金额填列。

24)"递延所得税资产"项目，反映企业确认的递延所得税资产。本项目应根据"递延所得税资产"科目期末余额分析填列。

25)"其他非流动资产"项目，反映企业除以上资产以外的其他长期资产。本项目应根据有关科目的期末余额填列。

26)"短期借款"项目，反映企业借入尚未归还的1年期以下(含1年)的借款。本项目应根据"短期借款"科目的期末余额填列。

27)"交易性金融负债"科目，反映企业为交易而发生的金融负债，包括以公允价值计量且其变动计入当期损益的金融负债。本项目应根据"交易性金融负债"等科目的期末余额分析填列。

28)"应付票据"科目，反映企业为了因购买原材料、商品和接受劳务等开出、承兑的尚未到期付款的应付票据的价值，包括银行承兑汇票和商业承兑汇票。本项目应根据"应付票据"科目的期末余额填列。

29)"应付账款"项目，反映企业购买原材料、商品和接受劳务供应等应付给供应单位的款项。本项目应根据"应付账款"科目所属各有关明细科目的期末贷方余额合计填列。如"应付账款"科目所属各明细科目期末有借方余额，计入本表"预付账款"项目。

30)"预收账款"科目，反映企业按合同规定预收购买单位的款项。本项目应根据"预收账款"科目所属各有关明细科目的期末贷方余额合计填列。"预收账款"科目所属有关明细科目有借方余额的，应在本表"应收账款"项目内填列。"应收账款"科目所属明细科目有贷方余额的，也应包括在本项目内。

31)"应付职工薪酬"项目，反映企业按规定应付而未付的职工薪酬。本项目应根据"应付职工薪酬"科目期末贷方余额填列。如"应付职工薪酬"科目期末有借方余额，以"－"号填列。

32)"应交税费"项目，反映企业按税法规定期末未交、多交或未抵扣的各种税费。本项目应根据"应交税费"科目的期末贷方余额填列。如"应交税费"科目期末为借方余额，以"－"号填列。

33)"应付利息"项目，反映企业按合同约定应付而未付的利息。本项目应根据"应付利息"科目的期末贷方余额填列。

34)"应付股利"项目，反映企业尚未支付的现金股利或利润。本项目应根据"应付股利"科目的期末余额填列。

35)"其他应付款"项目，反映企业所有应付和暂收其他单位和个人的款项。本项目应根据"其他应付款"科目的期末余额填列。

36)"预提费用"项目,反映企业所有已经预提计入成本费用而尚未支付的各项费用。本项目应根据"预提费用"科目的期末贷方余额填列。如"预提费用"科目期末为借方余额,应合并在"待摊费用"项目内反映,不包括在本项目内。

37)"1年内到期的非流动负债"项目,反映企业承担的1年内到期的非流动负债。本项目应根据有关科目的期末余额分析计算填列。

38)"其他流动负债"项目,反映企业除以上流动负债外的其他流动负债。本项目应根据有关科目的期末余额分析计算填列。

39)"长期借款"项目,反映企业借入但尚未归还的1年期以上(不含1年)的借款本息。本项目应根据"长期借款"科目的期末余额填列。

40)"应付债券"项目,反映企业发行的尚未偿还的各种长期债券的本息。本项目应根据"应付债券"科目期末余额填列。

41)"长期应付款"项目,反映企业除长期借款和应付债券以外的其他各种长期应付款。本项目应根据"长期应付款"科目的期末余额,减去"未确认融资费用"科目期末余额后的金额填列。

42)"专项应付款"项目,反映企业取得政府作为企业所有者投入的具有专项或特定用途的款项。本项目应根据"专项应付款"科目的期末余额填列。

43)"递延所得税负债"项目,反映企业确认的递延所得税负债。本项目应根据"递延所得税负债"科目期末余额分析填列。

44)"其他非流动负债"项目,反映企业除以上非流动负债项目外的其他非流动负债。本项目应根据有关科目的期末余额分析计算填列。

45)"实收资本(或股本)"项目,反映企业各投资者实际投入的资本(或股本)总额。本项目应根据"实收资本(或股本)"科目的期末余额填列。

46)"资本公积"项目,反映企业资本公积的期末余额。本项目应根据"资本公积"科目的期末余额填列。

47)"盈余公积"项目,反映企业盈余公积的期末余额。本项目应根据"盈余公积"科目的期末余额填列。

48)"未分配利润"项目,反映企业尚未分配的利润总数。本项目应根据"本年利润"科目和"利润分配"科目的余额计算填列。未弥补的亏损,在本项目内以"一"号填列。

任务实施

根据任务描述中光华建筑公司期末账户余额表中的数据编制资产负债表,见表15-2。

表15-2 资产负债表

编制单位:光华建筑工程有限公司　　　　4月30日　　　　　　　　　　元

资产	期末数	年初数	负债和所有者权益	期末数	年初数
流动资产:			流动负债:		
货币资金	1 006 000.00		短期借款	200 000.00	
交易性金融资产	115 000.00		交易性金融负债		
应收票据	246 000.00		应付票据	506 000.00	
应收账款	691 000.00		应付账款	50 000.00	
预付账款	100 000.00		预收账款		

续表

资产	期末数	年初数	负债和所有者权益	期末数	年初数
应收利息			应付职工薪酬		
应收股利			应交税费	200 000.00	
其他应收款	7 000.00		应付利息		
存　货	1 628 000.00		应付股利	2 000.00	
待摊费用			其他应付款	1 730 000.00	
一年内到期的非流动资产			预提费用		
其他流动资产			一年内到期的非流动负债		
流动资产合计	3 793 000.00		其他流动负债		
非流动资产：			流动负债合计	2 688 000.00	
可供出售金融资产			非流动负债：		
持有至到期投资	300 000.00		长期借款	4 000 000.00	
长期应收款			应付债券		
长期股权投资			长期应付款		
投资性房地产			递延所得税负债		
固定资产	1 600 000.00		其他非流动负债		
在建工程	900 000.00		非流动负债合计		
工程物资	550 000.00		负债合计	6 688 000.00	
固定资产清理	－192 000.00		所有者权益		
无形资产			实收资本（或股本）	303 000.00	
长期待摊费用	140 000.00		资本公积		
商　誉			减：库存股		
长期待摊费用			盈余公积	100 000.00	
递延所得税资产			未分配利润		
其他非流动资产			减：库存股		
非流动资产合计			所有者权益合计	403 000.00	
资产总计	7 091 000.00		负债和所有者权益总计	7 091 000.00	

> 归纳总结

　　财务报表是对企业财务状况、经营成果和现金流量的结构性表述。其主要包括资产负债表、利润表、现金流量表、股东权益（或所有者权益）变动表。

　　财务报表的编制目的是反映企业管理层受托责任的履行情况，向财务报表使用者提供与企业财务状况、经营成果和现金流量等有关的会计信息，其有助于报表使用者作出经济决策。报表使用者有投资者、债权人、政府及其有关部门和社会公众等。

　　资产负债表是根据"资产=负债+所有者权益"这一会计平衡等式编制的，反映企业某一特定日期全部资产、负债和所有者权益情况的会计报表。其能提供某一特定日期企业的资产总额及其分布与结构及取得来源。资产负债表包括表首和正表两部分。表中的期末数根据会计账户的期末余额填列。

光华建筑公司年末结转后往来结算账户的总账及明细账的余额，见表 15-3。

表 15-3 光华建筑公司往来结算账户的总账及明细账的余额　　　　　　　　元

账户名称	借方金额	贷方金额
应收账款	700 000	
—A 公司	1 000 000	
—B 公司		300 000
预收账款		1 000 000
—C 公司		1 200 000
—D 公司	200 000	
应付账款		1 100 000
—E 公司		1 300 000
—F 公司	200 000	
预付账款	300 000	
—G 公司	500 000	
—H 公司		200 000

要求：计算资产负债表中应收账款、应付账款、预收账款、预付账款的年末数。

任务 15.2　利润表的编制

教学目标

光华建筑公司 4 月 30 日有关损益类账户的本年累计发生额，见表 15-4。

表 15-4　损益类账户发生额表　　　　　　　　元

会计账户	借方累计	贷方累计
主营业务收入		5 000 000
主营业务成本	2 000 000	
营业税金及附加	825 000	
其他业务收入		2 800 000
其他业务成本	1 300 000	
管理费用	900 000	
财务费用	150 000	
投资收益		200 000
营业外收入		10 000

续表

会计账户	借方累计	贷方累计
营业外支出	12 000	
所得税费用	935 550	

要求：学生以光华建筑公司会计人员的身份编制该公司4月的利润表。

任务分析

为了准确编制光华建筑公司的利润表，会计人员应做好以下工作：
1）根据上年度利润表各项目的年末数填列本期利润表各项目的年初数。
2）根据总账期末损益类账户的发生额分析填列利润表各项目的本年数。
3）计算营业利润、利润总额、净利润。

相关知识

15.2.1 利润表的基本知识

（1）利润表的概念

利润表是反映企业在一定期间经营成果的会计报表。它把一定期间的营业收入与其同一会计期间相关的营业费用进行配比，计算出这一会计期间的净利润（或亏损）。表中的数据是动态数据，动态反映了企业的财务成果。

（2）利润表的作用

1）反映企业的经营成果。利润表反映了企业的收入实现和费用耗费情况，反映了企业生产经营活动的最终财务成果。

2）有助于考核企业的经营绩效。利润表提供的利润指标是一项综合性信息，是企业生产经营过程中各方面工作成果的综合体现。通过收入、成本与费用、利润的实际数与企业的计划数对比，可以考核企业利润计划的完成情况，对企业管理者经营绩效作出评价。

3）可以分析和预测企业利润发展的趋势及获利能力。通过比较企业在不同时期，或同行业不同企业在相同时期的利润表所提供的有关指标，可以分析企业未来的利润发展趋势，评价企业的获利能力，有助于企业的投资者、债权人作出合理决策。

（3）利润表的结构

利润表一般包括表首和正表两部分。其中，表首概括说明了报表名称、编制单位、编制日期、报表编号、货币名称、计量单位；正表是利润表的主体，反映形成经营成果的各个项目和计算过程。目前，我国企业的利润表采用多步式结构，通过对当期的收入、费用、支出项目按性质加以归类，按利润形成的主要环节列示一些中间性利润指标，从营业收入开始，依次计算营业利润、利润总额、净利润和每股净收益。其格式见表15-5。

15.2.2 利润表的编制与填列方法

（1）利润表的编制方法

利润表中的"本月数"栏反映各项目本月实际发生数，根据各账户本期发生额填列，中期和年度报表此栏为"上年累计数",根据上年本表"本年累计数"填列,如果上年报表项目名称和内容同本年度不一致,按编报当年的口径对上年报表进行调整后填入。本表"本年累计数"栏反映各项目自年初起至报告期末止的累计实际发生数。

(2)利润表各项目的填列方法

1)"营业收入"项目,反映企业经营活动所取得的收入总额。本项目应根据"主营业务收入""其他业务收入"等科目的发生额分析填列。

2)"营业成本"项目,反映企业经营活动发生的实际成本。本项目应根据"主营业务成本""其他业务成本"等科目的发生额分析填列。

3)"营业税金及附加"项目,反映企业经营业务应负担的营业税、城市维护建设税和教育费附加等。本项目应根据"营业税金及附加"科目的发生额分析填列。

4)"销售费用"项目,反映企业在销售商品过程中发生的包装费、广告费等费用和专设的销售机构发生的经营费用。本项目应根据"销售费用"科目的发生额分析填列。

5)"管理费用"项目,反映企业为组织和管理生产经营发生的管理费用。本项目应根据"管理费用"科目的发生额分析填列。

6)"财务费用"项目,反映企业筹集生产经营所需资金等而发生的筹资费用。本项目应根据"财务费用"科目的发生额分析填列。

7)"资产减值损失"项目,反映企业各项资产发生的减值损失。本项目应根据"资产减值损失"科目的发生额分析填列。

8)"公允价值变动损益"项目,反映企业确认的交易性金融资产或交易性金融负债的公允价值变动净收益。本项目应根据"公允价值变动损益"科目的发生额分析填列,如为净损失,以"-"号填列。

9)"投资收益"项目,反映企业以各种方式对外投资所取得的收益。本项目应根据"投资收益"科目的发生额分析填列,如为净损失,以"-"号填列。

10)"营业外收入"项目,反映企业发生的与其经营活动无直接关系的各项收入。其中,处置非流动资产净损失,应当单独列示。本项目应根据"营业外收入"科目的发生额分析填列。

11)"营业外支出"项目,反映企业发生的与其经营活动无直接关系的各项支出。其中,处置非流动资产净损失,应当单独列示。本项目应根据"营业外支出"科目的发生额分析填列。

12)"利润总额"项目,反映企业实现的利润总额。如为亏损总额,以"-"号填列。

13)"所得税费用"项目,反映企业根据应纳税所得额计算确认的应从当期利润总额中除去的所得税费用。本项目应根据"所得税"科目的发生额分析填列。

14)"净利润"项目,反映企业实现的净利润。如为亏损总额,以"-"号填列。

15)"基本每股收益"项目,反映税后利润与普通股总股数的比率。"稀释每股收益"项目,反映净利润与普通股股数及潜在普通股股数之和的比率。

任务实施

根据任务描述,会计人员应编制利润表,见表15-5。

表 15-5 利润表

编制单位：光华建筑工程有限公司　　2016 年 4 月　　　　　　　　　　元

项　　目	本年累计数	本月数
一、营业收入		7 800 000.00
减：营业成本		3 300 000.00
营业税金及附加		825 000.00
销售费用		
管理费用		900 000.00
财务费用		150 000.00
资产减值损失		
加：公允价值变动损益(损失以"－"号填列)		
投资收益(损失以"－"号填列)		200 000.00
其中：对联营企业和合营企业的投资收益		
二、营业利润(损失以"－"号填列)		2 825 000.00
加：营业外收入		10 000.00
减：营业外支出		12 000.00
其中：非流动资产处置净损失		
三、利润总额(损失以"－"号填列)		2 823 000.00
减：所得税费用		935 550.00
四、净利润(净亏损以"－"号填列)		1 887 450.00
五、每股收益		
(一)基本每股收益		
(二)稀释每股收益		

利润表是反映企业一定期间经营成果的报表，它把一定期间的收入与其相关的费用进行配比，计算企业的净利润(或亏损)。它根据损益类账户的累计发生额填列。

利润表一般包括表首和正表两部分。我国企业的利润表采用多步式结构，通过对当期的收入、费用、支出项目按性质加以归类，按利润形成的主要环节列示一些中间性利润指标，从营业收入开始，依次计算营业利润、利润总额、净利润和每股净收益。利润表中的"本月数"栏反映各项目本月实际发生数，根据各账户本期发生额填列，中期和年度报表此栏为"上年累计数"，根据上年本表"本年累计数"填列，如果上年报表项目名称和内容同本年度不一致，按编报当年的口径对上年报表进行调整后填入。

光华建筑公司 10 月有关账户发生额见表 15-6。

表15-6 损益类账户发生额表　　　　　　　　　　　　　　　　元

会计账户	借方累计	贷方累计
主营业务收入		2 000 000
主营业务成本	1 200 000	
营业税金及附加	672 000	
其他业务收入		100 000
管理费用	500 000	
财务费用	50 000	
投资收益		200 000
营业外收入		2 000
营业外支出	1 000	

要求：根据上述资料计算全年应交企业所得税，并编制光华建筑公司10月份的利润表。

任务15.3　现金流量表的编制

教学目标

任务描述

1）光华建筑公司本期主业务收入为3 000 000元，本期销售产品以现金收取销项税额12 500元，应收账款期初余额为6 00 000元，期末余额为8 00 000元，应收票据期初余额为200 000元，期末余额为80 000元。

2）本期主营业务成本为2 250 000元，本期以现金支付能抵扣的增值税20 000元，存货期初余额为1 800 000元，期末余额为1 300 000元，应付账款期初余额为1 200 000元，期末余额为1 000 000元，应付票据期初余额为100 000元，期末余额为200 000元。

3）本期实际支付的营业税为900 000元，其中，城市维护建设税为6 300元，教育费附加为2 700元。

4）本期上交增值税10 000元，本期发生所得税170 000元，已交纳。期初未交所得税30 000元，期末未交所得税10 000元。

5）本期实际以现金支付工人的工资(不含在建工程人员工资)600 000元，支付养老保险金100 000元。

6）现金支付有关管理费用20 000元。

7）转让权益性投资本金120 000元，实收现金160 000元。转账债券投资收回现金50 000元，期中本金40 000元。

8）分得现金股利5 000元。

9）银行存款偿还长期借款本金200 000元，利息50 000元，其中，前两年已计提30 000元。

10）出售不需要旧设备一台，收到现金70 000元，支付拆卸费1 000元。

11）购一台设备(价款100 000元)，增值税为17 000元，存款支付，另支付安装费2 000元。

要求：学生以光华建筑公司会计人员的身份编制企业的现金流量表。

任务分析

为了准确编制现金流量表，会计人员应做好以下工作：

1) 分清现金流量中"现金"的概念，判断每笔业务是否有现金的变动，判断变动的现金是否属于本表的编制范围，属于本表中的经营活动产生的现金流量、投资活动产生的现金流量、筹资活动产生的现金流量的哪个项目，并填入对应项目并汇总计算。

2) 汇总计算出经营活动产生的现金流量、投资活动产生的现金流量、筹资活动产生的现金流量三个项目中的现金流入小计、现金流出小计、现金净流量。

3) 将上述三个项目的现金净流量相加，即现金及现金等价物净增加额。

相关知识

15.3.1 现金流量表的基本知识

（1）现金流量表的概念

现金流量表是指反映企业在一定会计期间的现金及现金等价物流入和流出的会计报表。它是以现金为基础编制的反映企业财务状况变动情况的动态报表，用以表明企业获得现金和现金等价物的能力。

（2）现金及现金等价物

这里的现金是指广义上的现金，包括库存现金、可以随时用于支付的存款以及现金等价物。其中，现金等价物是指企业持有的期限短、流动性强、易于转换为已知金额的现金、价值变动风险很小的投资。现金等价物虽然不是现金，但其支付能力与现金的差别不大，可视为现金，通常指企业购买的三个月或更短时间内即可到期或即可转换为现金的投资。企业应当根据经营特点等具体情况，确定现金等价物的范围，并在会计报表附注中披露确定现金等价物的会计政策，并一贯保持这一标准。

一般情况下，企业从银行提取现金、用现金购买短期到期的国库券等现金和现金等价物之间的转换不产生现金流量。

（3）现金流量的概念分类

现金流量是指某一段时期内企业以货币金额表示的现金流入和现金流出的数量。现金流入量和流出量的差额，称为现金净流量。现金流量信息能够表明企业经营状况是否良好、资金是否紧缺、企业偿付能力大小，从而为企业管理者、投资者、债权人等报表使用者提供非常有用的信息。

现金流量按照企业经营业务的性质可分为以下三类：

1) 经营活动产生的现金流量。经营活动是指企业投资活动和筹资活动以外的所有交易和事项。企业的经营活动包括承发包工程、提供劳务、经营性租赁、购买材料、接受劳务、交纳税费等。经营活动产生的现金流入有承包工程、销售商品、提供劳务、经营性租赁等收到的现金，收到的税费返还以及其他与经营活动有关的现金等。经营活动产生的现金流出有发包工程、购买商品、接受劳务等支付的现金，支付给职工以及为职工支付的现金和各项税费，以及其他与经营活动有关的现金等。

2)投资活动产生的现金流量。投资活动是指企业长期资产的购买和不包括在现金等价物范围内的投资及其处置活动。这里所指的长期资产是指固定资产、临时设施、在建工程、无形资产、其他长期资产等持有期限在1年或一个营业周期以上的资产。之所以将包括在现金等价物范围内的投资排除在外,是因为已经将其视为现金。投资活动产生的现金流入有收回投资、取得投资收益所收到的现金;处置固定资产、临时设施、无形资产和其他长期资产等所收到的现金净额;收到的其他与投资活动有关的现金等。投资活动产生的现金流出有投资所支付的现金;购买固定资产、临时设施、无形资产和其他长期资产所支付的现金;支付的其他与投资活动有关的现金等。

3)筹资活动产生的现金流量。筹资活动是指导致企业资本及债务规模和构成发生变化的活动。这里所说的资本是指实收资本或股本、资本溢价或股本溢价及与资本有关的现金流入和流出项目,包括吸收投资、发行股票、分配利润等。债务是指企业对外举债所借入的款项,如发行债券、向金融机构借入款项及偿还债务等。筹资活动产生的现金流入有吸收投资所收到的现金;借款所收到的现金;收到的其他与筹资活动有关的现金等。筹资活动产生的现金流出有偿还债务所支付的现金;发生筹资费用所支付的现金;分配股利、利润或偿付利息所支付的现金;支付的其他与筹资活动有关的现金等。

(4)现金流量表的作用

现金流量表可为企业管理当局改善企业财务状况,为投资者、债权人及其他报表使用者正确评价企业财务状况和预测企业发展情况提供会计信息。

1)可使企业管理当局掌握现金流量信息,控制资金调度,最大限度地提高资金使用效率,化解财务风险。

2)可使投资者、债权人了解企业较真实的财务状况,预测企业的支付能力、偿债能力和未来发展情况。

3)可使经济管理部门对企业的财务活动进行监督。

(5)现金流量表的结构

现金流量表包括正表和补充资料两部分。正表是现金流量表的主体,依次分为反映经营活动产生的现金流量、投资活动产生的现金流量和筹资活动产生的现金流量,最后汇总反映企业现金及现金等价物的净增加额。补充资料包括将净利润调节为经营活动的现金流量、不涉及现金收支的投资和筹资活动、现金及现金等价物的净增加额。

现金流量表的基本格式见表15-7。

表15-7 现金流量表

编制单位:　　　　　　　　　　　年　月　　　　　　　　　　　　　　　元

项　目	本期金额	上期金额
一、经营活动产生的现金流量:		
承包工程、销售商品、提供劳务收到的现金		
收到的税费返还		
收到其他与经营活动有关的现金		
经营活动现金流入小计		
发包工程、购买商品、接受劳务支付的现金		
支付给职工以及为职工支付的现金		

续表

项　　目	本期金额	上期金额
支付的各项税费		
支付其他与经营活动有关的现金		
经营活动现金流出小计		
经营活动产生的现金流量净额		
二、投资活动产生的现金流量：		
收回投资收到的现金		
取得投资收益收到的现金		
处置固定资产、临时设施、无形资产和其他长期资产收回的现金净额		
处置子公司及其他营业单位收到的现金净额		
收到其他与投资活动有关的现金		
投资活动现金流入小计		
购建固定资产、临时设施、无形资产和其他长期资产支付的现金		
投资支付的现金		
取得子公司及其他营业单位支付的现金净额		
支付其他与投资活动有关的现金		
投资活动现金流出小计		
投资活动产生的现金流量净额		
三、筹资活动产生的现金流量：		
吸收投资收到的现金		
取得借款收到的现金		
收到其他与筹资活动有关的现金		
筹资活动现金流入小计		
偿还债务支付的现金		
分配股利、利润或偿付利息支付的现金		
支付其他与筹资活动有关的现金		
筹资活动现金流出小计		
筹资活动产生的现金流量净额		
四、汇率变动对现金及现金等价物的影响		
五、现金及现金等价物净增加额		
加：期初现金及现金等价物余额		
六、期末现金及现金等价物余额		
1. 将净利润调节为经营活动现金流量：		
净利润		
加：资产减值准备		
固定资产折旧、临时设施摊销		
无形资产摊销		
长期待摊费用摊销		

续表

项　　　　目	本期金额	上期金额
处置固定资产、无形资产和其他长期资产的损失(收益以"－"号填列)		
固定资产报废损失(收益以"－"号填列)		
公允价值变动损失(收益以"－"号填列)		
财务费用(收益以"－"号填列)		
投资损失(收益以"－"号填列)		
递延所得税资产减少(增加以"－"号填列)		
递延所得税负债增加(减少以"－"号填列)		
存货的减少(增加以"－"号填列)		
经营性应收项目的减少(增加以"－"号填列)		
经营性应付项目的增加(减少以"－"号填列)		
其他		
经营活动产生的现金流量净额		
2. 不涉及现金收支的重大投资和筹资活动：		
债务转为资本		
一年内到期的可转换公司债券		
融资租入固定资产		
3. 现金及现金等价物净变动情况：		
现金的期末余额		
减：现金的期初余额		
加：现金等价物的期末余额		
减：现金等价物的期初余额		
现金及现金等价物净增加额		

15.3.2　现金流量表的编制方法

编制现金流量表时，经营活动产生现金流量的列报方法有直接法和间接法两种。

直接法是通过现金收入和现金支出的主要项目直接反映来自企业经营活动的现金流量。在实务中，一般以利润表中的主营业务收入为起算点，调整与经营活动有关项目的增减变动，然后计算出经营活动的现金流量。间接法是以本期净利润为起算点，通过调整不涉及现金的收入、费用、营业外收支，以及应收应付等有关项目的增减变动，计算出经营活动现金流量的一种方法。在现行会计准则中，要求企业按直接法编制现金流量表，并在补充资料中披露，按间接法将净利润调整为经营活动现金流量的信息。

(1)经营活动产生的现金流量的项目的内容和填列方法

1)"销售商品、提供劳务收到的现金"项目，反映企业销售商品、提供劳务收到的现金(包括销售收入和应向购买者收取的增值税销项税额)，即无论何时销售，只要在本期收现，均计入本项目，包括本期销售商品提供劳务收到的现金，前期销售商品、提供劳务本期收到的现金和本期的预收账款，减去本期退回的商品支付的现金，加上当期收回前期核销坏账损失的现金。企业销售材料和代购代销业务收到的现金，也在本项目反映。本项目可以根据"库存现金""银行存款""应收账款""应收票据""预收账款""主营业务收入""其他业务收入"等科目的记录分析填列。

2)"收到的税费返还"项目，反映企业收到返还的各种税费，即企业上交后而由税务机关或政府其他部门返还的增值税、营业税、企业所得税、消费税、关税及教育费附加等。本项目可根据"库存现金""银行存款""营业税金及附加"等科目的记录分析填列。

3)"收到其他与经营活动有关的现金"项目，反映企业收到的其他与经营活动有关的现金流入，包括罚款收入、流动资产损失中由个人赔偿的现金收入等。本项目可根据"营业外收入""库存现金""银行存款"等科目的记录分析填列。

4)"购买商品、接受劳务支付的现金"项目，反映企业购买商品、接受劳务支付的现金（包括增值税进项税额），包括本期购买商品、接受劳务支付的现金，本期支付的前期购买商品、接受劳务的应付款及为购买商品而预付的现金，本期发生的购货退回收到的现金应从本项目中扣除。本项目可以根据"库存现金""银行存款""应付账款""应付票据""预付账款"等科目的记录分析填列。

5)"支付给职工以及为职工支付的现金"项目，反映企业本期实际支付给职工的工资、奖金、各种津贴和补贴等薪酬，在建工程、无形资产负担的职工薪酬以及支付的离退休人员的薪酬除外。本项目可以根据"应付职工薪酬""库存现金""银行存款"等科目的记录分析填列。

6)"支付的各项税费"项目，反映企业当期发生上缴税务机关的各种税费，包括企业本期发生并支付的、本期支付以前各期发生的以及预交的教育费附加、矿产资源补偿费、印花税、房产税、土地使用税、车船使用税、营业税等税费，不包括计入固定资产价值、实际支付的耕地占用税、本期退回的增值税、所得税。本项目可以根据"库存现金""银行存款""应交税费"等科目的记录分析填列。

7)"支付的其他与经营活动有关的现金"项目，反映企业其他与经营活动有关的现金流出，包括支付的罚款支出、支付的差旅费、业务招待费、保险费等现金支出等。本项目可以根据有关账户的记录分析填列。

(2)投资活动产生的现金流量的项目的内容和填列方法

1)"收回投资收到的现金"项目，反映企业出售、转让或到期收回除现金等价物以外的交易性金融资产、长期股权投资而收到的现金，以及收回长期债权投资本金而收到的现金，但长期债权投资收回的利息及收回的非现金资产不包括在本项目中。本项目可以根据"库存现金""银行存款""交易性金融资产""长期股权投资""持有至到期投资"等科目的记录分析填列。

2)"取得投资收益收到的现金"项目，反映企业因股权性投资而分得的现金股利，从子公司、联营企业或合营企业分回利润而收到的现金，以及因债权性投资而取得的现金利息收入，不包括股票股利。本项目可以根据"投资收益""库存现金""银行存款"等科目的记录分析填列。

3)"处置固定资产、无形资产和其他长期资产收回的现金净额"项目，反映企业出售、报废固定资产、无形资产和其他长期资产所取得的现金(包括因资产毁损而收到的保险赔偿收入)，减去为处置这些资产而支付的有关费用后的净额，但现金净额为负数的除外。本项目可以根据"固定资产清理""固定资产""无形资产""库存现金""银行存款"等科目的记录分析填列。

4)"处置子公司及其他营业单位收到的现金净额"项目，反映企业处置子公司及其他营业单位所取得的现金减去相关处置费用后的净额。

5)"收到其他与投资活动有关的现金"项目，反映企业除上述1)~4)各项目外收到的其他与投资活动有关的现金流入。本项目可以根据有关科目的记录分析填列。

6)"购建固定资产、无形资产和其他长期资产支付的现金"项目，反映企业购买、建造固定资产，取得无形资产和其他长期资产所支付的现金及增值税款，支付的应由在建工程和无形资产负担的职工薪酬现金支出，不包括为购建固定资产而发生的借款利息资本化的部分、融资租入固定资产支付的租赁费。本项目可以根据"固定资产""无形资产""在建工程""库存现金""银行存款""其他货币资金"等科目的记录分析填列。

7)"投资支付的现金"项目，反映企业取得的除现金等价物以外的权益性投资和债权性投资所支付的现金以及支付的佣金、手续费等附加费用。本项目可以根据"交易性金融资产""长期股权投资""持有至有期投资""库存现金""银行存款"等科目的记录分析填列。

8)"取得子公司及其他营业单位支付的现金净额"项目，反映企业购买子公司及其他营业单位购买出价中以现金支付的部分，减去子公司或其他营业单位持有的现金和现金等价物后的净额。

9)"支付其他与投资活动有关的现金"项目，反映企业除上述6)~7)项目外支付的其他与投资活动有关的现金流出。本项目可以根据有关科目的记录分析填列。

(3)筹资活动产生的现金流量的项目的内容和填列方法

1)"吸收投资收到的现金"项目，反映企业以发行股票、债券等方式筹集资金实际收到的款项，减去直接支付给金融企业的佣金、手续费、宣传费、咨询费、印刷费等发行费用后的净额。本项目可以根据"实收资本""库存现金""银行存款"等科目的记录分析填列。

2)"取得借款收到的现金"项目，反映企业举借各种短期、长期借款而收到的现金。本项目可以根据"短期借款""长期借款""库存现金""银行存款"等科目的记录分析填列。

3)"收到其他与筹资活动有关的现金"项目，反映企业除上述1)、2)项目外，收到的其他与筹资活动有关的现金流入。本项目可以根据有关科目的记录分析填列。

4)"偿还债务支付的现金"项目，反映企业以现金偿还债务的本金，包括偿还的借款本金和债券本金。本项目可以根据"短期借款""长期借款""库存现金""银行存款"等科目的记录分析填列。

5)"分配股利、利润或偿付利息支付的现金"项目，反映企业实际支付的现金股利、支付给其他投资单位的利润或用现金支付的借款利息、债券利息。本项目可以根据"应付股利""财务费用""长期借款""库存现金""银行存款"等科目的记录分析填列。

6)"支付其他与筹资活动有关的现金"项目，反映企业除上述3)、4)项目外，支付的其他与筹资活动有关的现金流出，本项目可以根据有关科目的记录分析填列。

(4)"汇率变动对现金的影响"项目填列方法

"汇率变动对现金的影响"项目，反映企业外币现金流量及境外子公司的现金流量折算为记账本位币时，所采用的现金流量发生日的汇率或平均汇率折算为人民币金额与"现金及现金等价物净增加额"中外币现金净增加额按期末汇率折算为人民币金额之间的差额。可以通过会计报表附注中"现金及现金等价物净增加额"数额与报表中"经营活动产生的现金流量净额""投资活动产生的现金流量净额""筹资活动产生的现金流量净额"三项之和比较，其差额即"汇率变动对现金的影响"。

(5)"现金及现金等价物净增加额"项目填列方法

"现金及现金等价物净增加额"项目,是期末现金及现金等价物余额与期初现金及现金等价物余额的差额,它与经营活动产生的现金流量净额、投资活动产生的现金流量净额、筹资活动产生的现金流量净额、汇率变动对现金的影响之和相等。

▶ 任务实施◀

根据任务描述,现金流量表的各项目计算如下,编制的现金流量表见表15-8。

1)销售商品提供劳务收到的现金＝当期主营业务收入＋当期现金收取的销项税额＋应收账款的减少(应收账款期初余额－应收账款期末余额)＋应收票据的减少(应收票据期初余额－应收票据期末余额)＋预收账款的增加(预收账款的期末余额－预收账款期初余额)＋本期收回前期核销的坏账损失－当期因销售退回的现金－债务人以非现金资产抵偿债务而减少的应收账款和票据－核销坏账损失而减少的应收账款等＝3 000 000＋12 500＋(600 000－800 000)＋(200 000－80 000)＝2 932 500(元)。

2)购买商品、接受劳务支付的现金＝当期主营业务成本＋当期以现金支付的增值税进项税额＋当期存货的增加(期末存货－期初存货)＋应付账款的减少(期初应付账款－期末应付账款)＋应付票据的减少(期初应付票据－期末应付票据)－预付账款的减少(期初预付账款－期末预付账款)－本期发生的购货退回收到的现金＝2 250 000＋20 000＋(1 300 000－1 800 000)＋(1 200 000－1 000 000)＋(100 000－200 000)＝1 870 000(元)。

3)支付的各项税费＝10 000＋170 000＋(30 000－10 000)＋90 000＋6 300＋2 700＝299 000(元)。

4)支付给职工以及为职工支付的现金＝600 000(元)(养老金不在此列)。

5)支付其他与经营活动有关的现金＝100 000＋20 000＝120 000(元)。

6)收回投资所收到的现金＝160 000＋40 000＝200 000(元)。

7)取得投资收益收到的现金＝50 000－40 000＋5 000＝15 000(元)。

8)处置固定资产、临时设施、无形资产和其他长期资产收回的现金净额＝7 000－1 000＝6 000(元)。

9)购建固定资产、临时设施、无形资产和其他长期资产支付的现金＝100 000＋17 000＋2 000＝119 000(元)。

10)偿还债务所支付的现金＝200 000(元)。

11)分配股利、利润或偿付利息所支付的现金＝50 000(元)。

表15-8 现金流量表

编制单位：光华建筑工程有限公司　　　　　12月30日　　　　　　　　　　　元

项　目	本期金额	上期金额
一、经营活动产生的现金流量：		
承包工程、销售商品、提供劳务收到的现金	2 932 500	
收到的税费返还		
收到其他与经营活动有关的现金		
经营活动现金流入小计	2 932 500	
发包工程、购买商品、接受劳务支付的现金	1 870 000	

续表

项　　目	本期金额	上期金额
支付给职工以及为职工支付的现金	600 000	
支付的各项税费	299 000	
支付其他与经营活动有关的现金	120 000	
经营活动现金流出小计	2 889 000	
经营活动产生的现金流量净额	43 500	
二、投资活动产生的现金流量：		
收回投资收到的现金	200 000	
取得投资收益收到的现金	15 000	
处置固定资产、临时设施、无形资产和其他长期资产收回的现金净额	6 000	
处置子公司及其他营业单位收到的现金净额		
收到其他与投资活动有关的现金		
投资活动现金流入小计	221 000	
购建固定资产、临时设施、无形资产和其他长期资产支付的现金	119 000	
投资支付的现金		
取得子公司及其他营业单位支付的现金净额		
支付其他与投资活动有关的现金		
投资活动现金流出小计	119 000	
投资活动产生的现金流量净额	102 000	
三、筹资活动产生的现金流量：		
吸收投资收到的现金		
取得借款收到的现金		
收到其他与筹资活动有关的现金		
筹资活动现金流入小计		
偿还债务支付的现金	200 000	
分配股利、利润或偿付利息支付的现金	50 000	
支付其他与筹资活动有关的现金		
筹资活动现金流出小计	250 000	
筹资活动产生的现金流量净额	−250 000	
四、汇率变动对现金及现金等价物的影响		
五、现金及现金等价物净增加额	−104 500	

拓展提高

(1)所有者权益变动表的编制

所有者权益变动表是反映企业构成所有者权益各组成部分当期的增减变动情况的会计报表，属于年度报表。当期损益、直接计入所有者权益的利得和损失、与所有者的资本交易导致的所有者权益的变动，应当分别列示。其格式与内容见表15-9。

表 15-9　所有者权益(股东权益)增减变动表

编制单位：　　　　　　　　　　　　　　年度　　　　　　　　　　　　　　元

项　　目	本年金额						上年金额					
	实收资本或股本	资本公积	减：库存股	盈余公积	未分配利润	所有者权益合计	实收资本或股本	资本公积	减：库存股	盈余公积	未分配利润	所有者权益合计
一、上年年末余额												
加：会计政策变更												
前期差错更正												
二、本年年初余额												
三、本年增减变动金额(减少以"－"号填列)												
（一）净利润												
（二）直接计入所有者权益的利得和损失												
1. 可供出售金融资产公允价值变动净额												
2. 权益法下被投资单位其他所有者权益变动的影响												
3. 与计入所有者权益项目相关的所得税影响												
4. 其他												
上述（一）和（二）小计												
（三）所有者投入和减少资本												
1. 所有者投入资本												
2. 股份支付计入所有者权益的金额												
3. 其他												
（四）利润分配												
1. 提取盈余公积												
2. 对所有者（或股东）的分配												
3. 其他												
（五）所有者权益内部结转												
1. 资本公积转增资本（或股本）												
2. 盈余公积转增资本（或股本）												
3. 盈余公积弥补亏损												
4. 其他												
四、本年年末余额												

表中单独列报的项目有净利润、直接计入所有者权益的利得和损失项目及其总额、会计政策变更和差错更正的累积影响金额、所有者投入资本和向所有者分配利润等，按照规定提取的盈余公积、实收资本（或股本）、资本公积、盈余公积、未分配利润的期初和期末余额及其调节情况。

表中各项目应当根据"实收资本（或股本）""资本公积""盈余公积""未分配利润"科目总账及明细账的发生额分析填列。

（2）会计报表附注的编制

会计报表附注是对财务报表以外其他应当在财务报告中披露的相关信息和资料的说明，包括财务信息和非财务信息。财务信息是对财务报表中重要项目所作的补充说明；非财务信息包括对过去或未来财务信息有关事项的说明，如或有事项、资产负债表日后事项、关联方关系及其交易等内容。

附注是财务报表的重要组成部分。企业应当按照规定披露附注信息，其主要包括下列内容：

1）企业的基本情况。

①企业注册地、组织形式和总部地址。

②企业的业务性质和主要经营活动。

③母公司以及集团最终母公司的名称。

④财务报告的批准报出者和财务报告批准报出日。

2）财务报表的编制基础。

3）遵循企业会计准则的声明。企业应当声明编制的财务报表符合企业会计准则的要求，真实、完整地反映了企业的财务状况、经营成果和现金流量等有关信息。

4）重要会计政策和会计估计。企业应当披露采用的重要会计政策和会计估计，不重要的会计政策和会计估计可以不披露。在披露重要会计政策和会计估计时，应当披露重要会计政策的确定依据和财务报表项目的计量基础，以及会计估计中所采用的关键假设和不确定因素。

5）会计政策和会计估计变更以及差错更正的说明。企业应当按照《企业会计准则第28号——会计政策，会计估计变更和差错更正》及其应用指南的规定，披露会计政策和会计估计变更以及差错更正的有关情况。

6）报表重要项目的说明。企业对报表重要项目的说明，应当按照资产负债表、利润表、现金流量表、所有者权益变动表及其项目列示的顺序，采用文字描述和数字描述相结合的方式进行披露。报表重要项目的明细金额合计，应当与报表项目金额相衔接。

7）或有事项。按照《企业会计准则第13号——或有事项》第十四条和第十五条的相关规定进行披露。

8）资产负债表日后事项。

①每项重要的资产负债表日后非调整事项的性质、内容，以及其对财务状况和经营成果的影响。无法作出估计的，应当说明原因。

②资产负债表日后，企业利润分配方案中拟分配的以及经审议批准宣告发放的股或利润。

9）关联方关系及其交易。

归纳总结

现金流量表是反映企业在一定会计期间现金和现金等价物流入和流出的报表。按照经济业务的性质，企业一定期间产生的现金流量包括经营活动产生的现金流量、投资活动产生的现金流量、筹资活动产生的现金流量三部分。现金流量表包括正表和补充资料两部分。编制现金流量表时，经营活动产生现金流量的列报方法有直接法和间接法两种。

直接法是通过现金收入和现金支出的主要项目直接反映来自企业经营活动的现金流量。间接法是以本期净利润为起算点，通过调整不涉及现金的收入、费用、营业外收支以及应收应付等有关项目的增减变动，计算出经营活动现金流量的一种方法。在现行会计准则中，要求企业按直接法编制现金流量表，并在补充资料中披露，按间接法将净利润调整为经营活动现金流量的信息。

所有者权益变动表是反映企业构成所有者权益各组成部分当期的增减变动情况的会计报表，属于年度报表。表中各项目应当根据"实收资本（或股本）""资本公积""盈余公积""未分配利润"科目总账及明细账的发生额分析填列。

会计报表附注是对财务报表以外其他应当在财务报告中披露的相关信息和资料的说明，包括财务信息和非财务信息。附注是财务报表的重要组成部分。企业应当按照规定披露附注信息。

实训

光华建筑公司10月发生如下经济业务：
1）购入钢材一批，货款200 000元，增值税为34 000万元，材料验收入库，款项未付。
2）接受R公司投资500 000元，已存入银行。
3）用银行存款100 000元偿还短期借款本金。
4）从银行借入长期借款4 000 000元，年度内实际支付利息200 000元。
5）分配并支付工资150 000万元，其中，支付管理人员工资50 000元，支付工程建安工人100 000元。
6）对H公司的长期股权投资比例为10%，采用成本法核算。H公司本年度实现净利润80 000元，实际分得现金股利8 000元存入银行。
7）年初购入交易性金融资产20 000股的股票，每股10元，支付相关税费4 800万元；年末该交易性金融资产的公允价值为每股12元，出售5 000股，款项存入银行。
8）计提固定资产折旧120 000元，其中，公司行政管理部门计提折旧20 000元，工程用固定资产计提折旧100 000元。
9）出售办公设备一台，设备原价为30 000元，已提折旧20 000元，所得价款10 000元，支付清理费3 000元。
10）与建设单位结算工程价款，取得收入1000 000元，存入银行。
11）月末支付分包单位工程款300 000元。
12）计算本年应交所得税200 000元，本年实际缴纳所得税150 000元，缴纳营业税65 000元。

要求：以会计人员的身份，编制10月的现金流量表。

项目测验题

参考文献

[1] 中华人民共和国财政部. 企业会计准则应用指南(2019年版)[M]. 北京：立信会计出版社，2019.

[2] 于小镭. 新企业会计实务讲解[M]. 2版. 北京：机械工业出版社，2013.

[3] 财政部会计资格评价中心. 中级会计实务[M]. 北京：经济科学出版社，2019.

[4] 张志凤，许群，郝建国. 房地产开发企业会计实务[M]. 北京：中国市场出版社，2008.

[5] 中国注册会计师协会. 会计[M]. 北京：中国财政经济出版社，2019.

[6] 全国注册税务师执业资格考试教材编写组. 财务与会计[M]. 北京：中国税务出版社，2019.

[7] 杨全德. 财务会计实务[M]. 北京：中国财政经济出版社，2008.

[8] 盖地. 建筑业"营改增"会计核算与税务管理操作指南[M]. 北京：中国财政经济出版社，2016.